마주 보는 역사수업

마주 보는

한일 교사들의 연대와 교류의 기록

전국역사교사모임·한국 | 역사교육자협의회·일본

역사 수업

Ⓗ

책을 펴내며

20세기는 거대한 국가 권력이 기승하며 침략과 억압을 자행하고 고통을 강요하던 시기였습니다. 20세기 후반 새로운 천 년을 맞이하며 많은 사람들은 지난 과거를 반성하고 동아시아에 평화가 깃들기를 기원했습니다. 그런데 21세기의 동아시아는 다시 역사전쟁을 치르고 있습니다. 과거의 상흔을 들춰내고 갈등하고 반목하는 역사전쟁의 소용돌이 속에서 한국과 일본의 역사교사들은 '동아시아 공동체' 형성과 평화를 위한 노력을 시작했습니다.

한국과 일본의 역사교사들은 역사교육을 통하여 평화와 인권을 신장하는 단체를 만들었습니다. 한국의 전국역사교사모임과 일본의 역사교육자협의회입니다. 한국의 전국역사교사모임은 1988년 7월 15일 '역사교육을 위한 교사모임'이라는 명칭으로 창립선언문을 발표한 후, 1991년 각 지역의 역사교사모임을 통합하여 '전국역사교사모임(이하 '전역모'라 약칭함)'을 발족시켰습니다. 2022년 현재 2,000명 이상이 모임의 회원으로 활동하고 있습니다. 일본에서는 '역사교육자협의회(이하 '역교협'이라 약칭함)'가 결성되어 전국 조직으로 활동하고 있습니다.

전역모는 군사 독재에 저항하는 역사교사들의 모임으로 시작하여 교육과정 개선과 국정교과서 폐지 운동, 대안교과서 개발과 부교재 제작

운동, 수업 개선을 위한 노력과 교사 연수의 다양화, 일본·중국·베트남 등과의 국제 교류 등 역사교육의 지평을 넓히는 활동을 했습니다. 특히 '민주공화국'이라는 키워드를 통해 가르치고 실천하고자 한 노력은 이른바 '촛불혁명'이라고 불리는 시민의 참여와 민주주의 운동에 닿았다고 할 수 있습니다.

전역모는 각지의 지역 모임을 중심으로 운영하며, 전국 단위의 활동으로 매년 여름과 겨울, 방학을 이용해 교사 연수를 시행하고 있습니다. 교사 연수는 지역 모임이 중심이 되어 주로 해당 지역사를 공부하는 시간을 갖습니다. 지역의 현장 답사를 중심으로 진행하지만, 심포지엄 개최 또는 특별 행사를 기획하기도 합니다. 이렇게 방학을 이용한 교사 연수는 각 지역의 교사가 교류하고 교육과 수업 활동을 공유하는 기회가 됩니다. 그 밖에도 월례 강좌와 기획 강좌를 개최하여 전문 연구자와 교사, 시민의 간격을 좁히며, 교사의 전문성 향상을 시도하고 있습니다.

역교협은 일본 제국주의 시대의 역사교육이 타국을 침략하고 전쟁을 일으킨 군국주의의 근간이었던 것을 반성하고, '평화와 민주주의'를 위한 노력을 다짐하며 1949년 창립되었습니다. 역교협은 일본 제국주의 치하에서 학생들을 전쟁터로 보냈던 것을 반성하며, "다시는 제자를 전쟁터로 보내지 않겠다"는 다짐으로 평화 교육을 전개했습니다. 특히 1955년 자민당이 결성되며 일본 사회가 우경화 경향을 띠자 '교육 내용의 자주 편성과 지역 발굴 운동'을 통해 올바른 역사교육을 실천하고자 했습니다.

역교협은 매년 여름 전국 각지를 순회하며 역사교육 운동을 실천하고 있습니다. 이 자리에서는 교육 실천 보고와 교사·학부모·학생의 교

류를 통해 역사교육의 과거와 현재를 반성하고 미래를 준비합니다. 역
교협의 여름 행사에 한국의 교사들도 적극 참가하여 여러 분과회에서
한국의 역사수업 실천을 발표하고 토론하며 경험을 교환했습니다. 또한
한국 교사들의 수업 발표 중 일부는 역교협의 회지인《역사지리교육》에
게재되어 행사에 참여하지 못한 일본 교사들에게 한국 역사교육에 대한
관심과 이해를 확장시켰습니다.

2000년 6월, 당시 일본 역사교과서 왜곡 사태와 관련하여 서울에서
'일본의 역사왜곡과 한일교과서를 바로잡는 운동'이라는 주제로 심포지
엄이 열렸습니다. 이때 참가한 일본 역교협의 미야하라 다케오 선생과
한국 전역모 사이에 교류 논의가 시작되었고, 2001년 역교협의 전국대
회에서 공식적으로 교류의 첫발을 내디뎠습니다. 두 단체는 역사교육의
현장에서 "상호 간에 존재할 수밖에 없는 역사인식의 차이를 극복해나
가는 작업을 꾸준히 벌이고자" 했습니다.

이미 서울에서는 일본에 대해 관심을 갖고 있는 교사 몇 명이 '한일역
사교사모임'을 만들어 나름대로 현안에 대처하며 여러 활동을 전개하고
있었습니다. 이 모임을 시작하면서 한국 교사들은 일본에서 한국사를
어떻게 이해하고 있는지 알기 위해 스즈키 히데오 등이 펴낸《역사로 보
는 일본과 한국·조선(歷史にみる日本と韓国·朝鮮)》을 텍스트로 공부하기
시작했고, 나중에는《일본의 역사 선생님이 쓴 한국·일본 두 나라 역사
이야기》라는 책으로 번역 출판하기도 했습니다.

일본 측에서는 '한일역사교육자교류위원회'(이하 '한일교류위원회')라
는 기구를 만들어 미야하라 다케오를 위원장으로 하여 교류 업무를 주
관하게 했습니다. 특히 역교협 회원으로 일본의 고등학교에서 퇴직한

후 한국에서 활동했던 오즈 겐고 선생은 한국 교사들에게 일본어 강사이자 양국의 정서를 이해시키는 매개체 역할을 했습니다. 이러한 상황속에서 한국과 일본의 역사교사들은 자민족 중심 사관을 넘어 서로의 역사인식에 겸허히 귀 기울이고, 역사왜곡을 하나씩 수정해나가는 노력이 필요하다는 데 공감했습니다.

한일 양국 역사교사들의 교류 활동은 크게 두 가지로 나눌 수 있습니다. 하나는 양국의 역사왜곡 사태를 극복하기 위해 상호 이해와 미래 지향을 바탕으로 한 공동의 역사교재를 편찬하는 것이었고, 다른 하나는 이러한 생각을 수업에서 실천하고 그 내용을 서로 정기적으로 교류하는 것이었습니다.

공동 부교재는 고대부터 현대까지 30~50개의 주제를 선정하고, 한일 관계의 역사를 중심으로 서로 일본문화·한국문화를 이해하는 데 필요한 내용, 일본에 남아 있는 한국문화유산, 한국에 남아 있는 일본문화유산 등을 다루기로 했습니다. 각 주제의 서술은 1개의 주제당 2~4쪽 분량으로 개설·사료·수업에서 사료를 활용하는 방법 등을 내용으로 하며, 한일이 서로 해석이 다른 경우에는 양쪽의 주장을 함께 서술하기로 했습니다.

이렇게 주제를 선정하고 심도 있는 토론과정과 집필을 거쳐, 2007년에《마주 보는 한일사》전근대사 편을 2권으로 출판했고, 2014년에 근현대사 편을 출판했습니다. 이후 한국의 고등학교 역사교육 과정에《동아시아사》가 등장하면서 공동 부교재가 유용하게 활용되었고 한국과 일본에 대한 역사 이해의 지평을 넓히는 데 기여할 수 있었습니다.

평화와 상호 이해를 위한 역사교육 실천 교류는 2002년 제1회 심포지엄을 가진 이후 2021년까지 실시되었습니다. 2020년에는 코로나19 팬데믹으로 실시되지 못했지만 2021년 19회 심포지엄은 화상회의로 진행되었습니다.

심포지엄은 양국의 역사에 대한 이해, 평화를 위해 싸운 이들과 관련한 인물 수업, 주제 수업 등을 다뤘습니다. 특히 공동 부교재 편찬이 한두 권의 책을 내는 데 그치지 않고 직접 수업에 활용할 수 있는 실천적 도구로서의 의미를 갖게 하기 위해 책이 완성되기 전에 수업 실천을 실시하기도 했습니다.

2012년 지바에서는 일본의 학생을 대상으로 한국 교사가 공개수업을 실시했습니다. 이를 계기로 한국과 일본의 교사가 공동으로 공개수업을 하는 프로그램이 상설화되었습니다. 2021년에는 양국의 고교생이 화상회의를 통해 양국 선생님들과 함께 수업을 했습니다. 이때 한국의 교사는 1920년대 일본 민중운동을 이끌었던 야마모토 센지를 주제로 했고, 일본의 교사는 한국의 아이돌그룹 BTS가 입은 티셔츠를 소재로 수업을 하여 신선한 충격을 주었습니다.

한국과 일본을 오가며 한일 심포지엄이 열릴 때 해당 지역 현장 답사는 필수 코스였습니다. 이 시간에 한국과 일본의 교사가 서로 상대 사회에 대한 이해를 심화시킬 수 있었던 것은 물론이고, 자기 사회에 대해서도 새롭게 인식할 수 있었습니다. 또 상대가 어떤 사실에 흥미를 보이는지, 서로의 공통점과 차이점 등에 주목할 수 있는 좋은 기회가 되었습니다.

2017년 여름 제69회 일본 가나가와 대회에서는 이틀에 걸쳐 일본 교류위원들이 현장 답사를 안내했습니다. 답사한 곳은 일본 개항의 시발점이 된 우라가 지역의 페리 함대 상륙지점, 일본 해군의 주력 항구인 요코스카항 일대와 전함 미카사호, 가마쿠라, 요코하마개항기념관과 차이나 타운이었습니다. 같은 해 10월 한국 제주도 심포지엄에서는 버스를 이용하여 신공항건설 예정지, 일제강점기 일본군 비행장이었던 알뜨르비행장, 4·3사건 관련 유적, 강정 해군기지 등을 답사했습니다. 이때의 제주도 답사는 그해 12월 역교협 기획 제주도 답사사업으로 이어졌습니다.

2019년 전역모의 30주년 기념 여름 연수 때는 역교협의 야마다 아키라 위원장이 녹화 영상을 통해 연대와 축하의 메시지를 보내주었습니다. 당시는 한국 정부와 아베 정권이 일본군 '위안부' 피해 문제와 징용·징병 피해 문제를 두고 갈등하고 대립하던 시기였습니다. 한국 대법원에서 징용 피해자에 대한 일본 신일철주금(신일본제철)의 배상을 판결해 일본 측의 한국 정부에 대한 공격 수위가 높아지고 있었습니다.

이때 일본 NHK 여론조사에서 한국 대법원 판결에 대해 69%에 달하는 사람들이 "납득할 수 없다"고 답하자, 역사교육자협의회에서 성명을 통해 우려를 표함과 함께 1965년 한일기본조약에서 일본의 식민지배에 대한 반성이 없었다는 것을 비판했습니다. 따라서 "일본 정부와 피고 기업은 과거 징용공이 입은 중대한 인권 침해 실태에 성실하게 마주하고, 피해자의 명예와 존엄을 회복하기 위해 노력해야 한다"는 입장을 발표했습니다.

이러한 용기 있는 태도는 한국의 양식 있는 이들에게 감명을 주었습니다. 또한 일본에서도 많은 시민이 정의, 평화, 인권을 위해 투쟁하고 있음을 알려주었고, 학교 현장에서 역사교육을 하는 우리에게도 좋은 시사점이 되었습니다. 이러한 노력을 계속한다면 동아시아가 진정한 평화와 인권의 시대로 접어들 수 있을 것이라고 생각합니다.

이 책은 2002년 이후 한국과 일본에서 평화와 연대를 꿈꾸며 실천한 내용을 실었습니다. 이 내용들은 교사들만의 노력이 아니라 한일 양국의 평화와 발전을 바라는 많은 이들의 염원도 함께 담겨 있습니다. 특히 실천과정에서 담긴 학생들의 소감을 보면 오늘을 사는 학생들의 고민도 함께 읽을 수 있습니다. 이 책에 실린 원고들 외에도 수업을 실천하고 교류한 내용과 원고가 많지만 지면상 다 싣지 못한 점을 안타깝게 생각합니다.

한일 교류 실천에 동참하고 싶거나 더 많은 자료를 필요로 하시는 분들은 전역모로 연락을 주시면 기꺼이 함께하겠습니다. 출판 사정이 어려움에도 출판을 허락해주고, 꼼꼼한 편집과 교열로 책다운 모습으로 만들어준 휴머니스트 출판사 여러분께 감사를 드립니다.

2023년 1월
필자들을 대표하여
박중현·가스야 마사카즈

차례

6부 수업 방법을 배우다

에필로그

부록

1부

삶과 문화를 배우다

제1부는 한국과 일본의 일상생활의 모습을 살펴보는 것으로 시작한다. 상대의 일상과 문화를 이해하는 것이 서로를 알아가는 첫걸음이기 때문이다.

히라노 노보루의 〈우키요에를 보며 에도시대 서민의 생활을 배우다〉는 한국의 초등학교 6학년 아이들에게 가부키·스모·후지산·꽃놀이·신사참배·불꽃놀이 등을 그린 우키요에를 보여주면서, 무엇을 그린 그림인지 의견을 나눴다. 한국의 초등학생들은 민화에 대한 사전지식과 전 차시 미술수업에서 목판화를 만들어본 경험을 통해 그림에 대해 생각하고 이야기를 나누었다. 한국의 초등학생들은 일본에서도 서민들이 연극을 보거나 씨름 같은 스포츠나 꽃 구경을 하며 여가생활을 즐겼다는 사실을 배우고 양국 서민의 생활에 공통점이 있음을 알게 되었다.

우주연의 〈'일제강점기 경성 사람들의 삶'을 통해 인간과 역사를 이해하기〉는 일제강점기 일상을 학생들과 함께 생각한 것이다. 우주연은 한국사 교과서의 일제강점기 부분이 '일제의 식민지배와 민족의 저항'이라는 틀 속에서 '우리 민족의 저항' 측면만 강조되고 있다고 비판했다. 역사교육은 당시 사람들의 다양한 삶의 모습을 배우고 당시 사람들이 어떤 생각을 가지고 자신의 행동을 선택했는지를 배우면서 당시를 추체험할 수 있도록 할 필요가 있다는 것이다. 수업 실천에서는 여학생에서 독립운동가로 성장한 이효정의 생애를 다루며 독립운동과 한 인간의 삶의 방식을 관련지어 고등학교 학생들이 생각할 수 있도록 했다. 이러한 내용을 통하여 일제강점기의 전체상을 조망할 수 있도록 했다.

미쓰하시 히사코는 〈초등 6학년 종합학습, 오키나와 언어에 대해 생각하다〉에서 지역 고유의 역사와 문화를 가진 오키나와에 대해서 음악을 듣거나 요리를 하거나 모둠별로 조사학습을 하거나 하면서 진행한 일련의 수업을 소개했다. 수업을 통해 아이들은 '오키나와 말'이 '방언'인지 '독립된 언어'인지 고민했고, 오키나와 말을 귀로 듣거나 학교 밖 전문가의 의견을 듣거나 하면서 생각했다. 그 가운데서 학생들이 독립된 류큐왕국 시절 '사쓰마의 점령'이나 전후 미군 점령 등에 대해 배우고 자신들의 생각을 심화시켜 가는 과정을 보고한다.

이처럼 세 가지 실천 보고는 역사의 큰 흐름 속에서 살아온 민중과 대중문화를 교재로 다루면서 역사상의 실체를 이해하고 역사인식을 더욱 심화시키고자 했다고 할 수 있다.

1장

우키요에를 보며
에도시대 서민의 생활을 배우다
— 일본 선생님과 한국 초등학생들의 수업

1. 수업 준비

2009년 11월 23일 서울 도봉초등학교 6학년 3반에서 수업을 했다. 이 수업은 이 학교 교사인 최종순 선생님의 노력으로 성사되었다. 3, 4교시 미술시간에 목판화 제작 수업을 하고, 5교시에 사회수업(사회과 역사수업)을 했다. 사회수업에서 사용할 중심자료가 목판화였기 때문에 미술수업과 연계했고, 목판화 기술의 아름다움과 정교함을 실감 나게 보여주기 위해 실제 우키요에를 준비했다. 도쿄 간다의 고서점에서 초등학생이 관심을 가질 만한 가부키 배우 그림을 하나 구입해 가져갔다. 수업 당일 11명의 교사가 참관했으며 사후 협의회를 통해 중요한 조언을 들을 수 있었다.

2. 수업의 기록

미술 수업

도봉초등학교 미술선생님도 목판화 제작을 찬성했고, 미술시간에 밑그림을 그리는 단계까지 수업을 진행하겠다고 했다. 시간이 제한적이었기 때문에 4인 1조로 4색 판화를 완성했다. 학생들의 그림은 모두 한국의 민화를 소재로 했다. 이를 바탕으로 사회수업을 진행했다.

우키요에를 보고 생각하다

"우선 한 장의 우키요에를 보겠습니다" 하고 그림을 보여주었다. "우와, 뭐지?"라는 소리에 이어 닌자, 사무라이, 무사 등의 단어가 튀어나왔다. 이 단어들을 칠판에 쓰는 도중 자객이라는 의견도 나왔다.

"이 그림은 옛날 일본 사람, 특히 서민들이 좋아하던 그림이에요"라고 하자, 한 학생이 "민화"라고 말했다. "맞아요. 한국에는 민화가 있지요? 이것은 일본의 그림인데, 어떻게 그렸을까요?"라고 묻고 학생들에게 가까이 가서 보여주자, 학생들은 자신 없는 목소리로 "판화"라고 대답했다. "맞아요. 판화입니다. 목판화"라고 하자, "우와" 하고 놀라는 소리가 들렸다. 이번에는 그림에 쓰인 색이 몇 가지인지 물었다. 학생들은 색깔을 세기 시작하더니 "8색"이라고 답했다. "그러면 목판도 8장이 필요하겠네요"라고 하자 학생들도 그렇다고 했다.

학생들의 자리를 돌아다니면서 학생들이 쓴 글을 읽어보았다. 나에게 질문을 하는 학생들도 있었다. 학생들이 쓴 글을 칭찬하기도 하고, "이거 발표해볼래요?" 하고 말을 걸기도 하면서 '참 잘했어요' 표시를 해주고 모든 학생의 학습지를 살펴보았다. 시간이 많이 걸리자 참관했던

우타가와 구니사다(歌川国貞), 〈아라지시 오토코노스케
(荒獅子男之助)〉, 19세기

선생님들이 초조해하는 모습을 보이기도 했다. 실제로 이 시간이 너무 길어져 토론시간이 부족해졌지만 이 순회 지도는 나중에 토론하는 데 큰 도움이 되었다. 학생들이 쓴 글을 읽고, '참 잘했어요' 표시를 하면서 얘기를 했던 것이 학생들의 의욕을 불러일으켰다는 생각이 든다.

토론하면서 그림을 해독하다

"자세히는 아니지만, 여러분이 쓴 글을 모두 읽어보았습니다. 여러분은 정말 대단한 학생들이라는 생각이 들었어요. 내가 대답할 수 없었던 질문도 있었습니다. (학생들 웃음) 여러 가지 질문이 있었지만 우선…… 이 그림은 언제 만든 것일까요?"라고 미리 염두에 두었던 학생을 지목하며 물었다.

"아까 내가 단지 옛날 일본이라고밖에 말하지 않았지요?" 하고는 시

목판화 제작 시간에 밑그림은 모두 민화를 소재로 했다. 왼쪽 학생은 잉어를, 오른쪽 학생은 연꽃을 그리고 있다. 한 장의 종이에 판화로 인쇄하면 건강과 풍요를 표현하는 어락도(魚樂圖)가 된다.

이 모둠은 우키요에의 왼쪽 아래에 있는 동물에 대해 이야기하고 있다.

대에 대한 인식을 환기시키며 설명을 시작했다. "어떤 시대일까, 한국으로 말하자면 김정호가 대동여지도를 만들기 위해 전국 각지를 돌아다니고 있을 때입니다." 6학년 사회교과서에 실려 있는 인물을 예로 들면서 설명했다. 학생들은 "18○○년이다", "아, 그런가?"라고 하면서 감을 잡아갔다. "그때는 무슨 시대일까?"라고 물으니, 여기저기서 "조선시대"라고 대답했다. 계속해서 그 당시 한국의 수도는 한양(한성)이라는 것을 확인하고, 그 당시 일본의 중심지는 에도, 지금의 도쿄라고 말해주었다. "조선시대 에도시대"라고 판서를 하면서, "에도시대의 사람들은 이런 그림을 좋아해서, 사서 집에 걸어놓기도 했다"라며 우키요에에 대한 설명을 시작했다.

"이 남자에 대해 잘 모르겠다거나, 이상하다는 의견을 쓴 학생은?" 하고 토론에 들어갔다. 처음에 손을 든 학생이 "이 사람이 오른손에 들고 있는 것은 무엇인가요?"라고 질문했다. 학생들의 대답을 기다리자, "부채"라는 대답이 나왔다. 내가 "맞아요. 부채"라고 하자, "오!" 하며 공감하는 소리가 교실 전체에 퍼졌다. "부채는 보통 무엇으로 만들까?"라고 묻자, 여기저기서 "대나무"라는 대답이 나왔다. "대나무지요. 그런데 이 것은……" 하고 말이 끝나기도 전에 한 학생이 "철"이라고 답했다. "맞아요. 철로 만들었기 때문에 일종의 무기입니다"라고 말하자 또다시 "오!" 하는 탄성이 교실에 퍼졌다. "그것을 이렇게 해서 들고 있는 것이지요" 라고 하면서 그림의 자세를 몸짓으로 보여주었다.

다음으로 칼, 옷, 신발에 관한 발표가 있었고, 서로 이야기를 나누었다. 그리고 "남자 얼굴이 붉은색이에요"라는 발표가 있어서, 인물의 얼굴빛에 대한 이야기가 시작되었다. 이제 "무사가 화가 난 모양이다"라는 의견이 나왔다. "맞아요. 화가 나서 얼굴이 빨갛게 되었네요"라고 하자 "아~" 하며 이해하는 듯한 소리가 여기저기서 들렸다.

인물에 관한 이야기가 끝나고, 그림 왼쪽 아래에 있는 동물에 대한 의견을 물었다. 한 학생이 "쥐 같아요"라고 첫 번째로 의견을 말해 "모두 이 동물이 쥐라고 생각하나요?"라고 물었다. 쥐, 개, 요괴, 도깨비 등 여러 의견이 나왔다. "이건 쥐일까, 요괴일까? 쥐라면 원래 이 정도 크기겠지요?"라고 손짓으로 대충 크기를 보여주고는 "왜 이렇게 큰 걸까요?"라고 물었지만, 학생들 사이에서 그럴싸한 의견이 나오지는 않았다.

여기서 "그럼, 이 사람은 어떤 사람일까요?"라고 다시 인물로 화제를 돌렸다. 여기저기서 "무사"라고 답했다. "정말 무사라고 생각해요? 무사가 왜 이렇게 화려한 옷을 입고, 큰 칼을 허리에 차고, 이렇게 부채를 들고 있을까요?"라고 다시 묻자, "가짜"라는 대답이 나왔다. 흉내나 아마추어 같은 말도 나오면서 학생들이 웃었다. "사실 이 사람은 배우랍니다. 당시 유행하던 연극의 한 장면이지요."

다음으로 왼쪽 아래 동물을 설명하려고 "이 쥐는……" 하자, 학생들이 먼저 "사람!"이라고 외쳤다. "그래요. 이것은 사람, 나쁜 사람이 마법에 걸려 쥐로 변한 것입니다. 입에 두루마리를 물고 있지요? 이것은 비밀의 편지로, 이것을 물고 도망가려고 하는 모습입니다. 그런 장면을 그린 그림입니다"라고 설명을 하자 학생들이 "아~" 하는 것이 그림을 이해한 듯했다.

우키요에에서 찾은 서민들의 즐거움

다음으로 다른 우키요에 그림들을 칠판에 붙였다. 스모 경기, 후지산, 꽃구경, 달구경, 신사참배, 여행, 불꽃놀이 등의 그림이었다. "이 그림들은 모두 에도시대에 그려진 것으로, 서민들이 좋아하던 것들이에요."

"이것들 모두 목판화지요"라고 말하자, 학생들이 탄성을 지르며 놀랐다. "이런 그림을 우키요에라고 합니다. '繪(에)'는 한국어로 그림이라는 뜻입니다"라고 말하면서 칠판에 썼다. 그리고 과제를 제시했다. "이 그림들에는 당시 에도에서 살던 서민들의 생활 속 즐거움이 담겨 있습니다. 에도시대의 서민들은 무엇을 하면서 즐겁게 생활했을까요? 그것을 찾아보면 좋겠습니다."

스모는 한국의 씨름과 비슷하다는 의견이 나왔다. 한 학생이 후지산을 가리키면서 무엇을 그린 것인지 묻자, 다른 학생이 "후지산"이라고 답했다. "후지산은 어떤 산이지요?"라고 질문하자, 여기저기서 "화산"이라고 대답했다. "맞아요. 일본에서 가장 높은 산으로 화산입니다. 그런데 왜 후지산을 그렸을까요?"라고 묻자, "서민들이 등산을 좋아해서"라는 대답이 나왔다. "그래요. 그 당시의 에도 서민들은 단체로 후지산에 올랐던 것 같습니다. 등산이지요"라고 정리했다. 꽃구경, 달구경도 그림으로부터 이야기를 풀어나갔다. 수업 종료 벨소리가 나와서 서둘러 수업을 마칠 수밖에 없었다.

담임선생님의 제안으로 수업을 연장해 수업에 대한 감상을 쓰게 했다. 복도에서 다른 반 학생들의 소음과 하교 음악이 들렸지만, 학생들은 떠들지도 않고 집중해서 감상문을 썼다.

마지막으로 학생들에게 "여러분은 정말 훌륭한 학생들입니다. 1주일 전에도 일본의 학교에서 우키요에를 보면서 같은 수업을 했습니다. 그때보다 여러분이 훨씬 더 많은 의견 발표를 해주었어요. 예상하지 못했던 의견도 나왔고, 내가 대답하기 어려운 예리한 질문도 나왔지요. 정말 훌륭한 학생들이에요. 앞으로도 도봉초등학교 선생님들과 함께 즐겁게 생활하길 바랍니다"라고 인사하며 수업을 마쳤다.

3. 학생들이 본 수업
수업 방법에 대한 의견

· 일본 선생님은 우리 선생님들보다 백배 이상 훌륭하게 가르쳐주셨다. 그림을 볼 때는 그게 무엇인지 잘 몰랐지만, 우리가 질문을 하면 일본 선생님이 자세하게 대답해주셔서 잘 알 수 있었다.
· 그림을 보고, 여러 의문이 들었지만 자세한 설명을 통해서 알 수 있게 되었다. 여러 그림을 보고 우리가 직접 그 의문을 해결하기도 했고, 선생님이 정말 자세하게 설명해주시기도 했다. 옛날 일본 사람들의 취

미도 잘 알 수 있었다.(이 학생은 수업시간에 원체 말이 없었는데, 이날 발표하는 모습을 보고 담임선생님이 많이 놀랐다고 나중에 최 선생님이 알려주었다.)

그림 자료를 중심으로 진행한 수업이었기 때문에 학생들이 직접 보고 이해할 수 있는 것이 많았던 한편, 의문도 많았을 것이다. 그 의문을 토론을 통해 해결해가는 과정에서 학생들은 생활 속에서 경험하며 얻은 지식과 자신의 생각만으로 답을 구할 수 있었다. 그때까지 배운 지식과 알고 있는 역사적 사실 등을 동원한 학생들도 있었지만, 직감적으로 생각한 것을 자유롭게 발표할 수 있는 수업이었기 때문에 이와 같은 모습이 나온 것 같다.

또한 우키요에로부터 알아낸 사실들이 자신들의 생활과 동떨어지지 않고 비슷한 점들도 있다고 느끼면서 많은 학생이 수업 내용을 공감하며 받아들일 수 있었다.

우키요에와 일본 문화에 대한 인식

· 사회시간에 일본의 민화 같은 것을 배웠다. 전부 에도시대에 만들어진 것으로 목판화라고 했지만, 믿을 수 없을 정도로 섬세했다.
· 칠판에 붙어 있는 그림이 모두 판화로 인쇄된 것이라고 했는데, 옛날 일본 사람들이 대단하다고 생각했다. 미술 실력도 뛰어났다고 생각했다.

학생들이 사전에 미술수업에서 목판화 체험을 하지 않았다면 우키요에에서 이와 같은 경이로움을 동반한 신선한 감동을 느끼지 못했을 것이다. 이런 수업을 한 것이 일본문화에 대한 인식이나 일본에 대한 역사 인식 형성에도 영향을 주었다.

- 일본인이 즐기는 스모는 우리나라의 씨름과 비슷하다고 느꼈다. 그리고 꽃이 많이 피는 봄에 가족들과 함께 꽃구경을 하면서 여가를 즐기는 것이 우리나라의 문화와 비슷하다고 생각했다.
- 짧은 시간이었지만 이번 수업을 통해서 일본이라는 나라를 좀 더 자세하게 알 수 있었다. 에도시대에 살았던 서민들은 놀이를 좋아했던 것 같다.

학생들은 일본 서민들의 생활 속 즐거움을 이해하면서 한국과 공통점도 많다는 것을 자연스럽게 느끼게 되었다.

이번 수업의 목표는 우키요에 그려진 서민들의 놀이를 찾아내면서 에도시대 서민의 생활문화를 알아보는 것이었다. 이와 같은 학생들의 감상은 수업 목표가 어느 정도 달성되었음을 보여준다. 학생 대다수가 가까운 나라 일본에서 옛날에 유행한 판화를 보고 당시 일본 서민들의 생활문화가 한국의 서민들과 비슷했다는 인식을 갖게 되었다.

일본에 대한 인식의 변화

- 5교시에는 우리 민화와 비슷한 일본의 우키요에 수업을 했다. 나는 일본도 훌륭한 문화를 갖고 있다고 느꼈다. 우리나라를 지배했다고

해서 마냥 일본을 적대시해서는 안 될 것 같다.

· 처음 일본 선생님을 봤을 때, 나는 조금 싫었다. 그 이유는 확실히는 모르겠지만, 기분이 100% 중에서 10% 정도는 싫은 느낌이었다. 그런데 미술수업을 할 때 선생님이 도와주시기도 하고, 친절하게 가르쳐주시기도 해서 5교시 사회수업을 기대하게 됐다. 내 예상대로였다. 나는 원래 사회시간이 가장 싫었지만, 선생님이 그림까지 보여주시면서 수업을 했기 때문인지 오늘은 정말 기분 좋은 하루였다.

· 가까운 나라임에도 불구하고 나는 일본에 대한 상식이 없어서, 많이 배워야겠다고 생각했다. 일본이 독도를 자기네 땅이라고 억지를 부리고 있어서 일본에 대해서 나쁜 이미지를 갖고 있었지만, 이번에 일본 선생님과 수업을 해서 좋은 이미지를 갖게 되어 좋았다. 또 옛날 일본의 중심지가 도쿄가 아니라 에도라는 것을 알게 되었고, 에도에 평화롭고 많은 즐거움이 있었다는 것을 느꼈다.

이처럼 학생들은 수업을 통해서 일본문화에 대해 알게 되었고, 한국의 문화와 공통점이 많아 이웃나라 일본에서도 비슷한 생활을 하고 있었다는 것을 알게 되었다.

또한 직접 목판화를 만들어보니 생각했던 것보다 어렵다는 것을 느꼈고, 일본의 목판화 우키요에 기술의 정교함에 놀라기도 했다. 학생들의 감상문을 읽어보니, 한국의 역사수업에서 자주 나타나는 일본에 대한 우월감, 곧 '우리나라가 문화를 전해준 나라 일본'이라는 이미지에 조금은 의문을 갖게 했다고 생각한다.

학생들이 갖고 있던 일본에 대한 위화감과 혐오감이 실제 일본인을

접하고 변화한 것도 볼 수 있었고, 일본의 역사와 문화에 대한 이해를
통해 일본을 보는 시각이 조금이나마 달라졌음을 알 수 있었다.

4. 수업의 정리

수업 후 도봉초등학교 선생님들과 수업협의회를 진행했다. 선생님들은
학생들의 수업 태도에 놀랐다고 했다. 음악선생님은 "음악수업 때는 산
만했던 아이가 오늘처럼 진지한 태도를 보여준 걸 처음 봤다"라고 했다.
수업을 한 학급의 담임선생님도 "평상시와는 다른 아이들의 태도를 보
았다"라고 말했다. 학생들이 마지막까지 집중해서 수업에 참가하고, 자
기 생각을 차례차례 이야기하는 모습은 이전에는 잘 볼 수 없던 모습이
었다.

이 수업이 보통 한국에서 하는 수업과 달랐다는 것도 학생들에게 신
선하게 다가갔을 것이다.

현재 일본에서도 한국에서도, 교사와 학생들은 학력 향상을 해야 한
다는 압박을 받고 있다. 또한 교육당국이 실시하는 학력 테스트의 결과
가 각 학교와 지역의 교육 활동을 평가하는 단 하나의 척도가 될지도 모
른다는 위기에 직면해 있다. 이런 때일수록 학생들이 학습을 제대로 할
수 있는 교재를 찾고, 학생들이 즐겁게 배울 수 있는 학습방법을 찾는
것이 중요할 것이다. 이번 수업에서 보여준 학생들의 수업 태도와 감상
을 보면서 학생들은 친구들과 함께 생각하고 토론하며 공부하는 수업을
원하는 것은 아닐까 하는 생각이 강하게 들었다.

마지막으로 이번 수업의 목표와 자료에 대해서 생각해보자. 우키요

에가 에도시대 서민문화인 것을 알 수 있기 위해, 우키요에에 어떤 것이 그려져 있는지 찾아내는 것이 이번 수업의 기본적인 구상이었다. 우키요에에는 서민의 생산활동과 생활의 모습을 주된 소재로 한 것, 꼭 그림의 주제가 아니어도 서민의 생활상이 그려진 작품이 많다. 이와 같이 그림을 수업 자료로 활용한다면 서민의 생활을 풍부한 이미지로 살려내면서 배울 수 있는 수업이 가능하지 않을까 생각해본다.

히라노 노보루(平野昇, 전 지바현 초등학교)

2장

'일제강점기 경성 사람들의 삶'을 통해
인간과 역사를 이해하기

1. 수업 배경

수업의 목적

2000년대 초반, 제7차 교육과정 시행으로 '한국근현대사' 과목이 신설되면서 고등학교에서 한국 근현대사 교육 비중이 대폭 늘었다.

학생들이 해당 교과를 학습함으로써 의회 민주주의, 자본주의, 합리주의, 평등사상과 같은 제도 또는 가치가 어떤 과정을 거쳐 한국인의 삶에 영향을 미쳤는지, 앞으로 자신은 어떠한 가치를 추구하며 살 것인지를 고민하는 계기가 될 수 있다는 점에서 해당 과목에 대한 교사들의 기대가 높았다.

2000년대 중후반 이후 한국의 정치지형이 변화하면서 현재 '한국근현대사' 과목은 사라진 상태다. 그러나 역사학자, 역사교육자들의 노력

으로 근현대사 교육은 여전히 높은 비중으로 이루어지고 있다.[•]

이 수업을 진행한 2009년은 '한국근현대사' 과목이 존재하던 시기였다. 일제강점기 단원을 다룬 수업이었으며, 당시 교사 관점에서 해당 단원의 교과서 구성은 다소 아쉬운 부분이 있었다.

첫째, '일본의 지배와 민족의 저항'이 교과서 서술의 중심에 놓여, 학생들이 일제강점기 당시 존재했던 다양한 삶의 모습을 생각할 여지가 부족했다. 물론 일제의 식민지배는 그 시대를 살던 사람들의 삶을 규정하는 매우 중요한 조건이었음에는 틀림이 없다. 그렇지만 조선의 모든 사람이 일본의 지배로 고통을 받았고 그 때문에 제국주의 체제에 저항했던 것은 아니었다. 그 가운데는 일본의 지배에 협력한 친일파, 새로운 근대 문물과 문화를 향유했던 모던보이나 모던걸, 일본으로부터 이식된 근대 체제에 적응해 잘살아 보려 애를 썼으나 가난에서 벗어나기 어려웠던 토막민이나 공장의 노동자들이 있었다. 또한 근대 교육의 수혜자였으면서 동시에 전근대적 여성관에 매여 있던 신여성 등 다양한 삶의 양태가 존재했다.

둘째, 일제강점기 동안 사람들의 일상이 어떻게 변화해갔는지를 학생들이 구체적으로 이해하기 어려운 측면들이 있었다. 물론 교과서에는 〈일제강점기, 우리 사회의 달라진 것들〉이라는 칼럼을 통해 서울과 교통, 대중문화, 여성 생활의 변화에 관한 내용이 2쪽에 걸쳐 서술되어 있었다. 그러나 많은 내용이 나열식으로 서술되어 있을 뿐이었다.

• 고등학교에서 '한국사'는 공통과목으로 편제되어 모든 학생이 배운다. 해당 교과의 대단원은 1. 전근대 한국사의 이해 2. 근대 국민 국가 수립 운동 3. 일제 식민지 지배와 민족 운동의 전개 4. 대한민국의 발전 등 전체 4단원으로 구성되어 있다. 전체적으로 고등학교 한국사 교육은 전근대사를 일부 포함한 근현대사 위주의 교육이라 할 수 있다.

셋째, 학생들이 당시를 살았던 인물들이 어떠한 생각을 가지고 자신의 행동을 선택했는지 생각해볼 기회가 적었다. 교과서에서 주로 다루는 독립운동가 인물 소개가 주로 그 인물들이 가담했던 독립운동 단체의 이름과 그 단체의 활동 내용 중심으로 서술되었기 때문이다. 학생들이 역사의 구성원으로서 어떠한 삶을 살아갈 것인가를 성찰할 여지가 부족했다.

종합적으로 볼 때, 학생들이 '역사와 나의 삶'이 밀접한 관련이 있음을 이해하기 어려운 교과서 구성이었다. 따라서 수업을 통해 위의 상황을 보완해보고자 했다.

주제 설정

수업 주제를 선정하면서 다음 사항을 고려했다. ① 되도록 학생들과 비슷한 연령대나 계층의 이야기를 다룬다. ② 계층에 따라 다르게 나타나는 삶의 다양한 양상을 보여준다. ③ 학생들과 같이 평범한 인물이었지만, 역사의 변화 속에서 삶의 과정이 변화해가는 인물을 발굴한다. 이 원칙에 따라 1, 2차시에서는 모던보이와 모던걸, 토막민, 유년공, 여학생의 삶을 소주제로 선정했다. 자료의 내용은 근대적으로 변모하는 경성의 모습, 물질문명과 대중 소비문화의 발달을 다루면서도 계급, 성별에 따른 억압 및 식민지적 차별을 받을 수밖에 없었던 한국인의 현실을 아울렀다. 이를 통해 일제강점기의 다양성을 드러내려 했다.

3차시에서는 독립운동가 '이효정'의 이야기를 소주제로 제시했다. 그녀는 동덕여고 학생으로 광주에서 전국으로 확산된 항일 학생운동에 함께하면서 경성지역 사회주의 운동단체인 '경성트로이카'에도 참여했다.

문학을 사랑하던 평범한 학생에서 독립운동가로 변모한 여학생의 이야기를 통해 역사의 흐름이 개인의 삶에 어떠한 영향을 미치는지, 역사의 변화 속에서 개인 한 사람이 어떠한 선택을 하게 되는지 고민할 계기를 마련하고 싶었다.

수업의 목표

① 일제강점기를 살았던 사람들의 다양한 삶의 모습을 이해할 수 있다.

② 일제강점기 동안 사람들의 일상생활이 변화해가는 모습을 이야기할 수 있다.

③ 역사는 특정한 사람들만의 이야기가 아니라, 나 역시도 역사의 흐름 한가운데 살아가고 있음을 인식할 수 있다.

2. 수업 실천

수업의 전개(학습지도안)

1차시			
단계	교수–학습활동		자료 및 유의점
	교사	학생	
도입	–일제강점기 경성의 사진 제시	–어느 지역의 사진인지 추론	–경성 사진 자료
전개	▶내가 생각하는 1920~1930년대 경성 –일제강점기와 당시 사람들의 삶에 대해 떠오르는 이미지 질문 ▶1920~1930년대 경성 –자료 ①~④를 배부한 후 모둠별로 4명의 학생이 각각 자료를 하나씩 선정하여 읽고 질문에 답하도록 지도	▶내가 생각하는 1920~1930년대 경성 –'일제강점기', '일제강점기의 삶' 하면 떠오르는 단어, 이미지 발표 ▶1920~1930년대 경성 –자료 ①~④ 가운데 자신이 흥미가 있는 자료를 하나씩 읽고 질문에 답하기	–자료 학습지 자료 ① 모던보이와 모던걸 자료 ② 토막촌 사람들 자료 ③ 경성의 유년공 자료 ④ 경성의 여학생

		교수-학습활동		
		−모둠별로 4명의 학생이 각자 읽은 내용을 공유한 후, 가장 인상 깊은 주제를 한 가지 선정하도록 지도	−4명의 학생이 각자 읽은 내용을 공유한 후, 4개의 주제 가운데 가장 인상 깊은 주제 한 가지 선정	−개인별 학습지
정리		−다음 차시 예고		

	2차시			
단계		교수−학습활동		자료 및 유의점
		교사	학생	
도입		−각 조가 선정한 주제 확인	−자신들이 선정한 주제 발표	
전개		▶**신문기사나 4컷 만화 만들기** −선정한 주제에 맞는 신문기사나 만화를 작성 방법과 유의사항에 맞게 제작하도록 안내	▶**신문기사나 4컷 만화 만들기** −자신들이 선정한 주제에 맞는 신문기사나 만화 작성	−조별 학습지 −주제에 대한 조원의 관점이 반영되도록 작성
정리		−다음 차시 예고	−다음 차시 예고	

	3차시			
단계		교수−학습활동		자료 및 유의점
		교사	학생	
도입		−일제강점기를 살았던 한 여학생의 삶을 살펴볼 것임을 안내		
전개		▶**경성의 여학생 '이효정'** −평범한 여고생이었던 '이효정'이 독립운동을 하게 되기까지의 과정을 짧은 글과 동영상으로 제시 −글과 영상을 보면서 학습지의 질문에 답하도록 한다. 질문 1. 여고생 효정의 삶과 현재 고등학생인 우리의 삶에서 비슷한 점은? 질문 2. 효정이 독립운동을 나선 계기가 된 역사적 사건은? 질문 3. 만일 내가 효정과 같은 시대에 태어났다면 나는 어떻게 살았을까? ▶**그 후 '효정'은 어떻게 살았을까?** −독립운동으로 감옥에 갇히게 된 이효정이 출옥 후 독립운동을 지속할 것인지, 아니면 그만두게 될 것인지를 추측하여 기록해보도록 지도 −학생들이 어느 정도 기록을 마치	▶**경성의 여학생 '이효정'** −교사가 제시한 글과 영상을 보고 질문에 대한 답을 기록 ▶**그 후 '효정'은 어떻게 살았을까?** −교사의 질문에 답하면서, 자신이 택한 이효정의 삶이 해방 이후에는 어떻게 진행될지 가상으로 써보기 −할머니의 실제 삶에 대한 영상을 주의 깊게 본다.	−개인별 학습지 −자료 영상 ① 이효정의 삶 :평범한 여고생이 독립운동가가 되기까지 영상 ② 이후 효정의 삶 :독립운동을 그만둔 직후부터 현재까지의 삶 *참고자료 ① EBS 3·1절 특집 다큐 〈독립운동가 이효정 나의 이야기〉 ② 안재성 저, 《경성 트로이카》, 사회평론, 2004

정리	면, 할머니의 실제 삶을 담은 영상 제시		
	▶역사와 나의 삶 −수업을 통해 새롭게 알게 된 점이나 느낀 점을 간단히 기록하도록 지도	▶역사와 나의 삶 −자신의 생각 기록	

수업 전 일제강점기에 대한 학생들의 생각(1차시)

본격적인 수업에 들어가기 앞서 일제강점기에 대한 학생들의 생각을 알아보았다. 먼저 "일제강점기 하면 떠오르는 단어는 무엇인가요?"라는 질문에는 일본의 식민지배 정책, 독립운동과 독립운동가, 일제에 협력한 인물 또는 단체와 관련된 단어를 떠올리는 학생들이 많았다. 주목할 만한 점은 경성의 '근대화'와 관련된 단어를 적은 학생들도 많았다는 점이다. 이 부분은 2000년대 미디어에서 '모던보이'와 '모던걸'이 등장하거나 소개된 것과 연관되지 않았나 생각된다. 특히 '김두한', '야인시대', '애물단', '경성스캔들'과 같이 일제강점기를 소재로 한 TV 드라마나 영화 제목, 소재를 써낸 학생들도 많았다.

영역	학생 응답	인원
일제 협력 관련 단어	○ 일진회, 친일파, 이완용(25명)	25명
독립 관련 단어	○ 독립운동(22명), 3·1운동(11명) ○ 독립운동가(유관순, 안중근, 김구, 안창호, 김좌진 8명) ○ 태극기(4명), 고종(4명), 8·15광복(2명), 신민회(1명), 학생운동(1명)	53명
근대화 관련 단어	○ 모던보이, 모던걸(13명) ○ 신식 옷, 집, 신문물, 단발, 흰저고리 검정치마, 백화점, 전화, 전차, 가로등, 철도, 단발 또는 단발령(26명), 콧수염(1명)	40명
일제 식민지배 관련 단어	○ 일본군 '위안부'(22명), 징용, 징병, 국가총동원령(6명) ○ 일본군인, 칼 찬 교사, 순사, 헌병, 경찰, 조선총독부(18명) ○ 폭력, 고문, 억압, 자유 박탈, 태형, 언론탄압, 부자유, 고통, 침략 등(19명)	79명

	○ 가난, 굶주림, 빈민(8명) ○ 궁성요배, 병참기지화, 황국신민화, 창씨개명(6명)	
미디어 관련 단어	○ 김두한, 야인시대(10명) / 경성스캔들, 애물단(7명)	17명
기타	○ 운수 좋은 날(2명), 학생(2명), 유학생, 상인, 러시아혁명, 깡패, 노다지, 제 물포조약(2명), 사회주의자 등	

이어 "1920~1930년대 경성 사람들의 삶은 어떤 모습이었을 것이라 생각합니까?"라는 질문에는 일제강점기 단원 학습을 마친 3학년 학생들인 관계로 당시 사람들의 다양한 삶의 모습을 보려는 노력이 눈에 띄었다. 앞선 질문에서와 같이 근대적 변화상에 관심을 보인 학생이 많았다. 반면 3·1운동, 광주학생운동, 6·10만세운동을 이미 학습했음에도 불구하고 한국사에서 중요한 역할을 한 당시 '학생'들의 활동에 대해 인식하고 있는 학생은 매우 적었다. 또 여성의 활동 부분에서도 '모던걸', '단발'과 같은 외적인 변화 부분에만 주목하는 경향을 보였다.

학생 응답	인원
모던걸과 모던보이의 등장, 근대화에 따른 경성 시내의 변화와 더불어 일본에 의한 탄압과 독립운동, 그리고 가난한 조선인의 모습을 부분적으로나마 함께 서술하고 있다.	
○ 경성은 다른 지역보다 많이 발달했을 것 같다. 건물이라든가 문화도 다른 지역에 비해 앞서 나가고 발달했을 것 같다. 그래서 경성 사람들은 더 발달하고 편하게 생활했겠지만, 일제의 지배 때문에 한편으로는 조심스럽고 다른 지역에 비해 더 억압받았을 것 같다. ○ 농사하는 사람들도 있었겠지만 그 당시 우리나라의 다른 지역에 비해 공장이나 여러 시설이 발달했기 때문에 노동자나 서비스업에 종사하는 사람들이 많았을 것 같다. 그리고 순사가 돌아다니고, 서양식 옷차림을 한 사람이 늘어나고, 가게 간판이나 곳곳에 일본어가 많았을 것 같다. 일본 순사와 독립군이 쫓고 쫓기는 장면이 떠오른다. ○ 일본의 압제에 저항하는 독립운동 투사들은 종로 한복판에서의 테러를 모의하고 있는 반면에, 모던보이, 모던걸로 불리는 이들은 일제강점의 시대를 묵인하며 나름의 생활을 즐겼을 것이다. 또한 도시 소시민들은 삶의 어려움에 허덕이며 일신상의 안녕이 보장되는 더 나은 세상을 갈망했을 것이다.(소설 〈운수 좋은 날〉의 김첨지와 같이)	24명

모던걸과 모던보이의 삶과 근대화에 따른 경성 시내의 변화를 긍정적으로 서술하고 있다.	
○ 서양에서 들어온 문물들이 널리 퍼져 거리에 지나다니는 사람들 대부분이 중절모나 양복 같은 옷을 입고, 그저 돈을 벌기 위해 일하는 모습이 아닌, 자신의 삶을 즐기며 사는 모습	10명
학생들의 삶을 서술하고 있다.	
○ 오늘도 나는 학교에 간다. 무섭다. 칼을 든 선생님이 우리에게 일본어를 가르친다. 내 옆에서 아이들이 떠든다. "이 조센징, 빠가야로!" 이런 소리가 들리면서 아이들은 피투성이가 된다. 집에 가는 길에도 제복을 입고 칼을 찬 일본군 헌병이 어른을 구타하고 있다. 그건 우리 아버지였다.	3명
일본의 식민지배로 고통받는 조선인의 삶을 서술하고 있다.	
○ 아무런 문화생활을 즐기지 못한 채 강압적인 삶을 살았을 것이다. 하루하루를 살면서 잠잘 때조차 행복하지 않고 두려움에 떨었을 것 같다. 자기의 삶은 없고 일제를 위한 희생만이 강요되는 슬픈 삶이었을 것이다.	2명

그러고 난 후 1920~1930년대 경성 사람들의 생활에 관한 자료 ①~④를 읽힌 후 소감을 물었다. 그 대답은 다음과 같다.

· 우리는 역사의 화려하고 보기 좋은 측면만 기억하고 싶어 하는 것은 아닐까? 일제강점기의 경성. 그곳의 모던걸, 모던보이들은 어쩌면 그 시대를 거쳐온 사람들의 인식 속에서는 낯선 세계로 각인되어 있었을 것이다. 역사를 올바르게 기억하기 위해서는 총체적이고 포괄적인 관점의 접근이 필요할 것이다. 역사의 어느 한 측면만을 부각하여 미화해서는 안 될 것이다. 모던걸, 모던보이들의 삶 저편에 있는 가장 낮은 곳에 위치한 이들의 삶을 조망해야 한다.

· 예나 지금이나 사회 빈민들을 구제하기는 힘든 것 같다. 나라를 통치하는 사람들이 최상위 계층이라서 그런가 하는 생각이 든다. 최상위 계층 사람들은 빈민들의 삶을 이해하지 못하기 때문이다. 사회 빈민

은 사회 구조가 만든다는 생각이 들고, 사회 구조와 통치자인 사람들이 바뀌어야 모순된 사회 구조가 바뀌어 사회 빈민 같은 문제가 사라질 것이라 생각된다.

· 16세가 되지 않은 어린 나이에 하루 12시간씩 아무 소리 못 하고 일을 했다는 것이 경악스럽고, 공장에서 말도 안 되는 급여와 각종 명목으로 돈을 빼가는 것 등에 대해 왜 누구 하나 불평을 하지 않았을까 하는 안타까움도 든다. 모두가 다 조용조용 일을 하니까 그냥 하는 것인가 하는 생각이 든다. 또 공장의 '소풍(picnic)'이 신문에 났다는 것을 읽고 일면의 것만 보여주는 것은 이 시대나 지금 시대나 다른 것이 없구나 하는 생각도 들었다. 공장의 모습에 자신들이 문명 혜택을 받는 느낌을 받았다니…… . 더 안쓰럽고 측은하기도 하다. 인간의 기본적 권리도 얻지 못했다는 것에 화가 나기도 한다.

· 현재 내가 여학생이기 때문이기도 할 것이고, 현재는 그나마 낫지만, 우리 역사 속에서 늘 여성들의 지위는 낮았던 것 같다. 여성의 지위가 향상되고 교육도 받았건만 사회 진출은 제약되고 낮은 임금, 장시간의 노동으로 고생했다는 이야기에, 또 남성들의 희롱의 대상이 되기도 했다는 부분에서 기분이 나빴다.

신문기사나 4컷 만화 그리기(2차시)

2차시에는 앞서 살펴본 1920~1930년대 경성 사람들의 생활에 관한 자료에서 가장 인상 깊었던 내용을 선정해 다음과 같이 만화나 신문기사로 표현해보게 했다.

| 마주 보는 역사수업 |

생각과 느낀 점 정리하기(3차시)

마지막으로 이효정의 삶을 보면서 새롭게 알게 된 점이나 느낀 점이 무엇인지 각자의 생각을 정리하게 했다.

· 역사가 한 개인의 삶에 미치는 영향력은 상상을 초월한다. 역사를 기억한다는 것. 그것은 그가 그렇게 원했던 시를 포기한다는 것을 뜻했다. 아름답고 순수한 영혼이 담긴 시를 쓸 권리를 앗아간 역사를, 역사 그 자체로 순순히 받아들여 정상적인 삶을 살아갈 이가 과연 얼마나 있을까? 그의 삶이 안타까울 뿐이다.

· 고등학생 때부터 한번도 흔들리지 않고 나라를 위해 힘썼다는 점이 매우 놀랍고 대단하다고 느껴진다. 그리고 그동안 물고문 등 수많은 고문과 고생을 하신 것이 가슴 아프고 죄송했다. 제일 죄송했던 것은 해방 후나 70~80년대에도 그녀의 업적을 제대로 인정해주지 않고 힘들게 사시게 한 것이다. 앞으로는 이러한 분들의 노고가 헛되지 않게 그들에게 정당한 대우를 해주고 혜택을 확대하길 바란다. 또한 유관순 외에도 항일운동을 한 여성들이 많았다는 점을 알 수 있었다.

· 독립운동을 하는 사람들 사이에서도 좌·우익으로 나뉘어서 갈피를 잡지 못했을 수 있었을 것이다. 나라가 독립한 후에도 남편의 사상으로 인해 '빨갱이'라고 불리며 평생을 불안에 떨며 눈치를 보며 살아야 했을 것이다. 마음이 너무 찜찜했다. 지금도 겉으로는 한민족이라고 하면서 속으로는 알게 모르게 북한 또는 사회주의라고 하면 여전히 '빨갱이'라는 단어가 떠오르지 않나. 그런 면에서는 그때나 지금이나…… 무작정 독립운동가들을 추켜올리거나, 무작정 사회주의를 욕하거나 하는 것은 옳지 않은 것 같다.

3. 수업 성찰

수업을 진행하면서 '원래 수업의 목표로 삼았던 것들을 잘 달성했는가?'를 돌이켜보면, 자신 있게 '그렇다'고 답하기는 어렵다. 그러나 이 수업을 통해 오히려 교사인 내가 새롭게 발견한 점들이 있었다.

첫째, '일제강점기'에 대한 학생들의 이미지가 변화하고 있었다. 수업 전 학생들은 '일제강점기'에 대해 주로 '일본의 강압적인 지배와 우리 민족의 저항'이라는 관점에서 인식하는 경향이 있었으나 수업 후에 학생들은 '모던보이', '모던걸', '근대화'와 같은 일제강점기의 변화상에도 많은 관심을 보였다. 이러한 변화는 2000년대 이후 일제강점기를 소재로 한 영화나 드라마가 많이 제작된 것과 연관이 있지 않았나 생각한다. 또 그 시기에 한국에서 식민지 근대화론이 고개를 들고 있었기 때문에 그 부분과의 연관성을 추적해보아야 했지만, 아쉽게도 그 부분을 짚어보지 못했다.

둘째, 일부이기는 하지만 학생들은 과거의 역사와 현실의 문제를 연결해 생각하는 힘을 가지고 있었다. 토막민과 유년공과 관련된 자료를 읽은 학생들의 소감문이나 이효정 할머니의 삶에 대한 학생들의 생각을 통해 이러한 사실을 확인할 수가 있었다.

셋째, 학생들은 '이념'의 문제에 대해 훨씬 유연했다. 이효정 할머니가 사회주의 계열의 독립운동가였음에도 불구하고 이에 대한 학생들의 거부감은 찾아보기 어려웠다. 오히려 '사회주의'와 관련된 과거 그녀의 활동, 남편이 간첩이 되어 남한을 방문했던 가족사로 인해 해방 후 오랜 기간 그녀의 독립운동 공로가 제대로 평가받지 못했다는 사실에 학생들은 놀라워했고 그러한 대우가 부당하다고 생각했다. 이는 1990년대 후반부터 사회주의 계열의 독립운동가에 대한 재조명이 이루어졌던 사회적 분위기와도 관련이 있는 듯하다.

수업을 기획할 당시 한국 근현대사의 흐름과 밀접한 삶을 산 이효정의 사례를 통해 역사와 개인의 삶이 동떨어진 것이 아님을 보여주고자 했다. 그러나 이효정의 삶이 오히려 아이들에게 부담을 지워준 것이 아닌가 하는 반성도 들었다. 이효정은 독립운동가였고, 더욱이 사회주의 계열에서 활동했기 때문에 일제강점기에도 어려움을 겪었고 해방이 된 후에도 고통받는 삶을 살아야 했다. 이러한 사실들을 보며 학생들은 오히려 '나는 저렇게 살 수 없을 거야', '어떻게 그렇게 힘들게 살 수 있을까?'라는 생각을 한 듯하다. '여러 가지 제약에도 불구하고 삶의 조건을 개선하고자 했던 여성'의 알려지지 않은 사례로서 그녀의 삶이 의미가 있는 것은 분명하나, '역사는 특정한 사람들만의 이야기가 아니라, 나 역시도 역사의 한가운데 살아가고 있다'는 인식을 심어주기 위해서는 인물 선정과 접근 방식에 조금 더 주의를 기울여야 할 듯하다.

우주연(서울 여의도여자고등학교)

| 마주 보는 역사수업 |

3장

초등 6학년 종합학습, 오키나와 언어에 대해 생각하다

1. 수업 배경과 계획

종합학습의 배경과 목표

오키나와에 대해 학습할 때 "오키나와에 가보고 싶다"라고 말한 어린이가 많았다. 푸른 하늘과 백사장, 히비스커스꽃과 같은 남국의 분위기, 그리고 오키나와 사람들의 삶이나 문화에서 이국적 정취를 느꼈기 때문일 것이다. 오키나와 사람들은 자신들의 문화를 독창적인 것으로 의식하고 자신들을 '우치난츄(うちなーんちゅ)'라 부르고 그 외의 일본인을 '야마톤츄(やまとぅんちゅ)'라고 부르며 구별한다.

학생들의 오키나와에 대한 관심에서 오키나와 문화가 어떤 위상을 차지하고 있는지, 일본과 오키나와의 관계를 어떻게 이해하고 있는지 살펴보기 위해 학급별로 몇 가지 항목을 추출하여 체험학습을 하고 발표회를 했다.

학습목표는 다음과 같이 설정했다.

① 자료를 사용하여 오키나와의 자연이나 문화를 조사하고 정리할 수 있다.

② 오키나와와 일본의 문화를 비교함으로써 일본문화에 대해서 생각할 수 있다.

③ 조사한 내용이나 자기 생각을 이해하기 쉽게 발표할 수 있다.

	1반	2반	3반	4반	5반
준비	오키나와 음악 듣기				
	오키나와 음식 만들기				
	오키나와에 대해 조사·발표하기				
과제 설정	더 학습하고 싶은 것 이야기 나누기				
과제 수행	빈가타(紅型, 오키나와 염색천)	빈가타	빈가타	빈가타	빈가타
	류큐왕국	과자	류큐왕국	오키나와 음식	과자
	친빈(煎餅, 오키나와 과자)	류큐왕국	오키나와 음식	전통공예	에이사(エイサー, 오키나와 전통 춤)/샤미센(三味線)
	오키나와 언어	오키나와전투			
정리	솜씨 자랑 요리대회(뷔페)				
	학습한 것 발표하기				

학생들이 배우고 싶은 것

체험학습의 조사학습을 마치면서 학생들이 배우고 싶은 것이 명확해졌다. 그중 하나가 오키나와 언어였다. 조사학습 중에서 '방언'에 대해 조사한 반에서 발표하며 오키나와 말로 〈모모타로(桃太郎)〉(일본의 전래동

| 마주 보는 역사수업 |

화)를 들려주었다.《일본의 방언》이라는 책에 부록으로 수록된 CD를 사용해 연습한 것이었다. 재미있을 것 같아서 학급 모두 함께 공부하기로 했다. 우선 전원이 오키나와 단어를 5개씩 외우고 200개 정도 되었을 때 회화 연습을 했다. 오키나와어 입문책에 담긴 CD를 이용하여 각각의 모둠이 다른 장면을 연습해 발표하고, 발표한 장면이 무슨 내용인지 함께 이야기를 나누었다. 몸짓만으로 대충 알 수 있는 부분도 있었지만 말만으로는 알 수 없는 부분이 더 많았다는 게 학생들의 소감이었다.

· 제일 마음에 걸리는 것은, 오키나와 말은 일본어(공통어)와 달리 '우(う)'를 작게 쓴 글자 등이 있어 매우 발음하기 어려운 말이라는 것입니다. 오키나와는 옛날에 류큐라는 독립된 나라였기 때문에 전혀 다른 말을 쓰는 게 아닌가 싶습니다. 제가 생각하는 건 중국과 교류가 깊었기 때문에 혹시 중국어가 조금 섞여 있는 건 아닐까 하는 생각이 들었어요.

· 저는 오키나와 말을 사투리라고 생각하지 않아요. 왜냐하면 단어들이 전혀 다르기 때문입니다. 예를 들면 '나마(ナマ)'는 '이마(今, 지금)', '나비(ナービ)'는 '나베(鍋, 냄비)' 같이 비슷한 것도 있지만, '간마리(ガンマリ)'는 '이타즈라(いたずら, 장난)', '다마시(魂)'는 '야쿠와리(役割, 역할)' 등 비슷하지 않은 것들이 많기 때문입니다. 오키나와는 중국의 영향을 받았기 때문인가 하고 생각했습니다. 그러니까 오키나와의 언어는 사투리가 아니라 오키나와어라고 생각합니다.

· 저는 처음에 오키나와 말을 공부해보고, 우리가 사용하고 있는 공통어와는 전혀 다르다고 생각했습니다. 그런데 공통어와 발음이 비슷하다

는 생각이 들었어요. 예를 들면 '우뒤(ウドゥイ)'라는 말입니다. '오도리(踊り, 춤)'라는 건데 어쩐지 발음이 비슷한 것 같아요. 그리고 '디가네(ティガネー)'는 '데쓰다이(手伝い, 도움)'인데, '데가나이(手がない, 손이 없다/바쁘다)', '데쓰다이', '디가네'라는 식으로 외웠습니다.

많은 학생이 오키나와 말이 자신들이 사용하는 말과 전혀 다르다고 느꼈다. 중국의 영향을 받은 게 아니냐는 의견도 꽤 있었다. 그러나 학급 전체로 보면 독립된 언어라고 생각하는 학생과 일본어 방언이라고 생각하는 학생이 반반이었다. 귀로 들으면 외국어처럼 들리지만, 국어시간에 '오키나와 방언'이라고 배우고 〈모모타로〉의 CD가 수록된 책이 '일본 방언 시리즈'의 1권이었기 때문일 것이다.

2. 수업 실천

수업 목표

① 오키나와 언어와 일본어를 비교해 차이점이나 공통점을 깨닫는다.
② 오키나와 언어가 방언인지 아닌지 생각하여 설명할 수 있다.

수업 전개

시간	학습활동과 내용	유의점	자료
	오키나와 언어에 대해 생각해보자		
	① 오키나와 언어, 가고시마 방언, 중국어로 말하는 〈모모타로〉를 듣고 감상을 말해보자. – 가고시마 방언은 아는 부분이 많다. – 오키나와 언어는 대부분 모른다.	– 중국어는 푸젠성 출신의 고문전(高文典), 오키나와 언어와 가고시마 방언은 CD로 연습한 학생들이 발표한다.	

– 중국어와 비슷하다.	– 중국어와 다른 울림이 있다는 것을 느껴보게 한다. – 듣고 생각한 것이나, 지금까지 느꼈던 것을 이야기 나누기	일본어의 성립
② 오키나와 언어를 방언이라고 할 수 있는지 이야기해보자. – 방언이라고 생각하지 않는다. 일본어로부터 독립한 언어라고 생각해야 한다. – 들어서 알 수 있는 단어도 있으므로 방언이라고 생각한다.	– 독립된 언어라 생각하는 학생도, 일본어 방언이라고 생각하는 학생도 있다. 그렇게 생각한 이유를 말하게 한다.	
③ 모둠별로 연습한 오키나와 언어 회화를 발표한다. – 길 묻기 – 열이 날 때	– 어떤 내용인지 생각해본다. – 알고 있는 단어를 중심으로 무엇에 대해 이야기하고 있는지 추측한다.	
④ 초빙 강사의 이야기 듣기 – 일본어와 오키나와 언어는 지금으로부터 1700년 전 무렵 갈라졌다고 한다. – 오키나와 언어에는 오래된 일본어가 남아 있다. – 일본어와 비교해보면, 오키나와 언어는 한국어나 아이누 언어에 비해 압도적으로 일본어에 가깝다.	– 일본어학자 조완제 씨에게 묻고 대답을 듣는다.	
⑤ 오늘의 학습 정리하기 – 오키나와 언어는 이해하기 어렵지만 일본어 방언이라고 생각해야 한다. – 예전에는 같은 언어였더라도 현재 다른 부분이 많으니 오키나와 언어라고 생각해야 한다.	– 근거가 있으면 어떤 쪽으로 생각을 해도 괜찮다. – 방언이든 독립된 언어든 언어를 소멸시키면 안 된다는 것을 생각하게 한다.	

수업의 모습과 아이들의 감상

수업은 〈모모타로〉 읽고 듣기로 시작했다. 오키나와 언어가 중국어의 영향을 받은 것이 아닌가 하는 학생들의 의견을 살려 중국어로도 들어보기로 했다. 오키나와 말은 이해하기 어려웠다. 가고시마 사투리는 그에 비해 훨씬 알아듣기 쉬웠다. 중국어는 전혀 모르는 말이었고 발음을 들어도 일본어와 다르다는 걸 잘 알 수 있었다. 중국어와 비교하면 오키나와 말은 일본어에 가까운 인상을 받았다.

- '오키나와어란 무엇인가'가 오늘의 과제였습니다. 지금까지 오키나와어를 공부하면서 외국어와 관계가 있고 일본어가 섞인 말이라고 예상했습니다. 그러나 모두가 발표하는 오키나와어를 들으며 일본어에 가깝다는 것을 알았습니다. 그리고 직접 오키나와어로 발표를 해보고 나서는 오키나와어가 일본어라고 생각하게 되었습니다.
- 대충은 이해할 거라 생각했어요. 중국어만 달랐고, 나머지는 일본어 같았어요. 전문가 선생님은 오키나와어가 사투리라고 말했는데, 저도 그렇게 생각해요.

초빙 강사인 일본어학자 조완제 씨는 "오키나와어는 일본어의 방언이라고 하는 것이 정설이다", "국가가 멸망하면 말은 사라진다. 공통어에 흡수되는 것도 시간문제일 것이다"라고 말했다. 세 가지 언어를 비교해서 들어보고, 조완제 씨의 이야기도 들은 후 '오키나와어는 일본어의 방언'이라고 생각하는 학생이 늘었다. 하지만 그 속에는 납득할 수 없는 부분도 있었다.

- 오키나와는 일본이지만 저는 오키나와 말이 거의 외국어라고 생각해도 좋을 정도로 다른 언어라고 생각합니다.

나도 오키나와어가 방언이라는 관점에는 저항이 있었다. 1700년 전에 일본어에서 분리되었고 그 후 독자적인 발전을 했다면 독립한 언어

　　　　　| 마주 보는 역사수업 |

로서 오키나와어라고 불러야 하기 때문이다. 류큐왕국이 멸망하고 일본으로 흡수되었기 때문에 방언이라고 말하는 것은 아무래도 정치적인 접근이라고 생각한다.

직접 묻고 생각하다

학생들은 오키나와어로 뉴스 방송을 하는 방송국이 있다는 이야기를 듣고 편지를 보냈다.

안녕하세요. 우리는 지바현 후나바시 시립 가쓰시카초등학교 6학년 1반 학생들입니다. 우리는 9월부터 종합학습으로 오키나와어에 대해 공부하고 있습니다. 지금까지 아침이나 수업시간 등 여러 시간을 사용해 오키나와어의 단어를 외우기도 하고 3명 정도씩 그룹을 나누어 회화 연습을 하기도 했습니다. 그중에는 〈모모타로〉를 오키나와어로 발표한 그룹도 있었습니다. 단어 중에는 공통어와 비슷해서 외우기 쉬운 것도 있었지만 대부분 어려웠습니다. 문법은 너무 어려웠습니다.

저는 오키나와어가 공통어와 닮은 것이 적기 때문에 방언이 아니고, 독립된 말이 아닐까 생각했습니다. 반 전체를 놓고 보면 방언이라고 하는 친구와 독립된 말이라고 하는 친구가 반반 정도였습니다. 일본어학자도 오셔서 얘기해주셨는데, 학자들 사이에서는 오키나와어를 방언이라고 한다고 해서 놀랐습니다. 게다가 오키나와어가 일본어에 영향을 받아 사라지지 않을까 하는 이야기도 해주셨습니다.

여러분의 방송국에서는 오키나와어로만 말하는 방송이 있다고 들었습니다. 정말인가요? 그리고 여러분은 오키나와어가 사라질 것이라 생

각하고 계신가요? 저는 이 오키나와의 독특하고 재미있는 말이 영원히
남았으면 좋겠습니다.

오키나와TV와 류큐방송으로부터 답장이 왔다. 오키나와TV의 데루
야 씨는 "결론부터 말하면 일본어의 방언이라고 해야 하지 않을까요?
이유는 문법이 일치하고 공통된 단어가 많고 모음이 같으며, 공통된 고
어(古語)를 가지고 있기 때문입니다"라고 했다. 류큐방송의 요나하 씨는
"일본어의 방언이라고 하기보다 일본어가 오키나와어의 뿌리라고 하는
편이 맞을 것 같습니다"라고 말했다. 그리고 두 사람 모두 오키나와어의
소멸에 대해서는 부정적이었다. 그들은 공통어화되는 방향이 큰 흐름이
라 하더라도 국가의 멸망이 언어의 소멸로 이어진다고는 단정할 수 없
다고 답해주었다.

학생들은 두 사람의 편지를 읽은 후 류큐방송의 요나하 씨가 보내준
우치나구치(うちなーぐち, 오키나와어) 라디오 프로그램 〈민요로 안녕하세
요〉 테이프를 듣고, 민요 홍백전의 비디오를 보았다.

· 라디오 방송을 듣기 전에는 이미 오키나와 사투리를 공부했기 때문에
조금은 알아들을 수 있을 거라 생각했지만, 듣고 보니 공통어가 나오
는 부분만 이야기의 내용을 알 수 있을 뿐, 말이 너무 빨라서 이해하기
어려웠습니다. 역시 조금 공부한다고 해서 알게 되는 간단한 일이 아
니라고 생각했습니다. 또 요나하 히로아키 씨의 편지에서 가족과는
공통어를 사용하고 있다는 이야기를 보고 재미있다고 생각했습니다.
· 저는 오키나와어를 공부하고 오키나와어는 독립된 언어라고 생각했

　　　　　　　　　　　| 마주 보는 역사수업 |

습니다. 옛날, 사쓰마에 점령당했거나 전쟁 때 일본어를 써야만 했기 때문에 점점 오키나와어를 사용하지 못하게 되었지만, 만약 사쓰마에 침략당하지 않았다면 지금도 류큐어로 남아 있었을지 모르기 때문입니다.

아래 의견을 적은 학생은 원래 일본어학자 조완제 씨의 이야기를 듣고 오키나와어는 '방언이다'라고 생각했지만, 요나하 씨의 편지를 읽은 후 오키나와어는 '독립된 언어'라고 생각을 바꾸었다. 오키나와어와 일본어의 공통성은 이해할 수 있지만 방언이라고 하기에는 같은 말이라고 하기 어려운 위화감이 남기 때문이었을 것이다.

몇 개월간 오키나와어 학습을 하면서 교사도 학생도 오키나와어에 대해 명확한 결론에 이르지 못했다. 일본의 역사, 일본어, 방언에 대해 모르는 것이 너무 많기 때문이었을 것이다.

라디오 오키나와 방송국의 마에사토 씨로부터도 답장이 왔다. 거기에는 이카리 씨, 니시오카 씨라는 방언 전문가의 편지도 동봉되어 있었다. 길고 정중한 편지였다. 학생들은 그 편지들에서 두 가지 새로운 것을 찾을 수 있었다. 첫 번째는 오키나와의 말과 도쿄의 말은 영어와 독일어만큼은 아니지만 프랑스어와 스페인어 이상으로 거리가 멀다는 것이고, 두 번째는 오키나와 말을 '방언'이라 하는 것은 '오키나와는 일본의 일부'라는 것을 암암리에 나타내는 말이라는 것이었다.

특히 두 번째에 대해서는 다음과 같은 자세한 설명이 있었다. "전후 오키나와를 점령한 미군은 점령 초기 오키나와어로 교육할 것을 명했다. 그러나 오키나와 측은 받아들이지 않고 표준어(일본어)에 의한 교육을 부활시켰다. 거기에는 오키나와어를 사용하는 사람에 대한 일본사회의 차별을 피하려는 것과 함께 미국의 지배에 대한 저항이라는 의미도 있었다. 당시 미국은 오키나와를 일본에서 분리하고자 했다. 일본어와 통하지 않는 오키나와어를 사용하게 하여 일본인이 아니라는 의식을 북돋아 오키나와를 미국 영토에 포함시키려는 의도가 있었던 것은 아니었을까? 오키나와는 아시아·태평양전쟁 후에도 독립이 아닌 일본 복귀의 길을 택했기 때문이다."

오키나와의 일본 복귀 운동은 알고 있었지만 언어 문제와 연결시켜 생각해본 적은 없었다. 여러 역사적 배경을 생각하며 언어에 숨겨진 의미를 함께 생각해야 하는 어려운 문제였지만, 학생들은 나름대로 이해하며 잘 따라와 주었다.

· 오키나와어를 독립된 언어라고 생각했지만, 오키나와가 일본의 일부임을 나타내기 위해 오키나와어를 '방언'이라고 한다는 이야기를 듣고 나니 오히려 방언이라고 불러도 좋지 않을까 생각했습니다. 오키나와 사람들이 '방언'이라고 부르길 원한다고 생각했기 때문입니다.

· 편지를 읽고 오키나와어를 방언이라 하는 이유를 알게 되었고, 그것이 오키나와를 일본의 일부라고 인식시키기 위해서였다는 것에 놀랐습니다. 더 언어적인 이유라 생각했기 때문입니다. 프랑스어와 스페인어는 1500년 정도 전에 나뉘었고, 오키나와 방언과 표준어는 1700년 전에 나누어졌기 때문에 방언이라고 하기에는 무리가 있다고 합니다. 제 생각엔 방언이라고 불리는 것만으로도 일본어와 다른 독립성을 가진 말이라고 할 수 있을 것 같습니다.

3. 종합학습 평가

이번 오키나와 종합학습에서는 처음으로 전문 오키나와 음악 그룹 잔푸라즈(チャンプラーズ)를 초대했다. 박력이 있는 노래와 샤미센 등의 연주를 들으며 오키나와 학습에 대한 의욕이 높아졌다. 빈가타 염색학습에서도 30년 동안 천 제작을 해온 스즈키 선생님의 지도를 받았다. 학생들이 전문가를 직접 만나게 하는 것이 중요하다고 다시 한번 느꼈다. 인간적인 매력은 물론, 그들의 전문지식이나 기술 등이 어린이들에게 깊은 감동과 인상을 주기 때문이다.

체험학습은 여러 가지를 시행했다. 운동회 학급 체조에서 가라테 형식을 도입했고, 합창 발표회에서는 오키나와 전통 노래를 합창했다. 미술시간에는 직접 천을 염색하며 빈가타를 만들었고, 조리실습에서는 면 잔푸루(チャンプルー, 볶음)와 친빈을 만들었다. 오키나와어를 공부하고 말한 것도 체험학습에 들어갈 것이다. 이러한 학습은 문자 학습이 서툰 학생들도 적극적으로 참여할 수 있다. 다양한 유형의 아이들을 적극적으로 참여시키기 위해서도 문자 중심의 조사학습에서 벗어날 필요가 있다.

또 이번에는 다양한 외부 전문가들의 도움을 받아 학습을 발전시킬 수 있었다. 앞으로도 이렇게 다양한 형태로 수업을 만들어가고 싶다. 정말로 재미있는 과제를 찾을 수 있다면 아무리 어려운 문제라도 아이들이 스스로 열심히 생각하고 따라올 수 있다는 믿음이 생겼다.

미쓰하시 히사코(三橋ひさ子, 전 지바현 초등학교)

2부

전쟁과 평화를 생각하다

제2부에서는 전쟁과 평화를 생각한다. 전쟁을 어떻게 기억할 것인지, 전쟁의 피해자는 누구인지, 그리고 현재까지 전쟁의 상흔을 안고 사는 오키나와와 제주를 살펴본다.

일본의 침략전쟁을 생각하는 수업으로 첫 번째는 이시가미 도쿠치요의 〈'전몰자위령비 비교하기'에서 시작하는 아시아·태평양전쟁〉이다. 이 수업에서는 지역의 전몰자위령비를 교재로 삼아 전사자가 언제 어디서 죽었는지 알아보고, 연표와 지도를 활용해 그들이 어떤 상황에서 전사했는지를 생각하고자 했다. 학생들은 미국과 전쟁을 했는데 군인들이 태평양 섬들에서 많이 전사한 것, 전쟁이 끝난 1945년 이후에도 전사한 사람이 있다는 것을 궁금해하며 병사들이 그곳에서 무슨 일을 했는지 알아보고, 먼 이국 땅에서 전사한 사람에 대해 생각해보았다.

이성훈의 〈전쟁터로 내몰린 한국과 일본의 민중들〉은 아시아·태평양전쟁에서 일본 시민이 피해자였는지 가해자였는지를 묻고, 아시아인들에게 가해자였던 일본 군대와 전쟁으로 피해를 입은 일본 시민을 나누어 생각해보게 하고 있다. 학생들은 한국인이 일본에게 심하게 당했다는 인식이 강했지만 전쟁으로 일본 시민이 피해를 본 사례를 배우면서 일본 시민도 피해자라는 인식을 갖게 된다. 이시가미 도쿠치요의 수업과 이성훈의 수업은 전쟁으로 피해를 입는 것은 민중임을 깨닫게 하는 실천이다.

한국과 일본은 공통적으로 '미군기지'가 존재하고 있다. 오키나와의 중학교 교사 다마키 요시하루는 〈현대 일본과 세계―미군기지에서 세계와 오키나와를 생각하다〉에서 지역에 있는 미군기지를 주제로 학생들에게 문제를 제시했다. 미군 사건, 비행기 사고등 오키나와 주민의 피해를 생각하고 누구를, 무엇을 위한 기지인지를 생각해나간다.

박진수의 〈평화의 가치—오키나와와 제주 강정기지를 중심으로〉는 여러 학교의 고등학생을 대상으로 공개수업의 형태로 이루어졌다. 제2차 세계대전, 냉전이라는 역사의 소용돌이 속에서 오키나와와 제주, 두 섬의 사람들은 큰 희생을 치렀다. 오키나와는 제2차 세계대전 말미 일본과 미군의 격전지로서 수많은 주민이 희생당했다. 식민지 시대 방어의 보루로 일본군 기지가 건설되었던 제주는 해방이후 4·3사건을 겪으며 수많은 민간인이 학살당했다. 죽음이 휩쓸고 간 두 섬에는 미군 점령이라는 공통의 상황이 전개된다. 2000년대 이후 제주 강정마을에 해군기지가 들어서면서 아름다운 섬 제주가 또다시 군사적 대립의 전초기지가 될 것이라는 우려를 낳고 있다. 오키나와와 제주의 과거와 현재가 미래로 전해지지 않도록 하려는 노력이 엿보이는 수업이다.

차민선의 〈평화의 소녀상에서 역사를 살피다〉는 전쟁유적을 통해 역사와 어떻게 마주할 수 있는지를 생각하고 있다. 현재 일본 정부는 소녀상 철거를 요구하고 있다. 이 문제와 결부해 청나라에 침략당한 조선이 청나라의 요구를 인정한 서울의 삼전도비 철거 여부를 따져본다. 우리에게는 굴욕적인 역사를 기록한 삼전도비 철거 운동을 함께 생각해보며, 역사를 기억하는 의미와 방식을 학생들에게 생각하게 한다.

2부의 실천들은 후세대와 함께 전쟁과 평화를 생각하고 그 기억을 어떻게 계승하여 전쟁 없는 평화로운 세계를 구축해나갈지 모색하는 노력이다.

1장

'전몰자위령비 비교하기'에서 시작하는
아시아·태평양전쟁

1. 수업 배경

이바라키현 우시쿠시에는 러일전쟁부터 아시아·태평양전쟁까지의 전사자 위령비가 세워져 있다. 현재 내가 근무하는 학교가 있는 지역은 옛오카다무라 지역이고, 이 마을에는 1954년 유족회가 세운 '전몰자위령비'라는 이름의 비가 있다. 이 비석은 옛 시립유치원 뒤에 위치해 있다.

전몰자위령비 뒷면에는 러일전쟁부터 아시아·태평양전쟁까지 전사한 병사의 계급, 성명, 전사 연월일, 전몰지가 새겨져 있다. 이 전몰자위령비를 수업의 교재로 활용하면 아시아·태평양전쟁 학습을 지역과 연관 지어 진행할 수 있다는 생각에 수업을 계획했다.

2. 학습의 실제

전몰자위령비 확인하기(1시간)

학생들에게 전몰자위령비를 소개했다. 유치원 뒤쪽 가까운 곳에 거대한 비석이 세워져 있다는 의외성 때문에 학생들은 흥미진진하게 여겼다. 학생들은 전몰자위령비라는 이름으로 전사자 위령을 목적으로 세워졌다고 생각했다.

비석 뒷면에 전사자의 성명, 전사 연월일, 전몰지 등이 새겨져 있음을 소개하고 그 내용을 정리한 일람표를 나눠주었다. 학생들은 일람표를 받아 보고 "이 장소는 대체 어디지?", "같은 날 죽은 사람이 있네" 등 의문이 들거나 알아차린 것들을 이야기하기 시작했다. 조금 시간을 두었다가 '이상하네' 찾기 활동을 하면서 노트에 정리했다.

전몰자위령비의 전몰지, 연월일을 지도와 연표에 정리하기(1시간)

전몰자위령비의 전사 연월일, 전몰지를 연표와 지도로 정리하는 작업을 했다. 우선 일람표의 번호를 바탕으로 반마다 담당할 전사자를 분담했다. 그리고 태평양 지역의 지도를 준비하여 전몰지에 스티커를 붙였다. 전사자 1명당 스티커를 하나씩 붙이기로 했다. 학생들의 제안으로 일람표와 쉽게 대조할 수 있도록 스티커에 번호를 적기로 했다. 또 연표에도 해마다 같은 요령으로 스티커를 붙이기로 했다.

지도 작업은 교과서, 자료집, 지도, 국어사전 등을 활용해 스티커를 붙였다. 초등학교 수업이지만 중학교용 지도책도 준비했다. 예를 들어 '만주', '중화민국' 등은 교과서나 자료집에서 중국이라는 것을, 버마는 국어사전을 통해 미얀마임을 각각 확인했다. 또 중학교용 지도책에서 펠렐리우섬, 뉴브리튼섬 등을 찾아냈다. 또 '비도(比島)'는 '비'라는 한자나 섬나라인 점 등으로 미루어 필리핀이라고 판단했다.

하지만 자율학습만으로는 알 수 없는 전몰지도 있었다. 이 경우에는 보류로 하고 계속 조사하기로 했다. 예를 들어 '소련'이라고 표기된 전몰지는 옛 소련이 러시아가 되었으니 "러시아에 스티커를 붙이자"라는 의견이 나왔는데, 한 학생이 "소련은 몇 개의 나라로 갈라져서 지금의 어느 나라인지 모르기 때문에 러시아에 스티커를 붙일 수 없다"라고 의견을 냈다. 모두 그 의견에 수긍했고 스티커 붙이기를 보류했다. 이런 활동을 거쳐 잠정적으로 만들어진 지도와 연표를 보고 다시 '이상하네'를 찾아 나섰다. 그리고 가장 이상한 점이라고 생각하는 것을 쓰고, 그것에 대해서 생각하거나 조사하는 수업을 진행하기로 했다.

〈학생들이 찾은 '이상하네'〉

○ 장소에 관한 것
· 일본에서 죽은 사람보다 외국에서 죽은 사람이 더 많다.
· 미국 쪽이 아니고 일본 근처에서 돌아가신 분이 많다.
· 뉴기니섬과 비도(필리핀)에서의 전몰년은 전원 1943~1945년. 그러나 자료집에서는 이 시기의 전쟁(태평양전쟁)을 미국과의 대전이라고 쓰고 있다. 왜 미국 쪽에서 싸우지 않았을까?
· 왜 필리핀에서 죽은 사람이 많을까?
· 일본이나 필리핀 등지에서 집중적으로 죽었다.
· 스티커가 붙어 있는 장소는 한곳에 모여 있는 경우가 많다.

· 돌아가신 분이 거의 모여서 사망했다.

· 어째서 일본이 전쟁을 하고 있는 나라가 아닌 다른 나라에서 전사자
가 많은 것일까?

· 일본은 미국, 중국, 소련과 전쟁을 하고 있었을 텐데, 어째서 인도 등
지에서 전사자가 나온 것일까?

· 세계대전이라고는 하지만 아메리카 대륙에서 죽은 사람은 한 명도
없고, 반대로 섬에서 죽은 사람이 많다.

· 필리핀이나 뉴기니섬에 전몰한 사람이 모여 있는데, 떨어진 곳에도
전몰자가 있다.

· 대륙에서 죽은 사람보다 섬나라에서 죽은 사람이 더 많은 이유는?

· 주로 세계지도(준비한 태평양 지역 지도) 서남쪽에 펼쳐져 있다.

· 전몰자가 죽은 곳은 장소를 특정할 수 없는 곳이나, 섬이 대륙보다
많다.

· 알류샨열도에서 한 명이 죽었다. 전쟁을 했다면 몇 명 죽었을 텐데.

· 왜 홋카이도에서 죽은 사람이 없을까?

· 일본에 원자폭탄이 떨어졌는데 외국에서 죽은 일본인이 더 많다.

· 일본에서 멀리 떨어진 외국에서 죽은 사람이 있다.

· 왜 죽은 사람이 한 명인 곳이 있는 것일까?

· 중국을 부르는 명칭이 많다. 北支(북지—화북), 中支(중지—화중), 中
華民國(중화민국), 淸國(청국), 滿州(만주) 등

○ **시기와 관련된 것**

· 왜 1944~1945년 사이에 죽은 사람이 많을까?

· 1944~1945년은 전쟁이 잦았고 격렬했던 것일까?

· 왜 한 명만 죽은 해가 있을까?

· 전쟁이 시작될 때보다 전쟁이 끝나갈 무렵에 죽은 사람이 많은 이유
는 무엇일까?

· 왜 1937년 등 그전에는 죽은 사람이 많지 않고 1944년이 되면서 급
격하게 사망자가 늘어난 것일까?

· 펠렐리우섬의 사망자는 모두 1944년 12월 31일에 죽었다.

'이상하네' 찾기로 나온 궁금증 조사하기(4시간)

'이상하네' 찾기로 생긴 궁금증을 교과서나 자료집으로 조사하기로 했
다. 예를 들면 "미국 쪽이 아니라 일본 근처에서 죽은 사람이 많다", "왜
필리핀에서 죽은 사람이 많을까?" 등 중국이나 미국과의 전쟁인데도 동
남아시아나 태평양 섬 들이 전쟁터가 되었다는 사실에 이상하다고 느낀
학생이 많았다. 교과서에서는 "동남아시아 대부분이 유럽의 식민지였기
때문에 일본은 유럽의 전쟁을 계기로 이들 지역에 군대를 진출시켜 자
원 획득을 목표로 함", "이것이 미국과의 전쟁으로 이어진다"라고 되어
있다. 이러한 내용을 확인하고 대화를 나누며 동남아시아와 태평양 지
역 전사자들은 그 나라와 전쟁을 한 것이 아니라 미국과 전쟁을 하다가
전사했다고 알게 되었다.

또한 "왜 1944~1945년 사이에 죽은 사람이 많을까?", "전쟁이 시작될
때보다 전쟁이 끝나갈 무렵에 죽은 사람이 많은 이유는 무엇일까?" 등
의 '이상하네'를 많이 볼 수 있었다. 그래서 이 시기에 있었던 일을 조사
하기로 했다. 1945년은 교과서에서 보면 오키나와전투, 도쿄대공습, 원

자폭탄 투하, 소련 참전, 종전 등의 사건이 나오는데, 이런 사건들과 전사자들이 관계가 있는지 이야기를 나누었다. "외국에서의 전몰자가 늘어날수록 일본은 더 힘들어졌고, 그만큼 일본에 대한 공격이 심해졌다"는 의견이 나왔다. 또 교과서에 나와 있는 소개(疎開) 생활과 금속 공출 등 국가총동원 체제에 대해서도 학습했다.

교과서와 자료집으로 해결하지 못한 궁금증을 이야기 나누기(1시간)

교과서와 자료집 학습에서 화제가 되지 않던 '이상하네'를 언급하며 대화 시간을 가졌다. 예를 들어 "펠렐리우섬의 사망자는 모두 1944년 12월 31일에 죽었다"라는 '이상하네'를 두고 토론을 했다. 많은 학생이 그날 엄청난 전투가 벌어졌을 것이라고 예상했다.

대사관에 편지를 써서 질문하기(1시간)

세계 각지에 가서 전사한 전몰자는 그 나라에 가서 무슨 일을 했는가, 어떤 상황이었는가? 그 점을 알아보기 위해 전몰자위령비의 전몰지가 있는 나라의 대사관에 편지를 보내자고 제안했다. 보낸 곳은 미국, 중국, 한국, 베트남, 필리핀, 인도네시아, 파푸아뉴기니, 팔라우, 미얀마, 인도 등 10개 국가의 대사관이다. 편지의 질문 사항은 ① 각국에서 일본군은 무슨 일을 했는가, ② 현재 그 나라의 학교에서는 그 당시의 일본군에 대해 어떻게 가르치고 있는가 등 두 가지를 공통 질문으로 삼았다. 다른 질문은 '이상하네'와 관련된 내용으로 작성했다. 예를 들어 팔라우 대사관에 보낸 편지에는 "왜 펠렐리우섬에서의 전몰자는 모두 1944년 12월 31일에 전사했는가?"라는 질문을 썼다.

대사관에서 온 회신 읽기(3시간)

몇몇 대사관으로부터 편지에 대한 회답을 받았다. 그러나 대사관 차원에서 답할 수 없는 문제라며, 질문에 답변해준 대사관은 별로 없었다. 그중 유일하게 팔라우 대사관이 세 가지 질문에 답변해주었다. 팔라우 대사관으로부터의 답변은 "앙가우르섬에서 살아남은 K씨의 2012년 1월 4일 코멘트를 기본으로 작성"이라고 양해를 구했으며, 다음과 같은 순서였다.

○ **전시 중 일본군은 펠렐리우섬(팔라우제도에 속하는 섬)에서 무슨 일을 했는가?**

동양 제일의 기지로 만들기 위해 비행장을 건설하고 있었다. 주로 미토 보병 제2연대와 다카사키 보병 제15연대, 해군 등이 종사하고 있었다.

○ **펠렐리우섬 학교에서 일본군이 행한 일을 어떻게 교육하는가?**

팔라우 본섬의 일본군 총사령부에서 "팔라우인의 식량에 손을 대지 말라"는 명령을 내린 점 등을 학생들에게 가르치고 있는 점으로 미루어 보아 일본군에 대해 우호적인 교육이 이루어지고 있다.

○ **펠렐리우섬 위령비 전몰일이 1944년 12월 31일인 이유는?**

펠렐리우섬에서 사망한 일본병의 전사 통지가 1944년 12월 31일로 되어 있었기 때문이다.

이 편지를 읽은 아이들에게는 다음과 같은 의문이 생겼다. 의문은 크게 두 가지 유형이 있었다.

○ **당시 펠렐리우섬 사람들과 일본군의 관계**

· 왜 일본과 친해지고자 했는지 궁금했어요. 펠렐리우섬에 일본군이

　　　　　　　　　| 마주 보는 역사수업 |

비행장을 만들고 있는데 왜 공격을 안 하고 친하게 지내려고 했는
지 모르겠어요. 팔라우 사람들은 비행장을 만드는 것에 대해서 반
대하지 않았나요?

· 일본군 총사령부에서 "팔라우인의 식량을 건드리지 말라"라고 명
령을 했으니, 그 이전에는 일본군이 팔라우인의 식량을 먹고 있었
던 것인가요?

○ **전사 통지 날짜를 12월 31일로 한 이유**

· 왜 모두 1944년 12월 31일인지 궁금했어요. 돌아가신 분들의 날짜
를 다 몰랐던 건 아닌 것 같아서 아는 사람은 그냥 날짜를 쓰면 되
지 않았을까요?

· 1944년 12월 31일로 한 것이 의문입니다. 1944년 12월 31일에 돌
아가시지 않은 분을 일부러 12월 31일로 했기 때문입니다. 반에서
얘기했던 것이 "다른 날 죽은 사람들이 있었나?" 이런 이야기를 했
기 때문에 궁금해요.

이 두 가지 의문을 생각하는 소재로 하여 '팔라우제도—펠렐리우
섬—동굴 지구(持久) 작전이 시작된 섬'(安島太佳由, 《歩いて見た太平洋戦
争の島々》, 岩波書店, 2010 수록)이라는 이야기를 준비했다. 이 이야기에는
전쟁 당시 펠렐리우섬에서의 전투 장면과 현재 상황이 담겨 있다. 이 이
야기를 읽은 후, 학생들은 "일본군과 미군 전사자 수의 차이가 심하다",
"전쟁은 좋은 것이 아니라는 것을 잘 알게 되었다", "전쟁은 그만했으면
좋겠다", "왜 (압도적으로 불리한데 일본군은) 그만두지 못한 것인가?", "화염

방사기, 기관총, 수류탄으로 불태워 죽인다고 적혀 있는 부분이 무서웠다"등의 감상과 의문을 보였다.

평화로운 세상을 만들기 위해서는 어떻게 하면 좋을까 생각하기(1시간)

지금까지의 학습을 돌아보고 평화에 대해 생각해보는 시간을 마련했다. 12월부터 시작된 전몰자위령비 학습경과를 정리해서 다음과 같은 '초등학교 마지막 사회과 학습과제'를 냈다.

약 3개월간 전몰자위령비를 학습했습니다. 이제 여러분은 어떻게 해야 평화로운 세상을 만들 수 있다고 생각하나요? 학습했던 것들을 바탕으로 생각해서 공책에 적어봅시다.

· 나는 평화로운 세상을 만들기 위해서는 싸움을 하기 전에 먼저 다 같이 이야기하면 좋겠다고 생각합니다. 지금도 전쟁이 각지에서 끊이지 않지만, 그 전쟁의 많은 원인은 두 나라의 의견이 맞지 않기 때문이라고 생각합니다. 만약 서로 이야기를 해서 문제를 해결한다면 전쟁으로 불행해지는 사람도 없을 것이고 죽는 사람도 없을 것입니다.
· 나는 약 3개월 동안 전몰자를 알아보는 학습을 하며, 평화로운 세상을 만들기 위해서는 어떻게 하면 좋을지 생각했습니다. 12월의 학습에서 전몰자의 수를 보고 '이렇게 많다고?!!' 하고 생각했습니다. 전쟁이 없었다면 그런 일은 일어나지 않았을 것입니다. 평화로운 세상을 만들기 위해서는, 어떤 문제가 있더라도 전쟁을 하지 말아야 하고, 나도 그렇지만 다른 사람의 입장과 마음을 생각해서 행동해야 한

다고 생각했습니다.

· 지금까지 전쟁은 슬픈 일이라고 생각했는데, 이제는 더욱 '전쟁은 하지 말아야 한다'는 생각을 하게 되었습니다.

3. 수업을 돌아보며

'이상하네' 찾기에서 시작하는 학습은 학생들 자신이 역사에서 이상하게 느껴지고 의외라고 느껴지는 것을 발견하고 더 알아가며 역사인식을 확장시키는 과정이다. 이상한 사실을 조사해보고 서로 대화를 나누는 과정을 통해 다양한 사건과 사실을 연관시켜 폭넓게 이해하게 되고 새롭게 알게 된 역사적 사실에 스스로의 의미를 부여하게 된다. 즉 사실 인식, 관계 인식, 의미 인식이라는 역사인식의 심화를 기대할 수 있는 학습이 된다. 이번과 같은 전쟁 학습에서는 앞으로 두 번 다시 전쟁을 일으키지 않고 평화로운 사회를 만들기 위해서는 어떻게 하면 좋을지 학생 스스로 생각해보는 역사인식의 성장이 중요하다. 이번 학습에서는 사실 인식에서 관계 인식으로, 그리고 의미 인식으로 역사인식을 심화함으로써 학생들 나름대로 전쟁과 평화에 대해 생각할 수 있었다.

이렇게 역사인식의 성장을 이끌기 위해서는 어떤 교재나 발문을 준비하는지가 중요하다. 이번에 준비한 전몰자위령비는 어린 학생들 입장에서 이상하거나 의아한 내용이 많아 '이상하네' 찾기에 적합한 교재였다. 전몰자위령비에서 '이상하네'를 활발히 찾던 학생들은 그 후에 받은 대사관의 편지도 쓰여 있는 내용을 그냥 받아들이는 것이 아니라, '이상하네'라는 문제의식으로 읽었다. 편지를 주고받는 활동은 잘 모르는 여러 가지 사실을 알아보는 데 유용하지만, 쓰여 있는 내용을 곰곰히 음미해보는 것이 더 중요하다. 이번 학습에서는 '이상하네'라는 문제의식이 학생들의 의욕적인 활동을 뒷받침했고, 그 결과 새로운 사실들을 알아내고 서로 연관 지으면서 학생들 나름대로 역사를 의미 있게 만드는 인식에 도달할 수 있었다. 전몰자위령비는 그 점에서 뛰어난 교재라 할 수 있었다.

하지만 과제도 많다. 우선 "평화로운 세계를 만들기 위해서는 어떻게 하면 좋을까요?"라는 마지막 발문은 너무 추상적이어서 초등학생들이 생각하는 데 어려움이 있어 보였다. 전몰자위령비에서 구체적인 사실들로 '이상하네'를 찾아 학습을 진행했기 때문에 마지막에도 구체적으로 질문했어야 했다. 예를 들어 "전몰자위령비를 학습하며 무엇을 배웠습니까?"라는 질문이 더 낫지 않았을까? 또한 전몰자위령비에 기재되어 있는 전사자의 유족에게 전사자에게 일어난 일이나 전사 후 유족의 생활 등에 관해 물어봤었더라면 더 좋았을 것이다.

이시가미 도쿠치요(石上德千代, 우시쿠 시립 다미야초등학교)

2장

전쟁터로 내몰린
한국과 일본의 민중들
— 황민화정책과 아시아·태평양전쟁의 희생자

1. 수업의 목적

1876년 강화도조약의 체결부터 1945년 해방까지 약 70년의 시간은 한국이 일본에 침략당한 시기였다. 이 시기에 대해 약 한 달간 수업하고 나면 수업에 적극적으로 참여하지 않은 학생들도 일본에 대한 감정이 좋지 않게 변하는 것을 느끼곤 했다. 막연히 싫어하던 상황에서 이제는 구체적으로 싫어할 근거가 생겼다고나 할까.

이 시기는 일본이 일으킨 전쟁으로 한국과 동아시아의 민중들, 심지어는 일본의 민중들까지 고통받은 시기였다. 많은 이들의 삶이 불행해지고 파괴된 시기였으며 수많은 이야기가 만들어진 시기였다. 하지만 한국의 역사교과서는 이 시기를 매우 건조하고 딱딱하게 다루고 있어 이 시대를 살아간 사람들의 생생한 모습을 보여주지 못하고 있다.

이 수업은 2012년 근무하던 중학교 학생들을 대상으로 실시한 수업이다. 나는 이 수업을 통해 첫째, 건조하고 딱딱한 교과서의 역사가 아니라 숨 쉬고 감정이 살아 있는 사람들이 살아간 역사를 학생들에게 보여주고 싶었다. 당시 한국과 일본의 민중들이 당한 고통을 학생들이 간접적으로 경험하게 하고 싶었다. 이를 통해 반전과 평화의 중요성을 느끼게 하고 싶었다. 둘째, 가해자 일본의 모습뿐만 아니라 피해자 일본 민중의 모습을 학생들에게 보여줌으로써 침략한 일본과 침략당한 한국이라는 이분법을 넘어서 한국과 일본의 민중들이 보편적 평화와 반전을 위해 연대할 수 있는 실마리를 찾아보고 싶었다.

2. 수업 관련 설문조사

본격적으로 수업을 진행하기에 앞서 학생들의 일본에 대한 생각과 식민지 시기에 대한 지식을 알아보기 위해 다음과 같이 설문조사를 진행했다.

○ 일본에 대한 느낌(호감도)은 어떠한가?

영역	매우 좋다	좋다	보통이다	싫다	매우 싫다	합계
인원(명)	3	3	20	25	14	65
백분율(%)	4.62	4.62	30.77	38.46	21.54	100

○ 우리나라가 일본의 식민지배를 받은 사실을 알고 있는가?

영역	많이 알고 있다	조금 알고 있다	보통이다	알지 못한다	전혀 알지 못한다	합계
인원(명)	31	25	5	1	3	65
백분율(%)	47.69	38.46	7.69	1.54	4.62	100

○ 일본이 제2차 세계대전을 일으킨 나라 중 하나라는 사실을 알고 있는가?

영역	많이 알고 있다	조금 알고 있다	보통이다	알지 못한다	전혀 알지 못한다	합계
인원(명)	14	30	11	10	0	65
백분율(%)	21.54	46.15	16.92	15.38	0.00	100

○ 일본이 일으킨 전쟁에 많은 수의 한국인들이 강제로 동원된 사실을 알고 있는가?

영역	많이 알고 있다	조금 알고 있다	보통이다	알지 못한다	전혀 알지 못한다	합계
인원(명)	28	20	12	5	0	65
백분율(%)	43.08	30.77	18.46	7.69	0.00	100

○ 학도병이 무엇인지 알고 있는가?

영역	많이 알고 있다	조금 알고 있다	보통이다	알지 못한다	전혀 알지 못한다	합계
인원(명)	21	16	9	9	10	65
백분율(%)	32.31	24.62	13.85	13.85	15.38	100

○ 일본이 일으킨 전쟁에서 보통 일본 사람은 피해자인가, 가해자인가?

영역	피해자이다	가해자이다	모르겠다	합계
인원(명)	15	34	16	65
백분율(%)	23.08	52.31	24.62	100

　학생들은 일본을 좋아하지 않는다. 수업을 실시한 2012년에도, 그리고 현재도 일본의 대중문화(만화, 애니메이션 등)에 대한 열광이 그 국가와 국민에 대한 호감으로 이어지지 않는 것이 매우 신기한 일이다. 일본을 왜 싫어하냐는 물음에 학생들은 독도 문제, 과거에 대한 반성이 없음, 일본군 '위안부' 문제, 그냥 등의 대답을 했다. 한일 양국의 진정한 관계 개선을 위해서는 과거사 문제 해결이 반드시 필요하다는 생각이 들었

고, 일본에 대해 호의적이지 않은 한국의 언론도 문제라는 생각이 들었다. 그리고 대다수의 학생들은 한국이 일본의 식민지배를 받은 것을 잘 알고 있었으며 일본이 일으킨 전쟁에서 많은 수의 한국인이 동원되었던 사실도 잘 알고 있었다.

3. 수업 실시

수업 도입

먼저 일제의 침략전쟁 관련 영상과 사진을 학생들에게 제시했다. 이를 통해 학생들에게 오늘 수업에서 배울 주제에 관심을 환기시키고 이목을 집중시킬 수 있었다. 또한 학생들이 전쟁 관련 영상을 보면서 전쟁의 참혹함을 간접적으로 경험하며, 전쟁의 참혹함을 생각해보는 계기를 마련할 수 있었다.

전개 1

일제의 침략전쟁과 민족말살정책에 대해 교과서를 중심으로 학생들과 정리한다.

전개 2

내러티브 읽기 자료(민족말살정책, 학도병—윤동주와 장준하, 일본 민중의 피해)를 읽힌 후 제시한 질문을 모둠원이 공유하게 했다. 이를 통해 학생들은 읽기 자료를 제대로 읽었는지 확인할 수 있고 스스로 이야기를 만들고 정리할 수 있는 배경지식을 갖추게 되었다.

1) 읽기 자료 1 – 민족말살정책

일본이 미국을 공격하여 태평양전쟁을 일으킨 것은 1941년의 일이었다. 일본은 이미 1937년 중국대륙을 침략하여 중일전쟁을 치르고 있었고, 1940년에는 독일 히틀러가 유럽에서 전쟁을 일으킨 틈을 타 유럽 국가들의 식민지였던 동남아시아로 전장을 확대했다. 미국 정부가 중일전쟁 및 동남아시아 침략의 중단을 주장하며 일본과 수출입을 중단하자, 일본은 미국과의 전쟁도 결심했다. 일본, 독일, 이탈리아가 동맹을 맺었고, 제2차 세계대전은 태평양 지역까지 확대되었다.

(……)

황국신민화정책은 조선인을 '황국의 신민', 즉 천황에게 충성하는 일본 국민으로 만들겠다는 정책이었다. 그러면 다음 대화를 통해 황국신민화정책이 구체적으로 어떻게 시행되었는지 알아보자.

철수: 정오만 되면 일본 천황이 있는 도쿄를 향해 허리를 굽히는 것이 너무 싫어.

만수: 나도 싫어. 그런데 난 '황국신민의 서사'를 외우는 것이 더 싫어. 틀리면 막 때리구.

일본인 교사: 이놈들, 지금 한국말로 말하는 것이냐? 이리 와라. 좀 맞아야 정신 차리겠구나. 한국말은 어느 곳에서도 절대 쓰면 안된다. 알았냐! 그리고 철수 너! 이름이 왜 아직도 철수냐? 창씨개명은 아직도 안 했냐? 니 아버지에게 말해라. 성과 이름을 일본식으로 바꾸는 창씨개명을 하지 않으면 식량 배급도 없고, 철수 너 학교도 못 다닌다. 니들은 한국말을 쓴 벌로 지금부터 화장실 청소를 한다! 알았나!

철수·만수: 예. 알겠습니다.

---

1. 일본이 침략전쟁에 조선인들을 동원한 이유를 서술하시오.

2. 일본의 황국신민화정책에 대해 구체적으로 예를 들어 서술하시오.

중일전쟁 시기부터 일본과 식민지 조선에 있던 수많은 조선 청년들이 전쟁 도구로 동원되었다. 일본 내의 인력과 자원만으로 침략전쟁을 수행하기 어려워지자, 일본 정부는 무기를 주는 위험 부담을 감수하면서 조선 청년들을 군사력으로 직접 동원하기 시작했다. 1938년 소학교(지금의 초등학교)를 졸업한 17세 이상의 조선 청년들을 대상으로 육군 지원병 제도를 실시했고, 태평양전쟁이 일어난 뒤 1943년에는 학도 지원병 제도를 실시했다. 학도 지원병은 전문학교나 대학교 등 일정 학력 이상의 학생들을 전쟁터로 끌고 가는 것이었다. 1944년에는 마침내 일정한 나이가 된 모든 남성을 군대로 끌고 가는 징병제가 시작되었다.

그러면 당시 학도병으로 전쟁에 끌려가야만 했던 윤동주와 장준하의 삶을 통해 일본이 전쟁에 동원한 조선인에 대해 알아보자. 당시 윤동주는 일본에서 유학하고 있는 학생으로서, 장준하는 조선의 전문학교에 재학 중인 학생으로서 학도 지원병 연령에 해당되어 전쟁에 끌려가야 하는 상황이 되었다.

(1) 윤동주

윤동주는 지원병 동원을 앞두고 일본의 하숙집에서 경찰에게 연행되었다. 후일 밝혀진 윤동주의 죄목은 '군대 내 반란 도모죄'였다. 군 입대를 앞둔 윤동주와 그의 친구들이 군대 내에서 반란을 일으키기로 모의했다는 것이었다. 이 내용은 당시 조선인들을 강제 동원하던 일본 정부에게 가장 위험한 시나리오였다. 일본 경찰은 단지 '이러한 요지의 이야기를 나누었다'는 이유만으로 윤동주와 그의 친구들을 구속하고 규슈에 있는 감옥에 가두었다. 윤동주는 해방을 6개월 앞두고 29살의 젊은 나이에 감옥에서 숨을 거두었다.

(2) 장준하

장준하는 가족이 일본의 식민통치에 저항하는 사람들이라는 낙인이 찍혀 있었기 때문에 자신이 학도병에 지원하지 않으면 가족들이 고난을 당할 것을 잘 알고 있었다. 그가 순순히 지원하는 것을 본 주변 사람들은 일제에 대항해 독립운동을 펼친 가문의 명예를 실추시키는 행위라며 따가운 눈초리를 보냈다. 하지만 그는 지원 입대를 결심한 그 순간부터 일본 군대에서 탈출하여 조선의 독립군 부대를 찾아가겠다는 계획을 세우고 있었다. ······ 우여곡절 끝에 그는 대한민국 임시정부가 이끄는 한국광복군에 참여하여 활약했다.

1. 윤동주가 학도병으로 군 입대를 앞두고 경찰에 연행된 이유에 대해 서술하시오.

2. 장준하가 순순히 학도병에 지원한 이유에 대해 서술하시오.

3) 읽기 자료 3 – 일본 민중의 피해

(1) 모든 것은 전쟁을 위하여
아시아·태평양전쟁이 시작되자 군수공장 노동자가 병사로 차출되어 인력이 부족해졌고 이를 보충하고자 실업계 학교의 졸업생과 전쟁과 무관한 일을 하던 노동자를 차출하여 강제로 군수공장에 보냈다. 미혼 여성과 중등학생, 대학생을 가리지 않고 동원했으며 전쟁 말기에 중등학교 이상의 학생들은 수업이 거의 없어 배우지도, 직업을 선택하지도 못했다. 1931년 처음 전쟁이 시작되었을 때 군인 수가 31만 명이었는데, 전쟁이 확대되자 그 수가 지속적으로 늘어 패전한 1945년에는 719만 명에 이르렀다.

(2) 전쟁 중 일본인들의 생활
1940년 이후 생활필수품의 대부분이 배급제가 되었고, 전황이 악화되자 배급량은 줄어들었다. 그 때문에 배급 없이는 하루도 살 수 없었던 일본 국민은 식량난에 따른 영양 부족과 물자 부족을 겪으며 매우 궁핍한 생활을 해야 했다. 1941년 초등학교 5학년이었던 사람은 당시 상황을 다음과 같이 말하고 있다.

배고픈 나는 소중히 남겨두었던 '식빵'을 조금 떼어 먹은 적이 있다. 이미 곰
팡이가 슬어 있어 그 부분은 떼고 먹었다. 쌀은 1944년 무렵에는 구하기가
어려웠고 1945년에는 좀처럼 보기 힘들어졌다.(고구마나 콩이라면 감지덕
지이고 호박이나 해바라기씨도 볶아 먹었다.)

정부는 "사치는 적이다!" 등의 슬로건으로 더욱 절약할 것을 강요했다. 여성단
체는 길거리에서 조금이라도 화려한 복장을 한 여성을 발견하면 "화려한 복장은
삼갑시다"라고 인쇄된 전단지를 들이밀며 주의를 주었으며 남성은 국민복, 여성
은 몸뻬 차림으로 통일하도록 강요했다. 도시 주민들은 암거래나 물물교환 등으
로 간신히 생명을 유지했으며 농촌도 노동력 부족으로 식량 생산량이 줄고 강제
로 쌀을 공출해야 했기 때문에 자신들이 먹을 식량조차 부족했다.

(3) 일본 본토에 대한 공습
1945년에 접어들자 연합군은 일본의 도시에 대해 무차별 폭격을 가했고, 일반
시민들의 희생이 잇따랐다. 3월 도쿄대공습을 시작으로 요코하마, 오사카 등 전
국에서 약 150개 도시가 폭격을 받았다. 이 공습과 원자폭탄으로 사망한 일반 시
민은 약 38만 명이고, 파괴된 집은 240만 호 이상이었다. 각지에서 공습이 시작
되자 일본 정부는 초등학생을 도시에서 농촌으로 옮기게 했는데 초등학교 3학년
이상의 아이들이 부모와 떨어져 학교별로 지방의 여관과 절에서 배고픔에 시달
리며 공동생활을 했다.
* 한중일3국공동역사편찬위원회,《미래를 여는 역사》, 한겨레출판, 2005 중에서

1. 배급제를 실시하거나 복장 통일을 강요한 이유를 서술하시오.

2. 전쟁으로 인해 일본인들이 입은 피해를 간단히 서술하시오.

전개 3

"내가 만약 당시를 살았었다면?"을 주제로 학생 각자가 ① 윤동주(혹은 장준하), ② 황민화정책 시기 보통 한국인, ③ 일본군 '위안부', ④ 보통 일본 사람 중 하나를 골라 직접 이야기를 만들어보게 했다. 충분한 배경지식이 있어서인지 학생들은 이야기를 만드는 데 어려워하지 않고 집중했다. 학생들은 제시한 네 가지 상황을 골고루 선택했는데, '보통 일본 사람'을 선택한 학생들의 경우에 '일본 사람' 입장에서 이야기를 만듦에도 불구하고 '위안부'로 끌려가는 한국 여성이나 일본인에게 학대당하는 한국인을 만난다거나 심지어 한국의 독립을 위해 싸우는 이야기로 발전시켰다. 이는 학생들이 온전히 '일본 사람'으로 상상해 이야기를 만들지 못하고 있음을 보여주며 이 수업의 '한계'를 드러낸 대목이다.

4. 수업의 정리

학생들이 직접 이야기를 만들어보고 서로 나누는 시간을 마치고 수업 전에 질문한 내용 중 한 가지를 다시 물어보았다. "일본이 일으킨 전쟁에서 보통 일본 사람은 피해자인가, 가해자인가?" 이 질문에 대한 학생들의 대답은 처음 질문했을 때와 많이 달라졌다.

◦**수업 전 설문결과**

영역	피해자이다	가해자이다	모르겠다	합계
인원(명)	15	34	16	65
백분율(%)	23.08	52.31	24.62	100

영역	피해자이다	가해자이다	모르겠다	합계
인원(명)	30	32	3	65
백분율(%)	46.15	49.23	4.62	100

보통 일본 사람을 피해자라 생각하는 학생 수가 무려 2배가 증가했다. 전쟁 속에서 한국인이나 일본인이나 모두 희생자라 생각하는 학생들이 수업을 거치며 크게 늘어난 것이다. 수업의 정리과정에서 보통 일본 사람을 가해자라 주장한 학생들과 피해자라 주장한 학생들 사이에서 자연스럽게 토론이 진행되었다. 이와 관련한 토론의 일부를 옮겨보겠다.

일본의 보통 사람들을 피해자라 주장하는 학생(이하 피해자): 중일전쟁과 태평양전쟁은 당시 일본 고위층이 일으킨 전쟁이 아닌가? 보통 사람은 죄가 없다.

일본의 보통 사람들을 가해자라 주장하는 학생(이하 가해자): 일본의 보통 사람들도 전쟁에 대한 암묵적 동의가 있었다. 만약 동의하지 않았다면 전쟁을 반대하는 운동을 하지 않았겠는가?

피해자: 그것은 일본 고위층이 민중들에게 전쟁에 대한 내용을 속이고 말하지 않았기 때문이다.

가해자: 조선이나 식민지에 대한 전쟁 동원을 문제 제기한 사람이 없었다. 조선 등 식민지를 해방시키자고 주장한 일본인도 없었다. 옳고 그름도 몰랐던 것. 그래서 일본의 보통 사람도 가해자인 것이다.

5. 수업을 마치며

애초 수업을 준비하면서 두 가지 목표를 설정했다. 일본의 침략전쟁으로 한국과 일본의 민중이 당한 고통을 학생들이 간접적으로 체험하게 하는 것과 일본의 보통 사람들 역시 전쟁의 희생자라는 것을 학생들이 느끼게 하고 한국과 일본의 민중들이 평화를 위해 연대할 수 있는 실마리를 만들어보는 것이었다. 우선 첫 번째 목표는 수업과정에서 충분히 성취되었다. 학생들은 직접 이야기를 만들며 당시 민중들의 고통을 공감했으며 다시는 전쟁이 일어나지 않아야 한다고 생각했다. 하지만 두 번째 목표는 절반 이하의 성취였다.

두 번째, 일본의 보통 사람들이 전쟁의 희생자라는 것에는 많은 학생이 동의했으나 일본과 일본인을 연대 혹은 협력의 대상으로 인식하는 것까지는 나아가지 못했다. 수업 이후에도 '일본에 대한 느낌—호감도'는 큰 변화가 없었다. 아마도 일본의 보통 사람들이 고통을 겪었다고는 하나 한국인들이 겪은 고통에 비하면 별 것이 아니라는 생각과 한국인이 고통을 겪은 이유가 바로 일본 때문이라는 인식이 그 원인이었을 것이다. 평화를 위해 한국과 일본 민중들의 연대가 필요하다는 사고로의 확장은 일회성 수업이 아니라 지속적인 평화 교육의 틀 속에서 가능할 것이라 생각된다. 또한 과거사 문제의 해결이 선행되어야 할 것이다.

한계도 많고 준비도 많이 부족한 수업을 선생님들께 발표하는 것이 매우 부끄러운 일이나, 이 발표가 한국과 일본 사이의 거대한 벽을 조금은 허무는 시작이 될 수 있을 거라 생각하며 위안을 삼는다.

이성훈(경기 광문고등학교)

3장

현대 일본과 세계

― 미군기지에서 세계와 오키나와를 생각하다

1. 수업 배경

우리 학교는 후텐마비행장(오키나와에 있는 미해군 비행장)의 활주로 가까이 이착륙 코스 아래에 있다. 그래서 비행기 소음 방지를 위해 창문이 이중창으로 되어 있다. 교실에는 냉방이 완비되어 여름에 시원하게 수업을 한다. 그런데 이 수업을 실시한 2004년 8월 미군 헬리콥터가 오키나와국제대학에 추락하는 사고가 있었다. 그동안 별일 없이 지내왔는데 갑자기 걱정이 되었다. 학생들 입장에서 보면 태어나면서부터 기지가 있었고, 교실의 냉방도 당연한 것이라고 생각해왔다. 그런데 이게 정말 당연한 일일까? 그래서 왜 외국의 (군사)기지가 건설되었는지, 오키나와에는 어떤 기지가 있는지 등에 대해서 학생들과 함께 생각해보기로 했다.

또한 장래의 주권자로서 주체적으로 생각하고 생활할 수 있는 학생들을 길러내고 싶다는 생각에서 기지 문제를 수업 주제로 선정했다.

수업 목표

① 오키나와 미군기지의 개요를 안다.

② 미군기지를 알아보며 오키나와와 세계를 생각하는 관점을 기른다.

학생들의 의견

설문조사에 의하면, 학생들은 미군기지에 대해서 다음과 같이 생각하고 있었다.

질문 1. 오키나와에 미군기지가 얼마나 있을까요?

① 50개(남3, 여2) ② 40개(남6, 여3) ③ 30개(남6,여6) ④ 20개(남5, 여1)

질문 2. 오키나와의 기지가 일본 전국 기지에서 차지하는 비율은 어느 정도일 까요?

① 75%(남3, 여4) ② 65%(남5, 여8) ③ 50%(남7, 여0) ④ 40%(남5, 여0)

질문 3. 오키나와에 주둔하고 있는 미군에는 어떤 부대가 많을까요?

① 육군(남4, 여4) ② 해군(남1, 여1) ③ 공군(남14, 여8) ④ 기타(남0, 여1)

질문 4. 미군기지는 필요할까요?

① 필요하다(남3, 여0) ② 필요하지 않다(남5, 여10) ③ 아무래도 좋다 (남11, 여2)

질문 5. 위와 같이 답한 이유를 써주세요.

- 기지 때문에 여러 가지 문제가 일어나기는 하지만, 기지가 없으면 오키나와도 전쟁에 휘말릴지 모른다.

- 전쟁이 나면 미군이 도와준다.

- (기지가) 있으면 토지가 줄어들어서 싫지만, (기지가) 없으면 전쟁이 난다고 생각한다.

- (기지가) 있어도 의미가 없다. 미국인(미군)이 있으면 위험하다. 헬기도 떨어진다.

- 오키나와를 지켜주는 것 같다.

- 미군이 있어서 도움이 되는 면도 있다고 생각하지만, 미군 때문에 일어나는 사건도 적지 않다.

- 우라소에시는 미군기지가 있어서 경제가 유지되기 때문에 기지가 없어지는 것을 바라지 않는다. 그러나 기지는 언제 이동할지 모르기 때문에 어떻게 할 수 있는 게 없고, 비행기 소리도 시끄럽기 때문에 어느 쪽이 좋다고 말할 수 없다.

- 오키나와의 노동자 중에서 미군기지에서 일하는 사람도 있을 것이기 때문에, 기지가 없어진다면 경제적으로 피해가 있을 것 같다.

- 기지 자체는 곤란하지만 수입원은 된다. 나는 어느 쪽도 아니기 때문에 확실한 의견은 없다. 솔직하게 말하면 상관없다.

- 기지가 없었다면 지금의 오키나와는 더 크고 재미있는 마을 만들기가 가능해져서 더 좋아졌을 것이라고 생각한다.

- 오키나와에 별로 도움이 되지도 않는다. 바다도 많이 차지하고, 폭탄을 떨어뜨리기 때문에 기지는 절대로 필요 없다고 생각한다. 오키

나와 학생들이 이렇게 생각함으로써 나라 사이가 좋아져 전쟁도 없어지면 좋겠다고 생각한다.

· 예전에 기지에 들어갔을 때 (봤는데), 미국 사람들이 그렇게 넓은 곳에 집을 짓고 게다가 축제도 마음대로 하고 있었다. 오키나와가 아니라 미국 같았다. 그런 것은 미국에 가서 하라고 말하고 싶다. 뭘 하고 있는거야 하고 생각했다.

· 평화롭지 않다.

질문 6. 군대에 대해서 어떻게 생각하는지 써주세요.

· 없는 것이 낫다고 생각하기도 하고 필요하다고 생각하기도 해서, 필요하지 않다고 딱 잘라 말할 수 없다. 그러나 일본은 미국이 시키는 대로 하고 있는 것도 있기 때문에 그런 것은 고쳤으면 좋겠다.

· 위급할 때 도와준다.

· 군대는 국가를 지기키 위해 필요하다.

· 군대라고 하면 조금 무서운 이미지가 있다. 군용기가 추락하기도 해서 무섭다.

· 도시의 어딘가에 기지를 모아놓고 그곳만 빌려준다면 좋겠다.

· 기지가 없었으면 좋겠다.

· 오키나와를 지켜주는 것이라면 있어도 좋다고 생각한다.

· 군대는 전쟁 때문에 존재한다고 생각한다. 그래도 가끔은 국가를 지키기 위해서 있다고 생각하기도 한다. (다른 나라가 쳐들어올 때)

· 미사일 같은 것이 떨어지지 않으면 좋겠다.

· 군대는 무엇 때문에 필요한 것일까?

· 일본은 자위대라고 하지만 사실은 군대다. 군대가 세상에서 없어졌으면 좋겠다.

2. 수업의 전개

수업의 흐름

	학습내용	질문·지시 등	자료·유의점
도입	오늘의 목표 확인	○ 오키나와 미군기지의 개요를 보고 자기 나름의 의견을 갖는다.	
전개	1) 오키나와국제대학 헬리콥터 추락사건	○ 8월 13일 오키나와국제대학 추락 사건 기사를 읽고 알게 된 것을 말해보자.(방호복을 입고 있다 등)	○ 신문기사
	2) 우라니시중학교 위치 확인	○ 우라니시중학교에 냉방이 완비된 이유는 무엇일까?	○ 후텐마비행장과 밀접한 관계가 있음을 강조
	3) 미야모리초등학교 미군 제트기 추락 사건	○ 1959년 미야모리초등학교에 제트기가 추락한 사건 기사를 읽어보자. ○ 사고 원인은 무엇일까? 피해 상황은?	○ 자료 1. 미야모리 초등학교 제트기 추락사건 ○ 학생 몇 명에게 소감을 말하게 한다.
	4) 기지에 의한 피해	○ 그 밖에 미군에 의한 피해 상황은 다음과 같다.	○ 자료 2. 기지에 의한 피해
	5) 오키나와 미군기지 개요	○ 오키나와 미군기지가 어떻게 생겼는지 살펴본다. ○ 전국에서 차지하는 비율, 그 밖의 설명· 어떤 부대가 많을까?(해병대) ○ 어떤 역할을 담당하고 있을까?	○ 자료 3. 오키나와 미군기지 파워포인트 자료 ○ 국제정치의 흐름 속에서 기지 문제를 파악한다.
	6) 기지는 무엇을 위해 있을까?	○ 기지는 무엇을 위해 있을까?(자기방어를 위해, 외국의 침략으로부터 지키기 위해) ○ 전후 지금까지 일본에 대한 침략이 있었나?	○ 학생들이 충분히 생각하게 한다.
정리	1) 기지는 필요할까?	○ 기지가 필요할지 생각해본다.	○ 이라크전쟁 등도 참고하게 한다.

학습지

〈현대 일본과 세계—미군기지에서 세계와 오키나와를 생각한다〉

2004. 11. 30.

1. 오키나와의 미군기지

(1) 시설 수, 면적 등(2003년)

　시설 수 38(전국 89), 233㎢(전국의 75%), 육군 6, 해군 7, 공군 9, 해병대 16.

　* 1972년 시설 수 83(전국 181), 278㎢(전국의 59%), 육군 46, 해군 11, 공군 14, 해

　병대 16.

질문 1. 위에 있는 데이터를 보고 알게 된 것을 써봅시다.

(2) 주요 미군기지(자료 출처: 오키나와현 기지대책실, 《오키나와의 미군기지》,

　2003)

　가데나(공군) 20.49㎢, 토지임대료 239억 4,900만엔, 종업원 2,660명

　캠프 슈와브(해병대) 20.60㎢, 토지임대료 23억 4,600만엔, 종업원 200명

　북부훈련장(해병대) 78.30㎢, 토지임대료 4억 8,200만엔, 종업원 10명

　마키항 보급기지(해병대) 2.70㎢, 토지임대료 (　)엔, 종업원 (　)명

　공병대 사무소(육군) 0.05㎢, 토지임대료 1억 900만엔(쇼와 56년−1981년,

　현재 미공표)

　* 우라니시중학교 0.03㎢, 우리소에시 19㎢

질문 2. 우라소에시에는 어떤 미군기지가 있습니까? 두 곳만 말해보세요.

질문 3. 학교 주변에 미군기지가 있습니다. 무슨 기지일까요?

질문 4. 우라니시중학교보다 큰가요, 작은가요?

질문 5. 1968년에 왜 공병대 사무소가 만들어졌을까요? 상상해봅시다.

질문 6. 군사기지는 무엇 때문에 있는 것일까요?

질문 7. 우라소에시에 새로운 미군기지가 생긴 것을 알고 있습니까?

질문 8. 군사기지는 필요할까요?(만주사변, 제2차 세계대전, 오키나와전투, 한국전쟁(6·25전쟁), 베트남전쟁, 9·11테러, 이라크전쟁 등을 참고해서 생각해봅시다.)

3. 수업 내용

○ 국제정세의 변동과 오키나와의 미군기지(沖繩県知事公室基地対策課, 《沖繩の米軍基地》, 沖繩県基地対策課, 2003 참조)

1) 1945년 4월 기지 설치. 처음에는 일본 본토를 공격하기 위해 설치

2) 1945년 8월 15일~1952년 대일강화조약(샌프란시스코 강화조약) 발효(종전 후에는 일본 군국주의 부활에 대한 감시기지로서 점령국 미국이 무상으로 사용)

3) 소련과의 대치, 1949년 중화인민공화국 성립, 1950년 한국전쟁 발발
· 극동 소련군이나 한반도 및 타이완해협, 인도차이나반도의 동향을 파악하는 미국의 전략 거점. 또한 아시아 지역에서 발생하는 전쟁에 미국이 직접 개입하기 위한 주요 기지로서 역할. 1950년을 전후로 기지 건설

이 더욱 집중되었는데, 오키나와 본토 중부 지역을 중심으로 강제 수용을 실시하고, 넓은 지역에 밀집된 구조로 미군 기지를 구축

4) 1972년~1991년 12월(베트남전쟁 등 국지적 전쟁을 포함하여 동서 냉전의 격동기~소련 해체까지)

5) 1994년~2004년

· 1995년 9월 미군에 의한 소녀폭행사건 발생. 10월 현민총궐기대회 개최, 약 8만 5,000명 참가

· 1997년 9월 〈방위협력을 위한 지침(가이드라인)〉 책정. 9월 미일지위협정 개정 및 기지 정리 축소에 관한 현민 투표를 실시하여 기지 정리와 축소 검토 요구. 11월 일본과 미국 양국 정부는 오키나와 현민의 부담을 경감하고 미일동맹관계를 강화하는 것을 목적으로 하는 '오키나와에 관한 특별행동위원회(SACO)'를 구성함

· 1999년 5월 국회에서 ① 주변 사태 안전 확보법, ② 미일 물품역무상호제공협정 개정, ③ 자위대법의 일부 개정 등 이른바 가이드라인 관련법 통과

· 2001년 랜드연구소(미 국방성 싱크탱크)에서 중국의 대두를 염두에 두고 미국의 전략을 개정하며, 아시아 전략에 관한 제언으로서 해병대의 축소와 그를 대체할 수 있는 시모지섬 공항의 공군기지화, 후텐마비행장의 병용기지화(미 전투기 부대와 공동이용), 에노시마보조비행장과 항공자위대 나하기지를 미 공군이 사용할 수 있도록 개정하는 것 등을 제안

○ 고완의 역사(加藤久子 編, 《よみがえる小湾集落: 小湾写真集》, 小湾字誌編集委員会, 2003 참조)

1) 전후 고완의 역사(오시로 마사히데 씨의 회고)

오키나와전투 이후 모든 재산을 미군에 수용당하면서 전후에 갈 곳도 없이 거리를 헤메고 다녔다. 나카마수용소에 살면서 우라소에촌에서 준 미야구스쿠 구모토하라 임대농지에서 농사를 지었다. 당시 우라소에촌 청 직원은 이주지를 찾아다니느라 분주했다. 드디어 (이주 장소가) 결정되려 했을 때(현재의 오키나와식량주식회사 부근) 군 시설 1마일 이내는 출입금지 구역이라고 하여 눈물을 머금었다. 더는 기다릴 수 없게 된 여러 가족은 빌린 땅에서 살기로 했다. 이를 계기로 마을 임원들이 이주를 결정했다. 1949년 2월부터 연말까지 고완의 모든 주민이 미야구스쿠 구모토하라로 이주했다.

2) 고완 사람들이 이주한 미야구스쿠 6초메

4년간 나카마수용소 생활을 거쳐 1949년 임대 경작지인 미야구스쿠 구모토하라로 이주했다. 모든 주민이 함께 땅을 개간하고 폐자재로 집을 짓고 우물을 파고 도로를 만들었다. 결국에는 토지를 구입하고 주거단지와 공동묘지를 조성하고 자치회관을 건립했다.

3) 마을의 형성

고완 마을이 생긴 때는 사료 《지도 향촌장(繪圖鄕村帳)》(1649)에 '고완마을(小湾部落)'이라는 글자가 기록되어 있어 17세기 중기로 보고 있다. 고완천 하구를 중심으로 시작해 점차 북부지역으로 확장해나갔다. 한쪽

끝으로 류큐왕 쇼(尙) 가문의 별장이 네 곳 있다. 나카구스쿠 고텐(御殿), 마쓰야마 고텐, 기노완 고텐, 요미탄잔 고텐이다.

고완은 우라소에서 유일하게 바다에 접한 마을이다. 마을 앞 바다에서 조개, 문어, 게 등을 잡을 수 있다. 집을 지키는 할머니들은 썰물로 물이 빠지면 근처 산호초에 내려가 작은 물고기를 바구니 한가득 잡아와서 생선국을 끓여놓고 농사일을 나간 식구들을 기다렸다. 음력 6월과 7월 물이 가득 차오르는 대조기에는 스쿠(スク, 농어 새끼)가 대량으로 잡히는데, 이를 신이 준 선물이라고 생각해 먹는 것 말고는 병에 담아 보존했다. 또 북풍이 불어올 때면 숭어가 온다고 믿었다. 인근 지역 사람들이 조개잡이나 소풍을 하러 오는 아름다운 포구가 있는 마을이다.

4) 1943년부터 나카니시비행장 건설

군용 명칭은 미나미비행장. 고완의 여성과 청년들이 모두 동원되었다. 고완 사람들은 지역 바깥의 가데나비행장(군용 명칭 나카비행장) 건설에도 동원되었다. 15인씩 편성되어 기숙생활을 강요당했다. 처음에 비행장은 일본의 남진 정책 거점으로 건설되었는데 한 번도 사용하지 못한 채 미군에게 넘어갔다.

5) 전투

1944년 10월 10일 10·10공습으로 옛 나하의 나카니시비행장이 공습을 당했다. (동원된) 미군 전투기는 오키나와 본도(本島)에 900대, 본도 외 섬들에 214대. 합계 1,114대였다. 나하 시가지는 전소되고, 사망자가 330명을 넘었다.

1945년 4월 1일 미군 상륙. 1,400척의 군함과 18만 3,000명이 차탄에서 요미탄 해안으로 상륙. 당일 가데나, 요미탄 점령

1945년 (4월) 상순, 고완 마을은 미군의 공습으로 거의 소실됨. 고완에 일본군 주둔. 4월 20일 구스쿠마, 이소, 아하차에서 사투를 반복, 28일 미군이 나카니시까지 접근. 29일 우라소에의 일본군 전멸, 고완 주민도 남부 지역으로 도피

6) 얀바루 피난

1945년 2월 현청에서 산악지대로 소개(피난)를 예정. 2월 중순부터 1개월간 소개한 사람은 약 3만 명. 고완 주민은 2월 9일 기나마 지역을 향해 140명이 출발

7) 나카마수용소

우라소에 18개 마을 주민은 1946년 2월 나카마수용소로 이동. 1946년 12월 말 인구는 9,523명. 고완은 세대수 92, 인구는 459명.(연말에 480명이 됨) 수용소에서 미군이 배급해주는 식량이 부족했기 때문에 마을별로 옛 농경지에서 공동 경작을 시작. 그러나 고완 마을은 미군에게 땅을 수용당해 농경지가 없어짐. 잠정조치로 미군 당국은 토지소유자에게 4만 2,040평의 농경지를 분배해줌

4. 수업 후의 감상

"미군 기지가 필요할까?"라는 질문에 대해 수업을 하기 전과 후 학생들

의 대답에 약간의 변화가 있었다. 또 학생들 의견은 다음과 같았다.

	수업 전	수업 후
기지가 필요	3	6
기지가 필요하지 않다	15	16
어느 쪽도 아니다	13	10

· 군사기지는 없는 편이 낫다고 생각한다. 그러나 기지가 있어서 오키나와 경제에 도움이 되는 면도 있기 때문에 기지가 있는 것이 낫다는 생각도 든다. 따라서 나로서는 결정하기 어렵다.

· 군대는 없는 편이 좋다. 유원지를 만드는 것이 낫다.

· 필요하다. 일본을 지켜주기 때문에. 교류도 할 수 있다.

· 헬기사건 같은 것 때문에 위험하기는 하지만, 국가의 지원을 받아서 오늘날 오키나와가 만들어진 것 같아서 잘 모르겠다.

· 필요하지 않다고 생각한다.

· 어쩌면 필요한 시기가 올지도 모른다.

· 일단 있는 것이 낫다고 생각한다. 무슨 일이 생기면 도움이 될지도 모른다.

· 지금 오키나와에는 필요하다고 생각한다. 없어진다면 수천 명의 사람들이 일자리를 잃고 불안해진다. 하지만 군인들이 일으키는 사건이 걱정이다.

· 미국과 관계가 무너지는 것은 곤란하다. 또 기지를 수입원으로 하는 사람들도 있기 때문에 그냥 없앨 수 없다고 생각하기도 하지만 결국엔 없는 편이 낫다고 생각한다.

· 미군이 오키나와를 지켜주면 좋겠지만, 전쟁에 말려들게 된다면 없는 편이 낫다.

· 기지에서 일하고 있는 사람들은 곤란하겠지만, 기지가 있으면 위험하다고 생각하기 때문에 없는 편이 좋다.

· 이제 오키나와는 기지가 없어도 살아갈 수 있다고 생각한다. 기지가 있으면 위험하기 때문에 필요하지 않다고 생각한다.

· 군사기지는 필요하지 않다. 매년 미군 범죄가 있어서 오키나와로서는 매우 곤란하다.

· 군사기지는 필요하지 않다고 생각한다. 기지라는 이미지는 전쟁과 연결되어 있기 때문이다.

· 군사력으로서 미국에는 필요하겠지만, 일본·오키나와 입장에서는 매일 미군 헬기가 날아다니고 있어서 무섭다. 우리 땅을 돌려주기 바란다. 세계와의 관계도 무너질 것 같다.

다마키 요시하루(玉寄義治, 전 오키나와현 중학교)

4장

평화의 가치

―오키나와와 제주 강정기지를 중심으로

1. 수업 배경

2017년 11월 4일 한일역사교육실천심포지엄이 열렸다. 한일 양국의 교사가 수업을 1회씩 서로 공유했는데, 나는 '평화의 가치'를 주제로 수업을 진행했다. 제주 4·3사건과 평화를 엮어 학생들에게 평화의 소중함, 평화를 실천하는 노력에 대해 생각하는 시간을 마련해주고 싶었다.

수업의 목적

2010년 제주에 해군기지 건설이 시작되었다. 건설과정에서 자연 훼손, 찬·반 갈등, 마을 공동체의 파괴 등 많은 문제가 발생했다. 그리고 2016년 제주 해군기지(제주민군복합형관광미항) 준공식이 열렸다. 제주에 해군기지가 건설된다는 것은 특별한 의미가 있다고 하겠다.

2005년 제주는 '평화의 섬'으로 지정되었다. 세계평화에 기여하고 한반도에 평화와 안정을 정착시키기 위해 지정되었다. 제주는 평화를 창출하고 평화를 확산하는 데 기여해야 한다. 그러나 해군기지가 건설됨으로써 제주가 군사적 목적으로 이용될 것이라는 불안감이 감돌고 있다. 탈냉전 이후 미국-중국 간의 새로운 긴장관계가 형성되고 있는 가운데, 제주가 미국의 전초기지가 되는 건 아닌지 의문을 떨치지 않을 수 없다.

제주는 '4·3사건'이라는 아픈 역사를 가지고 있다. 제주는 이념 전쟁과 국가폭력에 의해 수많은 민간인이 희생당했다. 제주는 아픈 역사를 딛고 평화와 화해, 상생을 바탕으로 재도약하여 평화의 섬으로 다시 태어났다. 이렇게 제주가 '평화'라는 가치를 기초로 새로운 시대와 비전을 준비하고 있는 시기에 해군기지 건설이라니 아이러니하게 느껴진다.

이웃나라 일본의 오키나와도 제2차 세계대전 때 미국과 싸운 오키나와전투에서 많은 주민이 희생당했고, 역시 미군기지가 들어서 있다. 미국은 오키나와에 해군기지를 설치하고 군사 전략기지로 운영하고 있다.

제주-오키나와는 섬이라는 지리적 특성, 자연환경, 전쟁에 의한 민간인(원주민) 피해, 국가폭력에 의한 희생 등 많은 점에서 닮아 있다. 그리고 이제는 해군기지라는 공통점이 추가되었다. 여기서 우리는 의문이 생겼다. '평화와 군사기지는 공존 가능할까?', '평화란 무엇일까?'라는 질문이 이어졌다. 전쟁과 평화의 섬, 제주와 오키나와 교사들은 학생들에게 무엇을 어떻게 가르치고 배우게 할 것인가? 한일역사교육실천 심포지엄에서 제주와 오키나와 교사들의 교류 수업은 의문에 대한 작은 해답이자 행동이었다.

실제 수업을 구성할 때 많은 고민을 했다. 제주(강정), 4·3사건, 오키나와, 전쟁, 냉전, 평화 등의 키워드로 어떤 수업을 해야 할까? 학생들에게 우선 전쟁의 상흔, 민간인 피해, 그리고 미래 가치로서 '평화'를 생각하는 시간을 갖게끔 하고 싶었다.

주제 설정

수업을 준비하기 위해 제주역사교사모임에서 오프라인 모임을 가졌다. 수업의 주제, 방향, 수업자료 등을 정하기 위해서였다. 우선 제주 4·3사건, 오키나와전투, 해군기지, 평화 등의 키워드를 뽑아냈다. 제주 현대사에서 4·3사건을 빼놓을 수 없었고 당시 이슈였던 강정마을의 해군기지와 엮어서 수업을 구상하기로 했다.

제주 4·3사건에서 얻을 수 있는 교훈은 평화, 인권, 상생 등이다. 여기서 우리는 '평화'라는 가치에 주목하기로 했다. 제2차 세계대전이 종식되면서 새로운 시대와 평화를 위한 갈망이 싹텄다. 하지만 곧이어 냉전의 시대가 도래했고, 제주는 이념 갈등으로 불타올랐다. 제주는 불길에 휩싸이며 비극으로 내몰렸다. 많은 제주 사람들의 희생이 잇따랐고, 마을이 사라져버리고, 또 무고한 사람들이 억울하게 수형생활을 해야 했다.

오키나와 역시 그랬다. 제2차 세계대전 막바지 미국과 일본이 오키나와에서 격전을 벌였고, 그 과정에서 오키나와 원주민들은 미군에 의해, 일본군(본토군)에 의해 처참히 짓밟혔다. 오키나와 역시 전쟁의 상흔으로 얼룩진 현대사를 가지고 있다.

이런 역사를 돌이켜보며 평화라는 가치를 관통하는 질문이 무엇일지 고민했다. 그래서 우리는 "평화의 섬 제주에 왜 군사기지가 들어섰을까?", "평화와 군사기지는 공존 가능할까?" 등의 질문을 제시했다. 그러면서 "평화란 무엇일까?"라는 근본적인 질문으로 이어졌다. 따라서 우리는 수업에서 '평화의 가치'를 다시 새기고 실천할 방법을 아이들과 함께 고민해보기로 했다.

2. 수업 실천

수업지도안

학습주제	평화의 가치		일시	2017년 11월 4일
학습목표	1. 평화의 감정을 그림으로 표현할 수 있다. 2. 평화를 확산하기 위한 실천방안을 말할 수 있다.		장소	제주서중학교
			대상	도내 고등학생
			지도 교사	박진수
수업자 의도	– 평화의 감정을 이미지로 표현함으로써 평화의 소중함을 내면화했으면 한다. – '제주'와 '평화'를 연관시켜 이해하고 평화를 실천하기 위해 노력하는 모습을 기대한다.			

학습단계	학습 내용	교수·학습활동	자료 및 유의점
도입 **(5분)**		▶ **수업환경 점검 및 준비** – 수업 분위기, 좌석 배치, 멀티미디어 등의 수업환경을 점검한다.	
		▶ **학습목표 제시** 1. 평화의 감정을 그림으로 표현할 수 있다. 2. 평화를 확산하기 위한 실천방안을 말할 수 있다.	자료: PPT
	활동 안내	▶**학습활동 안내** – 수업의 전체적인 진행에 대해 안내한다. 활동 1. '평화'를 주제어로 보석맵 작성하기 활동 2. '평화'를 주제어로 비주얼싱킹 하기	자료: PPT

		1) 제주 – 평화의 관계 설명 – 제주, 평화, 4·3사건을 연결하여 제주와 평화의 관계를 설명한다. – '평화의 섬 지정 선언문'의 주요 문구를 통해 우리가 추구해야 할 '평화'에 대해 생각해보도록 한다	
	활동 1 (10분)	▶ **활동 1 〈모둠활동: '평화'를 주제어로 보석맵 작성하기〉** 1) '평화' 보석맵 작성 – 보석맵 활동 안내사항 전달 – 짝 활동 적극 장려	자료: PPT, 활동지
전개 (40분)	활동 2 (30분)	▶ **활동 2 〈비주얼싱킹: 평화의 감정, 증진방안 이미지화하기〉** 1) 비주얼싱킹 활동 – 제주와 해군기지 사진 자료를 제시하며 관심을 환기시킨다. – 오키나와 사례를 영상으로 제시한다. – 비주얼싱킹 활동: 평화의 감정과 증진방안 이미지화하기 – 유의사항을 제시하고 활동을 적극 돕는다. 2) 활동 공유 및 발표 – 조별로 1~2분 정도 발표시간을 갖는다.	자료: PPT, 동영상, 활동지
정리 및 평가 (5분)	정리	▶ **학습내용 정리** – 전체 문답을 통해 오늘 배운 내용을 정리한다.	

수업 진행

우리는 '평화'라는 가치를 당연하게 누리며 살고 있다. 하지만 제주와 오키나와는 전쟁과 민간인 학살의 트라우마가 있는 곳이다. 우리가 산소처럼 자연스럽고 마땅하게 여기는 평화가 왜 소중한지, 평화를 실천하기 위한 노력들은 무엇이 있는지 학생들이 고민하는 시간을 가졌으면 했다. 따라서 역사적 배경 등의 자세한 부분은 거의 생략했으며 '평화의 가치'를 강조하는 도덕적이고 윤리적인 차원의 수업을 구상했다.

활동식 수업을 위해 두 가지 활동을 수업에 넣었다. 첫째는 보석맵을 통한 키워드 작성이고, 둘째는 키워드를 바탕으로 한 비주얼싱킹 활동이었다. 도내 고등학교 학생들은 모둠을 형성하고 짝 활동, 모둠활동을 통해 수업에 참여했다. 보석맵 활동을 통해 평화의 감정, 평화를 해치는 것, 평화의 유사어, 평화의 증진방안 이렇게 네 가지 방향으로 모둠원들과 함께 키워드를 작성했다. '평화'라는 가치와 제주 4·3사건, 오키나와를 연계하기 위해 동영상을 시청했다. 학생들은 제주 4·3사건과 오키나와전투 관련 영상을 시청하고 난 후 이를 바탕으로 평화의 감정, 평화의 증진방안에 대한 비주얼씽킹 활동을 했다. 활동 이후에는 모둠별로 자신들이 선정한 키워드와 그림에 대해 발표하는 시간을 가졌다.

3. 수업에 대한 성찰

제주 4·3사건은 냉전이라는 시대적 배경을 가지고 이해해야 한다. 냉전은 한반도의 작은 섬 제주에 비극을 안겨주었다. 제주는 '레드 아일랜드'로 규정되고 사회주의 이념을 배척했던 한국 정부는 무차별 학살을 자행했다. 제주의 수많은 민간인들이 영문도 모른 채 운명을 달리했다. 전쟁의 경험은 인간을 잔인한 동물로 탈바꿈시켰다. 제주 4·3사건 당시 생명과 인권은 존중받지 못했고 살아남은 자에게는 영원한 고통을 남겼다. 70년 이상이 지나고도 제주에는 아픔의 눈물이 흐르고 있다.

오키나와 역시 마찬가지이다. 오키나와전투는 미국과 일본이 태평양에서 싸운 전투 중 가장 많은 희생자를 낳은 전투였다. 수많은 민간인이 전쟁에 동원되었고 결과는 비극으로 끝났다. 일본은 중일전쟁 때 중국인들에게 자행했던 학살과 약탈을 자국민들인 오키나와의 주민들에게 가했다. 오키나와 주민들은 징병되고 징발되어 전투에 투입되고 노동으로 혹사당했다. 전투가 벌어지자 일본군은 민간인들을 전선으로 끌고 다니며 총알받이로 사용했다. 더 큰 범죄는 주민들에게 내려진 집단 자살령이었다. 수많은 주민이 군의 강압에 의해서 가족 자살을 했고 집단 자살을 택하지 않은 사람들은 군대가 수류탄을 던져 학살했다.

전쟁의 결말은 언제나 비극이다. 그리고 비극의 희생자는 무고한 다수의 민간인이었다. 제2차 세계대전과 이어진 냉전은 오키나와와 제주를 할퀴고 지나갔다. 전쟁의 상처가 아물기도 전에 미국은 동아시아 패권을 유지하기 위해 주일미군, 주한미군을 설치하고 군대를 주둔시켰다. 한반도는 현재 분단국가이며 한반도를 둘러싼 중국, 일본, 미국은 동아시아의 패권을 놓고 다투고 있다.

하지만 이번 수업은 이러한 역사와 현실에서 한 걸음 물러서 있었다. 수업을 구상하면서 제주 4·3사건과 오키나와전투를 어떻게 다루어야 할지 제주역사교사모임 선생님들과 함께 많은 고민을 나눴다. 학생들이 활동할 수 있는 수업을 구상했기에 학생들에게 도움이 될 만한 영상자료를 제작하기로 의견이 모아졌다. 하지만 제주 4·3사건과 오키나와전투에 대한 전반적 설명이 부족해 학생들이 역사적 사건과 맥락을 이해하기에는 어려운 수업이었다. 그리고 '평화'라는 가치를 주제로 수업을 했기에 역사수업이라기보다, 도덕적이고 윤리적인 학습을 하는 수업으로 받아들였을 것이다.

심포지엄을 마치고 돌아보니 공개수업의 배치에서 나의 수업이 뒤쪽으로 배치되었으면 어땠을까 하는 아쉬움도 남았다. '오키나와 역사와 기지 문제'라는 주제로 수업을 하신 우메자와 가즈오(지바여고) 선생님께서 오키나와에 주둔한 주일미군과 관련 내용을 자세히 수업해주셨다. 현재 주일미군을 둘러싼 논쟁의 내용을 수업해주셨기 때문에 학생들이 '전쟁-오키나와-군사기지-생각해볼 문제'로 이어지는 역사적 상황과 수업의 흐름을 이해하기에 좋은 수업이었다. 따라서 이 수업 후에 '평화'라는 주제의 수업이 전개되었다면 학생들이 미래 가치로서 '평화'를 이해하고 생각해볼 수 있지 않았을까 하는 아쉬움이 있다.

제주와 오키나와는 현대사의 비극을 공유하고 있다. 제주 4·3사건과 오키나와전투로 많은 민간인이 피해를 입었고 생명과 인권이 유린당했다. 그 아픔은 이제 치유가 필요하다. 하지만 제주와 오키나와에 건설된 군사기지는 치유의 길을 가로막고 있다. 평화와 상생의 길로 가야 하는 길목에서 군사기지가 동북아의 긴장을 야기하고 대립과 갈등의 상징으로 자리하고 있다. 이렇게 평화와 군사적 긴장이 교차하는 지점에서 교사로서 학생들에게 어떻게 가르쳐야 하는지 끊임없이 고민해야 할 것이다.

박진수(제주대학교 사범대학 부설 고등학교)

5장

평화의 소녀상에서
역사를 살피다

1. 수업을 시작하며

초등학교 6학년 사회 교과서는 근대사부터 현대사에 이르기까지, 또 한국사회에 중대한 영향을 끼친 일제강점기를 다루고 있다. 을미사변과 을사늑약, 경술국치 등을 차례로 배우고 나서 교과서에 실린 경복궁 앞 웅장한 조선총독부 사진을 마주하게 되면, 아이들은 억울하고 분한 감정이 차오르는 것 같았다. 우리 학교가 경복궁과 가까운 위치에 있어서인지 아이들은 조선총독부 건물을 단순히 역사 속 한 장면이 아닌 '우리 동네'에서 일어난 '나'의 문제로 가깝게 느끼고 있었다.

최근 서울 곳곳에 일제 총독들의 글씨가 남겨져 있다는 뉴스를 보았다. 현재 서울역 앞에는 독립운동가 강우규 의사의 동상과 조선총독 사이코 마코토의 글씨가 채 50m도 떨어지지 않은 곳에 공존하고 있다. 또한 한국은행(옛 조선은행)에도 이토 히로부미의 글씨가 100년 넘게 자리를 지키고 있다. 일제 식민통치의 흔적이 불편하다는 주장도 있지만 전문가들 사이에서는 역사적 교훈을 위해 보존해야 한다는 의견이 우세하다고 한다.

이렇게 치욕적인 역사의 흔적을 둘러싼 논쟁을 두고 아이들과 이야기를 나누며 역사를 대하는 태도, 역사를 기억하고 보존하는 방식에 여러 가지 다양한 관점이 존재한다는 것을 알게 해주고 싶은 마음으로 수업을 구상했다. 삼전도비, 조선총독부 건물 등 치욕의 역사를 전하는 기념물 중 어떤 것으로 수업을 진행할지 다른 선생님들께 조언을 구하며 고민을 해본 끝에 아이들이 지당하게 기려야 한다고 생각하는 평화의 소녀상을 수업 제재로 선택했다.

아이들이 각종 매체에서 접하여 잘 알고 있기도 하고, 이미 오래전에 철거되어 경복궁으로 복원된 조선총독부 건물과 다르게 현재 진행 중인 논의와 갈등을 다루면 생동감 있는 수업을 할 수 있으리라 생각했다. 또한 조선총독부 건물이 당연히 철거되어야 한다고 생각하는 아이들이 '일본 사람들이 평화의 소녀상을 철거하자고 주장하는 것'에 대해서는 어떻게 생각할지, 어떻게 생각이 변화하는지 관찰해보고자 했다. 모든 일본인이 소녀상을 철거하라고 요구하거나 훼손하는 것은 아니라는 것을 강조하며 소녀상에 대한 한일 양국의 다양한 관점을 제시해 아이들이 조금 더 폭넓게 사고하는 경험을 해보길 바랐다.

2. 수업 전개

단계	수업 내용
도입	▶ 역사를 기억하는 방식에 대한 간단한 발문 ▶ 삼전도비, 조선총독부 건물 철거 등에 대한 자료 제시 및 의견 발표
전개	▶ 일본군 '위안부'와 '평화의 소녀상' 소개 ▶ '평화의 소녀상'에 대한 한일 양국의 다양한 입장 소개 ▶ 하브루타 토론으로 친구들과 생각 나누기
정리	▶ 타이완의 일제 총독부 청사, 폴란드의 아우슈비츠수용소 등 역사를 보존하고 있는 예 ▶ 느낀 점 정리하기

역사를 기억하는 방식에 대한 간단한 발문

먼저 PPT로 0점짜리, 15점짜리 등 잔뜩 망친 시험지 사진을 보여주며 수업을 시작했다. 역사 이야기를 논하기에 앞서서, 개인에게 일어난 일 (개인의 역사)을 처리하는 방식에 대해 이야기해보려고 아이들이 직접적으로 느낄 수 있는 시험지 이야기를 꺼냈다. 망친 시험지를 부모님께 보여드리지 않고 폐기 처분할지, 어른이 될 때까지 보존할지를 물었더니 모두 흥미로워하며 자유롭게 자신의 의견을 말했다.

"아, 저런 점수 받으면 어떻게 하지?", "나는 그래도 집에 가져가서 엄마 보여드릴 수 있을 것 같아", "이런 흑역사가 나중에는 다 추억이 된다니깐?", "나는 잘 본 시험지만 모으고 싶은데" 등등 다양한 반응이 나왔다. 손을 들어 의견을 표명하게 해보니 대략 절반 정도의 학생은 보존하는 쪽, 나머지 절반 정도는 폐기 처분하는 쪽을 선택했다.

삼전도비, 조선총독부 건물 철거 등에 대한 자료 제시 및 의견 발표

그다음 조선총독부의 사진을 보여주며 "그렇다면 조선총독부 건물을 철거한 것은 어떻게 생각하나요?"라고 물었다. 철거 당시 조선총독부 건물을 둘러싼 철거/보존 양쪽의 입장을 모두 들려주었다. 당당하게 시험지를 보존할 것이라고 말했던 학생들도 그리 쉽게 "총독부 건물을 보존하자"라고는 주장하지 못했다. 광화문이라는 상징적인 공간에 총독부 건물이 크게 들어서 있던 것에 대해 심리적 거부감을 가지고 있는 듯했다.

지인이가 "그래도 경복궁을 훼손하면서까지 만든 건물이니까 계속 두는 것은 좀 아니지"라고 말하자 몇몇 아이들은 동의를 표했다. 이때 윤서가 "선생님, 그냥 그 건물을 일본에 옮기면 안 돼요?"라고 하자 다들 웃음을 터뜨렸다. 건우는 "야, 그걸 어떻게 일본까지 가져가냐?"라며 윤서에게 면박을 주었지만, "그런데 윤서 엄청 기발하다. 일본에 옮기는 것 좋은 생각이네"라고 격하게 동의하는 아이도 있었다. 몇몇 아이들은 "그래도 문화재긴 문화재니까 마음대로 철거하면 안 되지 않나?", "보존해서 일본 사람들이 남의 나라를 침략한 것을 계속 부끄러워하게 할 수도 있잖아"라고 조선총독부 건물의 보존을 주장하기도 했다. 조선총독부 건물을 보존해서 일본 사람들이 남의 나라를 침략한 과거를 계속 부끄러워하게 하자는 주장은 보존을 해야 하는 근거로서 새로운 아이디어라서 흥미로웠다.

다음으로 삼전도비에 '철거'라고 페인트칠이 되어 있는 사진을 보며 이야기를 나눴다. 2007년 한 남자가 치욕의 역사가 서울 한복판에 버젓이 서 있는 것을 볼 수 없다며 비석을 훼손했다는 기사를 함께 읽으며 각자 자기 입장을 정리해보기로 했다. 마찬가지로 손을 들어 의견을 표하게 했더니, 대부분의 아이들이 조선총독부 건물 때 입장과 동일한 입장을 나타냈다. 조선총독부 건물을 보존해야 한다고 했던 친구들은 문화재의 보호와 사료로서의 가치 등을 이유로 삼전도비 역시 보존해야 한다고 했다. 조선총독부 건물을 철거해야 한다고 주장했던 아이들은 삼전도비도 철거하는 것이 좋다고 의견을 표했다.

그런데 조선총독부 건물은 철거해야 한다고 하면서 삼전도비는 보존하자고 주장한 학생이 2명 있어서, 그 이유를 물었더니 돌아온 답변이 꽤 논리적이었다. "조선총독부 건물은 경복궁이라는 더 소중한 문화재를 훼손했기 때문에 경복궁의 보존을 위해서 철거해야 한다, 그러나 삼전도비는 어떤 문화재도 훼손하지 않았으므로 보존하는 것이 옳다"는 것이 그 아이들의 근거였다. 즉 조선총독부 건물을 철거하는 것이 곧 문화재(경복궁)의 보존과 맞닿아 있다는 주장이었다.

평화의 소녀상 철거에 대한 의견 나누기

조선총독부, 삼전도비 이야기로 역사 자료의 철거/보존에 대한 다양한 시각이 있다는 것을 배운 아이들에게 평화의 소녀상을 PPT 화면으로 보여주자, 아이들은 낮게 "아……" 하며 탄식을 내뱉었다. 윤서는 "그건 좀 아닌 것 같은데요. 이건 남겨둬야지"라고 강하게 반대 의사를 표명했다. 아이들이 동시다발적으로 "소녀상은 남겨놓고 그 의미를 되새겨야 한다"고 이야기했다. 아이들 의견은 너무 당연하다는 듯이 '소녀상 철거 반대'로 모아졌다. 철거를 찬성하면 절대 안 될 것 같은 분위기가 만들어졌다.

그래서 "철거를 반대하고 찬성하는 것은 한일 국적과는 관계없어요. 한국 사람 중에도 어떠한 이유로 철거를 주장하는 사람이 있고, 일본 사람 중에도 소녀상 건립을 찬성하여 후원하는 등의 활동을 하는 사람들이 있어요"라고 설명을 덧붙였다. 그리고 평화의 소녀상과 관련된 찬성/반대 기사를 PPT 화면으로 띄워 함께 읽어보았다. 일본과의 국제관계 때문에 소녀상 건립을 반대하는 한국 정치인, 평화의 소녀상 건립을 기부로써 지지하는 일본인 등 다양한 사례를 소개했다.

그다음 일본대사관을 바라보고 앉아 있는 소녀상의 의미에 대해서 간략히 정리된 학습자료를 제공하고 그 내용을 함께 읽었다. 평화의 소녀상에 대한 의견은 '철거하지 말자'는 입장이 압도적으로 많았고 철거를 주장하는 학생은 없었다. 아이들은 아직 "해결되지 않은 역사이므로 평화의 소녀상 같은 상징적인 물건을 통해 후세에 알릴 필요가 있다", 또는 "역사에서 어떤 일이 일어났는지 보여주는 중요한 자료가 될 수 있다" 등의 이유로 평화의 소녀상 철거에 반대했다.

성현이는 "선생님, 삼전도비는 우리가 당한 역사이니까 우리 땅에 세우든 없애든 우리가 주장할 수 있지만, 소녀상은 일본이 잘못한 내용을 우리 땅에 세워둔 것인데 그것을 일본이 없애라 마라 하는 것은 맞지 않은 것 같아요"라고 말했다. 다만 중립적인 의견을 주장하는 학생들도 있었는데, 지인이는 "상징적인 건물인 일본대사관 앞에 있는 소녀상은 계속 분쟁의 소지가 되고 있으니 다른 곳으로 이전하고 그 이외의 공간에는 많이 세워도 될 것 같다"라고 이야기했고, 규리는 "일본이 인정, 사과, 배상을 확실히 하여 문제가 잘 해결된 후에는 평화의 소녀상을 없애도 된다"라며 '조건부 철거'를 이야기했다. 이때 건우가 "솔직히 나는 내가 일본인이라면 철거 찬성이라고 할 것 같아"라고 이야기했다. 건우 말에 웃음을 터뜨리면서도 일면 수긍하는 아이들을 보며 '역사 자료를 보존할 것이냐, 말 것이냐'에 대한 역사적이고 이성적인 접근보다는 개인적인 감정에 더 많이 흔들리는 마음을 엿볼 수 있었다.

학생들의 간단한 발표 등으로 의견을 나눈 후 하브루타 토론 대형으로 교실 배치를 바꾸어 평화의 소녀상 철거/보존에 대한 입장 토론을 진행했다. 하브루타 토론 대형은 말하면서 공부한다는 유대인의 공부법에서 출발한 학습모형으로, 책상 배열을 바꾸어 1~2분씩 토론하고 종이 울리면 그다음 사람과 만나서 토론하는 방식으로 진행된다. 최대한 다양한 친구들을 만나가면서 토론할 수 있으므로 자신의 논리를 점차 발전시킬 수 있고, 다른 친구의 의견과 주장에서 힌트를 얻을 수 있다는 장점이 있다. 찬반이 첨예하게 대립하는 경우라면 찬성 측, 반대 측을 따로 앉혀서 토론하도록 구성할 생각이었지만 철거를 반대하는 쪽이 워낙 압도적이었으므로 찬반 토론으로 이끌기 어려웠다. 따라서 찬반을 구분하지 않고 평화의 소녀상 철거/보존에 대한 자신의 생각을 친구와 나누는 것으로 하브루타 수업을 진행했다.

친구들과 토론을 마친 후에 자기 생각을 정리하게 하는 활동지를 배부했다. 진석이는 "삼전도비를 없애야 된다고 생각했었는데, 친구들과 (평화의 소녀상에 대해) 얘기하면서 (삼전도비를) 보존하는 쪽이 좋다고 느꼈다"라고 역사를 바라보는 입장에 변화가 있었음을 밝혔다. 지윤이는 "어떤 역사 기록물, 모형, 동상, 건물이든 우리 역사에 뜻깊은 것이라면 보존해야 한다는 생각이 들었다"라고 하면서 "친구들이 어떤 생각과 시선으로 역사를 보고 있는지 알 수 있어서 좋았다"라고 썼다.

3. 수업을 마치며

이 수업은 역사 자료를 바라보는 다양한 관점이 있다는 것을 경험하게 하는 것, 그리고 역사 자료에 대한 자기 생각을 정리해보는 것을 목표로 했다. 6학년 사회 교과서에 등장하면서도 철거와 보존론이 팽팽히 맞서고 있는 조선총독부 건물, 삼전도비, 평화의 소녀상을 이용하여 이야기를 나누어보았다. 개인적으로는 정규 수업시간에 간단히 언급만 하고 넘어갔던 삼전도비, 조선총독부 건물, 평화의 소녀상 등에 대해 학생들 개개인의 구체적인 생각을 들어볼 수 있어서 값진 시간이었다.

학생들이 지나치게 감정에 치우쳐서 '치욕스러운 역사도 보존의 가치가 있다'는 생각 자체를 받아들이지 못할까 걱정했으나 기우였던 것 같다. 아이들은 생각보다 훨씬 더 성숙한 자세로 수업에 임했고, 나름대로 합리적인 근거를 들며 의견을 주장하거나 상황에 따라 자신의 의견을 굽힐 줄 알았다. 이 수업을 통해 그동안 지당한 일이라고 생각해왔던 조선총독부 건물의 철거, 평화의 소녀상 보존에 대해 새로운 시각을 제공해줄 수 있었다. 또한 철거/보존을 주장하는 것은 한일의 문제라기보다는 개인의 가치관 문제이며 일본인 중에서도 평화의 소녀상을 지켜주고 싶은 사람이 있음을, 한국인 중에서도 소녀상 철거를 주장하는 사람이 있음을 알려줌으로써 아이들의 굳어져 있던 편견을 조금이나마 말랑하게 바꿔줄 수 있지 않았나 하는 만족감이 든다.

다만 아쉬웠던 점은 평화의 소녀상에 대한 논의가 너무 한쪽으로 치우쳐졌다는 점이다. 조선총독부 건물이나 삼전도비 등에 대해서는 다양한 의견이 나왔으나 평화의 소녀상에 대해서는 다소 천편일률적인 답변이 나왔는데, 내가 제공한 자료도 제한적이고 학생들이 스스로 생각해볼 시간도 많이 부족했던 것 같다. 평화의 소녀상에 대한 자료를 직접 조사해오도록 했으면 꼭 찬반 의견이 아니더라도 제3의 의견을 나누며 조금 더 풍성한 수업이 되었을 것 같다. 정규 교과 수업이 아니라 특별 수업 형태로 진행한 것이라 과제를 내주거나 시간을 많이 할애하지 못하는 등의 현실적인 어려움이 있었다. 또한 아이들은 "선생님, 그러면 서대문형무소는 왜 철거하지 않았어요?", "아우슈비츠수용소에 대해서 폴란드 사람들은 찬성이 더 많았어요?" 등 수업을 확장해나가는 질문을 많이 쏟아냈는데 적절히 답변해주지 못한 것 같아 아쉽다. 매일 교과서에 쫓기듯이 진도 나가기에 바빴는데 이런 특별 수업을 해보니 아이들도 눈을 반짝이며 궁금해하는 것이 많고, 나도 교사로서 함께 성장해나가는 기분이 들어 사회의 여러 가지 이슈에 대해 이런 특별 수업 기회를 많이 만들어야겠다는 다짐을 했다.

차민선(서울 난우초등학교)

3부
식민지배를 둘러싸고

제3부는 한일 양국에서 일본 제국주의의 식민지배 문제를 다룬 수업을 보고하고 있다. 식민지배의 실상을 이해하고, 이를 극복하기 위해 일어났던 3·1운동에 대해 공부한 수업이다.

야마다 고타는 고등학교 학생을 대상으로 "일본의 고등학생은 식민지 지배를 어떻게 생각할까—교과서 《일본사 A》 기술 검토하기"라는 주제로 조사·토론·발표학습 수업 사례를 정리했다. 이 수업의 특징은 학생들이 조사·발표·토론하는 과정을 통해 교과서 기술을 스스로 평가하여 역사인식을 형성해갈 수 있도록 한 점이다. 그리고 학생들이 발표 정리한 내용을 스스로 교과서 필자들에게 보내게 했다. 또 학생들에게 자료조사와 발표를 통해 자기 입장을 상대화시키고, 자료로부터 보이는 것, 보이지 않는 것 등을 파악하게 하여 새로운 과제를 찾아내는 역사연구 방법을 경험하게 했다.

이동욱은 고등학생을 대상으로 "'민주공화국' 건설의 관점에서 식민지 조선을 생각하다"라는 주제로 토론, 발표수업을 진행했다. 수업 후에는 학생 개개인이 '역사수업일기'를 작성하여 스스로 역사적 사실에 대해 자신의 생각을 정립할 수 있도록 했다. 또한 식민지 조선의 역사를 일본과의 관계뿐만 아니라 동아시아로 넓혀서 생각하게 만들었다.

곽노승의 〈3·1운동과 여학생〉은 일제강점기 항일운동에 참여한 여학생들에 주목했다. 3·1운동에 참여한 여학생들은 어떤 마음으로 시위에 나섰을까? 그리고 3·1운동 이후 그들은 어떠한 삶을 살았을까? 사건 위주로 서술된 역사교과서는 실제 살았던 사람들의 삶을 생생하게 보여주지 못한다. 그리고 역사의 사건을 지금의 나와는 동떨어진 과거의 일로 멀게 느끼게 한다. 이 수업은 3·1운동에 참여한 여학생들의 목소리를 살려냄으로써 학생들이 당시 사람들의 생각에 감정 이입할 수 있도록 돕는다.

고바야시 유카의 〈한국과 일본 학생들의 3·1운동 인식〉은 3·1운동에 대한 일본 중학생의 생각을 소재로 일본 역사교사가 한국의 고등학생을 대상으로 수업을 한 사례이다. 한일 양국 학생 간의 인식이 사뭇 다르고 엇갈릴 수 있는 이야기로 양국 학생들이 서로의 생각을 들여다볼 기회를 마련했다는 점에서 의미가 깊다. 내가 당시의 일본인이었다면 3·1운동에 어떻게 대응해야 한다고 생각했을지에 대한 일본 학생들의 의견, 일본 학생들의 의견을 읽은 한국 학생들의 답이 흥미롭다. 양국 학생의 견해 차이에 대한 토론을 이어가지 못하여 담당 교사의 아쉬움이 있었지만, 수업에 참여한 한국 학생들의 수업 후기는 왜 한일 양국이 만나고 서로 이해하려 해야 하는지를 생각하게 한다.

1장

일본의 고등학생은
식민지 지배를 어떻게 생각할까

— 교과서 《일본사 A》 기술 검토하기

1. 시작하며

이번 수업의 실천 내용을 소개하기 전에 먼저 일본의 역사교육·역사교과서를 둘러싼 현황을 간단하게 확인해두고 시작하고자 한다. 현재 학생들이 무엇을 중요하게 여기고 있는지, 왜 그렇게 생각하고 있는지의 시공간적 의미가 수업 구상의 출발점이 되기 때문이다.

　내가 근무하는 학교의 경우, 기초적인 지식의 습득만이 목표가 아니라 이미 일정한 수준에 도달해 있는 학생들의 학습역량을 어떻게 신장시킬 수 있는지를 고민한다. 학습역량을 키우는 것은 생각하게 하고 발표하게 하는 것은 물론이고 새로이 습득하는 정보의 질적 수준에 주의를 기울여 헤아려보게 하는 것, '지(知)'를 존중하는 의식을 길러주는 것도 중요하다. 또한 특정 역사관을 주입하려는 사회적 압력에 맞서기 위해서도 학생이 교과서를 꼼꼼하게 읽으며 직접 역사학 연구의 성과를 공부한다든가, 구체적인 사료에 기초하여 생각하는 기회를 만들어 역사 서술의 관점이나 방법 자체를 따져보게 할 필요도 있다. 학생들에게 익숙한 강의식 수업은 기본적인 지식 습득과 사고를 위한 자료의 제시라는 점에서 효과가 있다. 그러나 교사에 의한 역사적 사실의 나열과 역사관의 주입만으로는(교사는 그런 의도가 없더라도) 학문 연구에 근거하지 않고 감정적으로 이해하기 쉽게 전달하는 역사서술에 충분하게 대응하기 어려울 수 있다. 학생이 스스로 문제의식과 의문을 품고, 역사적 사실에 직접 접근하고 친구들과 토론하는 가운데 의문을 해결하는 과정을 만드는 것이 중요하다.

2. 수업 계획

이와 같은 문제의식에서 교사에 의한 수업과 학생에 의한 조사·발표·토론 수업을 구성해보았다. 학생 활동은 학생들이 직접 교과서 기술을 검토하는 방식으로 구성했다.

수업의 목적

① 학생 스스로 주제를 선택하여 구체적인 역사적 자료에 기초해 자기 입장을 정리해 발표하게 하고, 학생들 간의 질의응답, 토론을 진행해 자신의 관점·사고방식을 상대화하고 검토하는 기회를 갖는다.
② 역사에 대해 말하고 생각할 때 근거가 되는 자료의 질에 주의를 기울이는 태도를 갖게 한다. 역사적 사실에 접근하는 방법의 하나로 제시하

여 역사란 무엇인지, 학문이란 무엇인지를 생각하는 기회를 갖게 한다.

발표 수업의 포인트

1) 발표 규칙으로 학생들에게 안내한 사항

- 발표의 구성

 · 제안하기: 교과서 본문 및 각주의 수정·추가·삭제 등

 · 자료 다루기: 제안의 논거로서 사실(史實)의 확인, 자료·학설 제시 등

- 사료와 자료의 취급 방법에 관한 주의: 인용 방법, 출전 확인

- 논거·참고문헌 명시: 어디에 있는 자료인지, 누가 쓴 것인지 확인(인터넷 정보도 포함)

- 발표는 1시간에 1조, 발표 10~15분, 토론 20~30분 정도. 토론은 질문 담당 조가 시작해서 학급 모두가 참여해 질의응답하기. 마지막으로 토론내용을 기록하여 정리

2) 학생이 설정한 주제(2학년 1반)

지조개정(地租改正), 아이누민족, 일본의 산업혁명, 한국병합, 쌀소동, 치안유지법은 악법인가, '15년 전쟁'•의 검증, 오키나와전투의 강제집단사망, 시모야마 사건,•• 냉전이 일본에 미친 영향

• 일본에서 1931년 만주사변 발발부터 1945년 아시아·태평양전쟁이 끝날 때까지를 일컫는 말이다.
•• 1949년 일본국유철도(이하 국철) 초대 총재 시모야마 사다노리가 실종 후 의문사한 사건을 말한다. 중국 국공내전에서 중국공산당의 승리가 확실시되자, 미군정이 일본 점령 정책을 공산화를 막기 위한 정책으로 전환하고 일본의 기록적인 인플레이션 억제를 위해 공무원과 국철 직원에 대한 대대적인 해고를 선언한 시대적 배경 속에서 발생해 여러 추측이 존재한다.

학생 발표의 전개

2학년 1반 5조의 〈무효론에서 본 한국병합〉 발표 내용·배포자료에서

1) 학생이 제시한 의문점·논점

> 〈현행 교과서의 기술〉
> 러일전쟁 개전 직후, 일본은 한국을 종속시키고 한일의정서를 강요했다. 이어서 일본인 등을 정부 고문으로 삼는 제1차 한일협약을 강요했다. 또한 …… 뒤이어 1907년(메이지 40), 한국 황제가 일본의 한국 지배 부당성을 호소한 ……

– 한국병합의 과정에서 일본의 '강제성'이란?

– "일본의 한국 지배 부당성"이란 무엇인가?

– 현재 한일 논쟁의 종착점은?

2) 역사(병합까지의 경위 확인)

사건의 나열(에도시대의 교류~1910년 한국병합까지), 제1차·제2차 한일협약의 조약문 확인

3) 고찰

– 한국병합 무효론의 세 가지 관점

① 조약의 유효성, ② 한국병합의 유효성, ③ 한국병합의 정당성

· 일본의 주장: ①, ②는 유효, ③은 부당

· 한국의 주장: 모두 무효 또는 부당

– 유효인가, 무효인가?

· 당시의 국제법에는 유효/무효를 가릴 수 있는 조약 체결의 방식 등의

규정이 없었음. 1969년 조약법에 관한 빈협약(관례화된 조약 체결의 방법을 명문화)을 참고

· 토론 시 두 가지 포인트

① 양국이 조약의 중요성을 확인했는가? ② 체결 시 강제성의 유무

· 조약 체결의 네 가지 방법

① 비준: 전권위원이 서명한 조약에 대해 당사국의 최종적인 확인·동의 절차

② 수락: 서명을 하지 않은 상태에서 조약에 구속되는 것에 대해 동의를 표명하는 것과 조약에 구속되는 성질을 갖지 않는 서명을 한 후에 최종적으로 동의를 표명하는 것이 있다.

③ 승인: 조약을 체결할 때 사전, 사후에 의회의 승인을 구하는 절차

④ 가입: 주로 다국 간의 조약에서 서명을 하지 않고 조약을 체결하는 절차

→ 제2차 한일협약은 전권 위임장·비준 조항 없이 주한공사와 외무대신의 동의 아래 발행. 형식적으로 타입 ②에 해당

· "중요한 조약은 각국의 수반이 결정할 필요가 있다"라고 하는 것인가? 청일전쟁 이후 일본과 조선(한국) 간의 모든 조약에서 비준 조약은 없다. 비준 조약의 형식을 취하는 것은 관습적으로 통상조약·강화조약·영토조약 등이다. 외교권과 내정권의 이양이 비준 조약이라는 근거는 없다.

- 강제성에 대해서

· '국가에 대한 강제'와 '개인에 대한 강제'를 구별

· 2001년 '한국병합의 역사적 국제법적 재검토 국제회의'에서 고종에게 협박이 있었다는 것 등에 의해 1905년 조약은 무효라고 주장되었으나

이 주장을 정당화해주는 유력한 자료는 없다고 한다.

· 국가에 대한 강제: 조일수호조규(강화도조약)·한일의정서(중립선언 무시·
한국 장악). 사실로 확인되지만 '위법'은 아니다.('부당'했지만 '합법')

4) 결론과 제안

- 비준 조약은 아님 → 당시의 국제사회와 일본을 보면 반드시 그럴 필
요는 없었다.

- 조약 체결은 강제되었다 → 현재 유력한 자료는 없다 → 현재로서는
'합법'이라고 판단

- 교과서 기술 변경에 대한 제안

> 러일전쟁 개시 직후, 일본은 한국을 종속시키고 한일의정서를 강요했다. 이
> 어 일본인 등을 정부 고문으로 삼는 제1차 한일협약을 강요했다. 또한 ……
> 1907년(메이지 40) 한국 황제가 일본의 한국 지배의 부당성을 호소 …… 일본은
> 열강이 해왔던 방식과 같은 방식으로 당시로서는 합법이었던 군사력을 배경으
> 로 모든 조약을 한국에 강제로 실행하고, 결국 1910년 한국병합을 단행했다.

- 변경의 포인트

① 열강이 당시 세계를 지배하고 있었다는 것, ② 병합은 당시로서는
'합법', ③ 국가에 대한 강제는 인정되었다.

3. 우리가 지금 생각해야 할 것

'어떻게 역사인식을 합의할까?', '"합법이지만 부당"이라는 문제를 어떻
게 다룰 것인가?', 보상의 필요성 등 토론에서 학생들의 질의응답과 발

표를 들은 후 학생들이 남긴 코멘트는 다음과 같다.

질의응답·토론

Q. 고종이 근대화를 지연시켰다고 한다. 조약을 반대한 것이 한국에 이익이 있었을까?

A. 이익의 유무가 아니라, 고종이 저항을 했다는 것이 중요하다.

Q. 국제법적 관습이 있었다고 했는데, 이것은 '문명국'에만 적용되는 것이 아니었을까?

A. 당시 국제법은 정비되지 않았다. 국제법을 어떻게 생각하는가는 과제로 남기고 싶다.

Q. 교과서 기술 변경 제안문에서 "부당성을 호소했다"라고 쓴 부분은 애매하지 않나? 이해하기 어렵다.

A. 고쳐야 할 것 같다.

Q. 제안문은 '합법'이니까 괜찮다는 것인데, 맞나?

A. 검토하겠다.

Q. 혹시 이후에 병합이 '무효'라는 주장이 인정되는 경우, 일본은 어떤 보상을 요구받을까? 배상금 등은 지급해야 할까? 또 누구에게 어떻게 지급해야 하는가?

A. 지급해야 할 것이라고 생각한다. 지급의 형태는 여러 가지 요소가 얽혀 있기 때문에 잘 모르겠다.

Q. 1965년 한일기본조약에서 이미 해결되었다고 했다. 만약 무효라고 하면, 어떤 근거로 보상하는 것인가? 한일기본조약 자체를 수용하지 않는다는 것인가?

A. (명확한 답변은 없이) 과제로 남기겠다.

발표를 들은 학생들의 코멘트

○ 합법·불법, 정당·부당에 대해서

· "합법이지만 부당"이라는 주장이 일본다운 것이라서 재미있었다. '한국'에 대한 보상은 필요하지 않다고 생각한다. 일단 일본으로서는 한일기본조약으로 종료되었다는 입장이기 때문이다. 단 당시의 '일본인'에 대한 보상은 본토의 일본인과 평등하게 지급되어야 하지 않을까?

· '부당성'을 어떻게 서술해야 할지 어렵다. 게다가 '합법성'이 인정되는 경우라면 어떻게 해야 할지 판단이 안 서는 느낌이다.

· 유효인지 무효인지에 대해서는 비교적 쉽지만, 정당함과 부당함의 판단은 역사의 큰 틀에서 다룰 필요가 있기 때문에 어렵다고 생각한다.

· 부당은 부당. 법 이전의 문제이기 때문에 보상은 당연하다.

· 한국병합은 무효. 역사적 관점에서 보면 국제법적으로 문제가 있었기 때문에 무효이다.

· 당시에는 합법이었으므로 뭐라고 비난받아도 어쩔 수 없다고 생각한다.

· 한국에 대한 일본의 행동은 구미 열강 제국주의의 방식이었다고 본다. "당시로서는 합법이었다"라는 서술은 '자학사관'이라는 것에 이어진다고 생각한다. 당시로서는 합법이었다고 하는 것이 맞는 것이 아닐까?•

· 조약의 무효·유효를 국제법 등으로 엄격하게 판단하는 것은 훌륭하

다. 무효론이라는 한국의 주장을 제안문에 넣고 싶다. 무효론이 한국에서 나오기 시작한 것은 언제부터였는가?

· 한국병합 문제는 양국이 타협하는 형태로 종결할 수 있지만, 타협적으로 접근하는 방식이 현재 한일의 인식과 주장이 대립하는 원인이 아닐까? 어느 쪽이든 당시의 기준으로 생각하지 않으면 토론이 되지 않는다. 당시는 보편적인 국제법이 존재하지 않았기 때문에 당시 구미의 기준에 맞춰 합법이라고 하지 않았을까? 합법이라기보다 암묵적인 합의가 아니었을까?

○ 제안문에 대해서

· 교과서 수정 제안에 '국가에 대한 강제'라는 뉘앙스가 별로 나오지 않는 것 같다. …… 개인에 대한 협박과 비교해서 같은 수준에서 서술하면 어떨까?

· 역사적 사실인 것처럼 "합법"이라고 써버리면 대립하기 때문에 칼럼 같은 의견이나 평가로 실어서 본문과 구별하는 것이 좋지 않을까?

· 발표하는 측에서 제안한 교과서 서술은 틀리지는 않았지만, 역사적 사실은 너무 방대하고 교과서에 전부 싣는 것은 한계가 있으므로 어느 정도 빠지는 것은 어쩔 수 없다. 중요한 것은 학생이 교과서에 쓰여진 내용으로 모든 사실을 알게 된 것처럼 인식하는 것이라고 생각한다. 발표자 측의 교과서 수정 제안에서는 한국병합이 합법에 더 가깝다는

· 자학사관은 일본 우파들이 일본사 교과서 집필자들을 향해 "자신들의 역사를 스스로 폄하하며 서술한다"고 비판하며 사용하는 용어다. 이 코멘트를 한 학생은 '자학사관'을 잘못 이해한 것으로 생각된다.

인상을 주고 있기 때문에 이 점을 확실히 인식해야 한다고 생각한다.

· 교과서는 다소 엄격하게 서술하는 것 같지만 일본인은 일본에 유리한 정보를 마음대로 갖다 붙이는 것 같은 느낌이다. 교과서는 개설이다. 상세한 사실·정보는 용어집의 역할이라고 생각하기 때문에 흐름을 추적하는 과정에서 번잡한 정보는 불필요하다.(솔직히 제안문의 문장은 어중간해서 혼란스럽다.)

○ 역사인식에 대해서

· 열강도 (일본과) 같은 행동을 했기 때문에 일본의 한국병합만이 유독 심한 악행이라고 간주하는 것은 확실히 이상하다고 생각한다.

· 역사인식의 합의는 새로운 현상, 새로운 사실 등이 나오지 않는 한 변하지 않는다고 생각한다. 그런 상황에서 얼마나 능숙하게 다루는가가 중요하다.

· 역사인식의 차이를 메우는 것은 당사자들이 감정적으로 움직이는 한 불가능하다고 생각한다.

· 역사인식 그 자체의 차이는 어쩔 수 없지만, 국제적인 측면에서의 합의가 급선무라고 생각한다.

· 과거의 자료를 거슬러 올라가 죄를 인정하고 사죄하는 것도 필요하다고 생각하지만, 너무 오랫동안 논의하지 말고 정리해야 한다고 생각한다.

· '한국병합'에 대해서 별로 생각해본 적이 없었기 때문에 역사적 설명이 고마웠다.

○ 원고작성 과정 및 질의응답에서 배운 것들과 다시 생각한 것들

· 교과서 기술의 추가·변경안에서 "부당성"이라는 단어를 군사력을 행사하여 강제적으로 추진했다는 것으로 구체적으로 설명하지 않으면 오해를 불러일으킨다.

· 교과서에 "합법"이라고 정당화하는 것 같은 표현만을 사용하는 것에 대해, 이 단어에 대해 오해하지 않도록 하는 것과 함께 (우리는 일본 측의 주장만 넣는 것이 좋다고 생각했지만) 일방적인 관점만 넣는 것이 좋은지도 생각해볼 필요는 있다.

· 학년 말 보고서를 향한 과제·논점

· '국제법'에 대해 어떻게 의미를 부여할지 파악한다. 국가/개인에 대한 보상 문제. 식민지 운영의 실태. '일본'의 정리. 한일기본조약의 제정과정

4. 성과와 과제

학생의 발표에 대해

발표가 명확하면 질의응답도 활발해진다. 학생들의 질의응답이 계속되어 교사가 얘기할 새도 없이 종이 울리는 때도 있다. 구체적인 자료를 바탕으로 이야기하고, 서로 의견이 충돌하기도 하고, 전혀 다른 의견을 나눌 때 가만히 생각하면서 보다 넓은 관점에서 생각해보려는 학생도 여러 명 있었다. 이번 토론은 상대를 설득시킨다거나 쉽게 결론을 내려는 것이 아니라, 스스로를 상대화하고 자신들이 찾은 자료로부터 어떤 것이 보이고, 어떤 것이 보이지 않는가, 어떤 것이 부족한가 등 새로운

과제를 얻는 배움을 진척하는 계기가 되었다.

단 학생 모두가 적극적으로 수업과 토론에 참여하지는 않았다. 졸거나 다른 과목을 공부하는 학생들도 적지 않았다. 특별한 예비지식이 없어도 교과서 기술을 검토하는 토론에 참여할 수 있도록 기획했다고 생각하지만 관심이 없거나 참여하지 않은 학생도 있었다.

어떻게 하면 학생들의 흥미를 끌어모을 수 있을까? '수업≠강의'가 아니라 '학교문화'를 만들어야 하는가? 예를 들어 주제에 따라 남녀공학·여학교, 해외학생(한국 등)과의 의견 교환이 가능하면 재미있을 것 같다. 또한 교과서 집필자와 전문가들에게 질문하는 것도 좋겠다. 교사의 의도대로 적극적이고 적절한 반응을 이끌어낼 수 있을지 잘 모르겠지만, 잘 굴러간다면 학생의 시야도 넓어지고 토론도 깊어지지 않을까 생각한다.

학생들의 조사과정에 신경을 써도 학문으로서 근거할 수 없는 내용이나 자료를 참고문헌으로 이용하는 조도 나온다. 그런 자료의 이용 자체를 막을 수 없지만, 학문으로서의 잣대를 가지고 검토해야 한다고 주지시켜야 한다. 자료를 선정할 때, 자료의 출처, 자료의 필자를 구체적으로 명시하게 하는 등 보다 세심한 주의를 주는 것이 요구된다.

교과서 활용에 대해

교과서 기술 그 자체를 검토하는 과제는 어떤 학교에서도 가능한 것이라고 생각한다. 그러나 필자가 근무하는 학교에서는 특히 효과적인 방법이었다고 생각한다. 교과서 내용을 통째로 암기하지 않고, 또한 '자학사관'이라는 꼬리표를 붙이는 것을 그대로 받아들이지 않고 학생 스스로 교과서를 분석하고 여러 가지를 조사하고 생각하고 토론한다. 그런 가운데 개별 주제에 국한되지 않으면서 "교과서란 어떤 형태여야 하는가?", "역사교육이란 어떤 형태여야 하는가?", "국제관계를 개선한다는 것은 어떤 것인가?" 등 더 넓은 형태의 토론으로 발전해가는 것도 가능하다. 이후에도 계속 실천을 쌓아가면서 검토해보고 싶다.

식민지(시기, 역사)를 어떻게 다루어야 할까

이전까지 '일본사'라는 틀 속에서 일본의 조선 지배와 타이완 지배를 다루어왔다. 일본의 '악행'을 함께 다루지는 않았지만, 다양한 각도에서 생각해보라고 주의를 기울여왔음에도 불구하고 "일본은 좋은 점도 있었고 나쁜 점도 있었다", "현재의 가치관으로 당시를 평가해서는 안 된다", "일본은 구미의 식민지 지배와 비교해서 온건했다" 등 인터넷상에서 자주 보이는 목소리도 많이 나왔다. 대다수 학생이 사실을 잘못 알고 감정적으로 다루려 했는데, 그런 현상이 '일반적'이 되어버리는 것을 무시해서는 안 된다.

학생들에게 깊숙이 스며들어 있는 '식민지주의', 즉 식민지배에 대한 제국주의적 인식을 어떻게 끄집어내고 극복하게 할 수 있을까? 이 문제는 일본의 조선·타이완 지배를 구체적으로 알아보는 것뿐만 아니라 영국과 프랑스 등의 구미 열강의 제국주의 지배와 비교·검토하는 것, 그리고 이미 끝난 '과거'가 아니라 현재에도 계속되고 있는 문제라는 관점을 갖도록 해야 할 것이다. 어떤 학생이 쓴 것처럼 "개별 사례보다 인류의 역사, 근대 문명의 역사로서 식민지 지배 제도를 검증"하는 것이 필요하다고 생각한다.

이번 수업에서 식민지 지배의 실태에 대해서 직접적으로 다루지는 않았지만, 학생 스스로 주제를 선택해 '한국병합' 문제의 논점들을 생각할 수 있었다. 그다음 조별 발표에서는 토론과 학생들의 코멘트를 포함해서 새로운 과제를 설정하고 학년 말에 그 내용을 정리한 보고서를 작성하기로 했다. 학생들이 일본의 식민지 지배 문제를 다시 한번 생각해보며 문제의식을 어떻게 확장해갈지 보고서를 기대해본다.

야마다 고타(山田康太, 쓰쿠바대학교 부속 중·고등학교)

2장

'민주공화국 건설'의 관점에서
식민지 조선을 생각하다
─이분법적 역사인식 극복하기

1. 들어가며

역사서술은 사용하는 내러티브 방식에 따라 각기 다른 의미를 갖게 된다. 역사서술에 사용된 특정한 플롯은 특정한 이데올로기적, 정치적 함의를 가진 선택의 결과라고 할 수 있다. 이와 같은 측면에서 본다면 교과서도 무언가에 대한 설명을 통해 어떠한 이데올로기를 전수하려는 특정한 사람들의 시도이며, 교과서의 기술 역시 객관적인 것처럼 보이는 편견의 한 사례일 뿐이다. 따라서 교과서의 서술에 내재한 역사인식을 판단하는 것이 중요한 문제라 할 수 있다.

한국의 경우, 해방 이후 식민사학의 청산 차원에서 발흥한 민족주의 사학과 1980년대 민주화운동의 흐름을 타면서 본격화된 민중사학의 담론이 결합한 형태로 역사연구 및 역사서술이 발전해왔다. 그 결과《한국사》교과서는 오랜 역사를 거치며 탄생한 '한민족'이란 주인공이 수난과 시련의 식민지 근대를 이겨내고 민주화와 산업화를 동시에 이루어 현재의 대한민국을 만들었다는 식의 틀에서 벗어나지 못하고 있다.

이러한 서사 구조에서 '한민족'이란 주인공에게 가장 큰 시련을 안겨준 가해자는 제국주의 일본이었고, 피해자였던 주인공은 가해자에 맞서 싸웠다. 여기에는 강력한 국가주의 내지 민족주의 이데올로기가 담겨 있다고 할 수 있다. 이와 같은《한국사》교과서의 서사 구조는 과연 바람직한 것일까?

2. 수업의 배경

식민지 지배를 당했던 나라들은 해방 이후 대부분 공화국이 되었다. 공화국이란 무엇인가? 왕이 없는 나라를 의미한다. 그렇다면 이들은 왜 독립과 동시에 왕이 없는 나라를 만들었을까? 보통 식민지가 된 나라들은 주권자인 왕이 통치권을 제국주의 열강에게 넘김으로써 그 나라 인민 전체가 열강의 지배를 받는 처지가 되었다.

그 결과 식민지 인민들은 열강의 민족 차별적 식민 통치와 경제적 수탈에 맞서 투쟁을 전개했고, 그 과정에서 자유와 평등의 소중함을 체득했다. 또한 주권이 한 사람에게 있는가, 그 나라 인민 모두에게 있는가에 따라 식민지배의 가부가 결정될 수 있다는 것을 깨닫게 되었다.

따라서 이들은 두 번 다시 식민지배를 받지 않기 위해서는 국가의 모든 구성원 개개인이 자신들이 마땅히 누려야 할 권리와 그에 상응하는 책임을 숙지함으로써 스스로 국가의 주인이라는 의식을 함양해야 한다고 여겼다. 여기에 강력한 저항적 민족주의가 작동했음은 물론이다. 한 마디로 식민지 지배 또는 반식민지화를 경험한 민족은 '민족'의 이름으로 단결력이 공고한 민주공화국을 건설하고자 했다. 중국, 베트남을 비롯한 동아시아 지역도 예외가 아니었다.

한편 식민지를 보유했던 '제국'들도 두 차례 세계대전 이후 민주주의가 발전하면서 대부분 민주공화국이 되었다. 19~20세기 '제국'의 자랑이었던 과학기술이 제국주의와 만나 초래한 인류 역사상 최대 규모의 전쟁으로 '제국'의 인민들까지 각성되었기 때문이다. 이제는 '제국' 내에서도 전쟁을 반성하고, 소수의 욕심으로 다수의 희생을 요구하는 상황을 바꾸어야 한다는 목소리가 높아졌다. 그러기 위해서는 더 많은 사람에게 참정권을 주고 인간의 평등과 존엄성을 추구해야 한다는 주장이 힘을 얻게 되었다. 이는 동아시아의 '제국'이었던 일본도 예외가 아니었다.

따라서 본 원고에서는 제국주의로 점철된 20세기를 격렬하게 통과한 시기인 식민지 조선 시기를 민주주의 국가를 이루어나가는 과정의 하나로 보고 기획, 진행한 수업 사례를 소개하고자 한다. 이를 통해 침략과 저항이라는 이분법적 도식에 사로잡혀 왔던 식민지 시기 관련 역사교육을 성찰하고, 한국과 일본의 학생들이 현재의 삶 속에 '과거의 힘'이 어떻게 작동하고 있는지를 깨달아 현실 상황에서 합리적인 선택을 할 수 있도록 도움을 주고자 한다.

3. 수업의 전개

이번 수업 사례는 '교학상장(敎學相長)', '줄탁동시(啐啄同時)'를 추구하는 수업 철학인 '배움중심수업'에 바탕을 두고 설계되었다. 배움중심수업의 기본 관점은 지식은 고정불변의 것이 아니라 끊임없이 창조된다는 것이다. 배움중심수업은 지식의 권위에 도전하는 학습문화를 만드는 일로서 그 본질은 기존의 지식에 대한 분석, 비판, 종합을 통해 자기 생각을 만드는 데 있다. 다시 말해 배움중심수업은 지식이나 기능의 습득, 축적을 넘어 지식의 창조를 이끄는 수업이다.

따라서 교사는 국가 교육과정의 재구성을 통해 학생들에게 생각할 재료인 배움책(이 글에서 제시하는 수업 자료를 말한다)을 제공하고, 학생들은 교사가 제공한 배움책을 바탕으로 '읽기-생각하기-발문에 대한 자신의 생각 쓰기-모둠 내에서 발표하기-모둠 간 토론하기-사고의 재정립'의 과정을 거친다.

이 과정을 마치면 '역사수업일기'에 '주제-배운 내용-오늘 수업 내용에 대한 나의 생각'을 차례대로 적는다. '주제'는 배움책에서 제시한 것을 그대로 쓸 필요 없이 학생이 수업에 참여하면서 주제라고 생각한 것을 적으면 되고, '배운 내용'은 모둠 내에서 토론한 내용과 모둠별로 발표한 내용을 적도록 한다. 마지막으로 '오늘 수업 내용에 대한 나의 생각'은 학생들 사이에서 오간 발표 내용들을 종합하여 자신의 생각을 기록한다. '역사수업일기'는 매 차시가 끝나는 대로 바로 작성하도록 한다.

다음은 이번 주제에 대한 교수학습 설계안이다.

교과명	한국사		학년 반	1-10	장소	1-10 교실
대단원	VI. 일제의 식민지 지배와 민족운동의 전개				일시	2013. 6. 27(목)
					수업 교사	

문제의식	왜 한국의 독립운동가들은 민주공화정을 수립하고자 했을까? 사회주의는 1920년대 한국인들의 독립운동에 어떤 영향을 미쳤을까?

수업 설계의 주안점	교사의 준비
1. 교과의 특성, 학생의 수준, 요구 등을 고려하여 문제의식을 설정했는가?	한국의 근대를 지배와 수탈, 그에 대한 저항의 역사로 보는 시각에서 탈피하여 민주주의 국가를 이루어나가는 과정으로 보면서 문제의식을 설정했다. 현재 당연하게 여겨지는 가치들이 실제로 많은 이들의 노력과 희생으로 이루어진 결과물이라는 것을 인식하여 학생들이 현대사회의 여러 문제들에 많은 관심을 갖고 참여의식을 가질 수 있도록 의도했다.
2. 문제의식, 내용 선정, 교수학습방법, 평가가 일관성 있게 계획되었는가?	식민지 시기 한국의 독립운동가들이 대한제국의 부활을 꾀하는 복벽주의 대신 공화주의를 추구한 이유와 민주공화정을 추구했던 독립운동에 사회주의가 미친 영향을 생각해볼 수 있도록 계획했으며, 이에 대한 모둠활동과 역사수업일기 작성을 통해 자유롭게 사고를 펼쳐나갈 수 있도록 의도했다. 또한 지필평가 문항을 교과 담당 교사와 협의해 사전에 출제해두고 그에 맞춰 수업 자료와 발문을 제시함으로써 수업의 계획, 실행, 평가가 일관성을 갖추도록 했다.
3. 수업 자료를 어떻게 구성하여 설계하는가?	식민지 조선에서 나타난 공화주의 추구 움직임과 1920년대 민주주의에 대해 이해를 심화시키고, 사회주의의 대두를 당시 중국, 일본의 상황과 연관 지어 내러티브 형태로 제시하고, 각종 사진과 만화를 통해 학습자료를 구성했다.
4. 수업 참여자 모두가 협력하여 지식을 형성, 창조하기 위해 어떻게 수업을 설계했는가?	수업 주제와 핵심 아이디어를 제시한 후 '생각 열기'를 함께 읽고 제시된 확산적 발문을 모둠별로 해결하도록 했다. 학생들 간의 토론, 조언자로서 교사의 활동이 함께 이루어지며, 모둠별 토론 결과의 발표와 그에 대한 질의응답에 교사와 학생 모두가 참여하여 지식을 형성, 창조할 수 있도록 의도했다.
5. 수업을 계획할 때, 단원 전체의 연결이나 앞뒤 차시의 연결을 고려했는가?	지난 차시에서는 식민지배의 폭력성을 다룸과 동시에 그 책임이 누구에게 있는지에 대해 생각해보도록 했고, 제1차 세계대전 이후 세계 각지에서 군주의 권한이 어떻게 축소되었는지 다루었다. 이번 차시에서는 왜 한반도의 많은 독립운동가들이 민주공화국으로의 독립을 원했는지를 다룸으로써 '민주공화국'이 어떻게 수립되었는지 흐름을 따라가며 수업을 전개할 것이다. 다음 차시에서는 1920년대 자유와 평등을 얻기 위한 식민지 조선인들의 투쟁(학생, 여성, 농민, 노동, 무장투쟁 등)을 통해 공화주의 및 민주시민의식의 성장과정을 살펴볼 것이다.

6. 학습자에게 유의미한 경험을 제공하기 위해 어떻게 수업을 설계했는가?	모둠활동과 발표, 자유로운 질의응답을 통해 학생들이 자유롭게 사고할 수 있는 기회를 제공하고, 교사는 이러한 과정에 적절한 도움을 제공하여 논의가 원활하게 이루어질 수 있는 조언자의 역할을 하도록 한다. 학생들은 매 수업 종료 후 역사수업일기를 작성하면서 그날 수업에서 얻은 아이디어를 기록하도록 한다.
7. 지식 창조의 과정을 경험하면서 생각을 키우기 위해 평가는 어떻게 계획했는가?	학생들은 수업이 종료된 후 역사수업일기에 수업 주제, 내용, 수업에 대한 자기 생각을 기록한다. 자기 생각을 작성할 때에는 본인의 주장과 근거가 반드시 포함되도록 하며, 같은 주제로 두 차시 이상 수업을 할 경우에도 매 수업마다 다른 모둠의 발표와 질의응답 내용을 포함한 수업일기를 적도록 한 후 포트폴리오 평가를 통해 학생 생각의 변화를 파악할 수 있도록 계획했다.
8. 인지적·정의적 능력을 종합적으로 평가하기 위해 어떻게 계획했는가?	역사수업일기에는 배운 내용과 자기 생각을 적도록 한다. 교사의 강의는 생략되거나 극히 짧은 시간 동안 이루어지며 강의는 모둠활동을 위한 조언에 불과하므로 배운 내용에는 모둠활동 내용이나 발표 내용과 이에 대한 자기 생각을 분석적·논리적으로 작성토록 한다. 배운 내용을 통해 학생의 인지적 능력을 평가할 수 있으며, 자기 생각을 통해 정의적 능력을 평가할 수 있다.
9. 단원을 시작할 때, 학생들의 출발점(이전 지식 수준, 내용 이해 정도, 선행학습 정도, 학생들의 정의적 성향, 선호하는 활동 등)을 진단하고 단원을 계획하는가?	배움중심수업을 만들어가기에는 학급당 학생 수가 상당히 많기 때문에 모든 학생의 필요와 요구, 수준을 맞춰 수업을 계획하는 것은 불가능하다. 다만 수업 자료를 작성할 때 학생들의 전반적인 수준에 맞춰 교과서에 제시된 용어보다 쉬운 어휘를 사용하고, 용어에 대한 설명을 구체화했으며 수업 자료에 대한 학생들의 반응과 학습과정을 관찰한 후 다음 수업의 자료에 반영했다.

4. 수업의 정리

수업이 끝난 후, 한 모둠을 택하여 해당 모둠에서 논의를 진행한 학생들의 역사수업일기를 수합, 정리했다. 정리한 내용은 다음과 같다.

1. 주제: 식민지 조선의 사람들은 어떤 나라를 꿈꾸었을까?

2. 배운 내용

1) 복벽주의를 독립운동으로 볼 수 있는가?

· 윤선: 복벽주의는 당연히 독립운동이다. 복벽주의든 공화주의든 식민지 지배로부터 벗어나기 위해 노력했기 때문이다. 독립을 추구했던 사람들에게는 정부 형태가 그렇게 중요한 것은 아니었다고 본다. 우선 독립이 최우선 과제였기 때문이다.

· 소영: 복벽주의는 독립운동이 아니다. 독립운동가들에게 독립은 식민지가 되기 이전의 나라가 아닌 새로운 나라를 만들어가는 것을 의미했다고 생각한다. 이미 20년 전인 1899년 대한제국 황실은 대한국국제를 통해 "대한국은 황제국이며, 영원한 전제정치"라고 못 박으면서 입헌군주정을 주장하는 사람들을 탄압하고, 국정 개혁을 위한 상소나 건전한 비판을 허용하지 않았다. 이러한 황제의 권력 유지 욕구가 나라의 멸망을 가져오지 않았나? 통치권을 빼앗길 정도로 무능했던 황실을 다시 부활시키는 것은 독립이 아니다.

· 윤경: 소영이의 의견에 찬성한다. 을사늑약으로 외교권을 박탈당하기 직전에도 헌정연구회에서 황실과 정부도 의회가 만드는 법률에 따라 정치해야 한다는 등의 개혁적인 주장을 했지만, 결국 고종은 퇴위당할 때까지 결코 자신의 권력을 양보한 적이 없다. 고종이 끝까지 고집했던 전제군주제는 결국 황제가 주권자인 나라 아닌가? 대동단 조사기록처럼 전제군주제에서 나라는 황제의 재산일 뿐이다. 그런 나라로 독립되는 것이 무슨 의미가 있겠나?

· 미나: 문제에 제시된 것처럼 대동단이 의친왕을 앞세워 황제로 받들고 황제를 중심으로 임시정부를 수립하고자 했다 하더라도 과연 의

친왕에게 대한제국 시절에 황제가 누리던 권력을 그대로 주었을까? 이 시기가 3·1운동이 일어난 1919년인데, 아무리 대한제국을 부활시키려 했던 사람들이라고 해도 식민지가 된 지 10년이 다 되어가도록 전제군주정을 고집했을까? 독립협회 때까지 거슬러 올라가면 입헌군주제 주장이 나온 지 20년이 넘은 시점이다.

· 미지: 군주제를 부활시키겠다는 생각으로 독립운동을 했다고 그것이 독립운동이 아니라고 말한다면 그들의 노력과 헌신을 무시하는 것이 아닐까? 일단 식민지가 된 처지에서 독립을 추구한다는 것은 자신이 가진 모든 것을 내놓았다는 것인데, 그들의 용기와 임금에 대한 충성심을 너무 오늘날의 관점에서만 판단하는 것이 아닐까?

· 모둠 의견: 일단 3 대 2로 복벽주의도 독립운동이라는 의견이 우세했다. 하지만 독립운동이 아니라는 의견도 근거가 설득력이 있었다. 모둠별로 발표할 때는 독립운동이라는 의견을 제시하겠지만, 난상토론을 벌일 때에는 독립운동이 아니라는 의견을 가진 친구들도 자신의 의견을 말하기로 했다.

2) 사회주의운동을 독립운동으로 볼 수 있는가?

· 윤경: 사회주의운동은 독립운동이다. 독립이란 단순히 식민지에서 벗어나는 것에 그치는 것이 아니라 식민지가 되기 이전의 상태보다 더 나은 나라로 재탄생하는 것 아닐까? 주제 17에 나온 19세기 조선의 상황을 봐라. 세도정치 시기와 민씨정권 시기 전국은 부패 지옥이었고, 부익부 빈익빈 현상이 극에 달했다. 식민지가 된 1910년대는 어떠했나? 농민들은 그동안 인정받아 왔던 경작권을 무시당하고,

지주들과 1년짜리 계약을 맺어 매년 지주의 눈치를 봐가며 심지어는 지주가 내야 할 세금까지 대신 냈다. 노동자들은 열악한 작업환경과 장시간 저임금 노동으로 고통스런 삶을 살았다. 당연히 이들은 독립한 이후의 새 나라는 인구의 대다수인 농민, 노동자들의 삶을 더 나아지게 만들어주어야 한다고 생각했을 것이다.

· 윤선: 사회주의운동은 독립운동이 아니다. 독립운동이란 우리 민족의 단결이 우선시되어야 하는데, 조선공산당을 비롯한 사회주의자들은 혁명을 통해 같은 민족인 지주, 자본가들의 재산을 빼앗고자 했다.

· 미지: 그것은 지주, 자본가들이 같은 민족인 농민, 노동자들이 일한 만큼의 댓가를 주지 않아 먹고 사는 문제에서 많은 고통을 주었기 때문 아닌가? 민족의 단결이 중요하다면 한국인 지주, 자본가들의 태도부터 달라져야 했다고 본다.

· 소영: 그런데 자료를 보면 세계 최초의 사회주의 국가를 건설한 소련의 레닌이 전 세계를 사회주의 세상을 만들고자 식민지 독립운동 지원을 약속했다는 내용이 제시되어 있다. 또한 주제 21의 59쪽을 보면 레닌은 "전 세계 노동자·농민이여, 단결하라!"를 외치며 각 나라의 사회주의자들을 연결하는 코민테른을 만들어 전 세계의 사회주의운동을 주도한 것으로 나와 있다. 그렇다면 사회주의자들은 국경을 초월하여 노동자·농민들이 지배하는 세상을 만들고자 한 것 아닌가? 이것이 우리 민족의 독립을 추구한 것인가?

· 미나: 소영이 의견에 찬성한다. 주제 19의 **Doing History**를 보면, 일본공산당의 선배인 고토쿠 슈스이는 러일전쟁 당시 《평민신문》에 "사회주의자들의 눈에는 인종의 구별도 없으며, 지역의 구별도 없

으며, 국적의 구별도 없다. 당신들과 우리는 동지다. 형제다"라는 사설을 실었다. 사회주의자들에게 우리 민족의 독립은 전 세계 사람들이 경제적으로 평등한 세상을 만들기 위한 하나의 수단 아니었을까?

· 모둠 의견: 3 대 2로 사회주의운동은 독립운동이 아니라는 의견이 우세했다. 하지만 독립운동이라는 의견도 근거가 설득력이 있었다. 모둠별로 발표할 때는 독립운동이 아니라는 의견을 제시하겠지만, 난상토론을 벌일 때에는 독립운동이라는 의견을 가진 친구들도 자신의 의견을 말하기로 했다.

3. 오늘 수업 내용에 대한 나(윤경)의 생각

1) 주장: 독립운동은 단순히 민족의 독립만을 추구하는 활동이 아니라 모든 인간이 마땅히 누려야 할 권리를 되찾기 위한 싸움이었다.

2) 근거: 첫째, 민주공화정을 만들고자 했다. 독립운동가들에게 독립은 식민지가 되기 이전의 나라가 아닌 새로운 나라를 만들어가는 것을 의미했다. 민주공화정은 왕이 없는 나라로서 국민 모두가 주인인 나라를 말한다. 대한민국 임시정부의 헌법을 보면 모든 국민은 평등하고, 자유로우며, 선거권과 피선거권을 가진다고 명시되어 있다. 20년 전에 만들어진 대한제국의 헌법인 대한국국제에서는 단 한 줄도 없었던 국민의 권리가 대한민국 임시정부 헌법에서는 주된 내용을 차지한 것이다.
둘째, 사회주의운동을 통해 노동자·농민이 일한 만큼의 댓가를 받는 사회를 만들고자 했다. 19세기 조선과 대한제국은 말할 것도 없고, 식민지 조선에서도 농민은 죽어라 일해도 자신들에게 돌아오는 것은 굶주림뿐이었고, 노동자 또한 창문도 없이 먼지 가득한 어두운 작업장에서 장시간 저임금 노동에 시달렸다. 농민과 노동자가 당시 조선 인구의 대부분을 차지했음을 생각할 때, 농민에게 토지를 주고 노동자에게 공장 경영을 맡기자고 주장했던 사회주의는 당시 식민지 조선 사람들에게 더 나은 삶을 약속해주는 새로운 나라를 건설하는 데 꼭 필요했을 것이다.

5. 수업에 대한 소감

학생들에게 배부된 읽기 자료는 토론을 유도하기 위한 장치로서, 교과서에서 독립운동의 하나로서 제국주의 일본에 맞서 싸웠다고 서술한 복벽주의와 사회주의에 대해 학생들로 하여금 물음표를 던지도록 하는 데 목적이 있었다. 이를 통해 완벽하게 정리될 수 없는 독립운동이라는 개념에 대해 분석적으로 접근하도록 하고, 독립운동의 지향점에 대해 진중하게 생각해볼 수 있는 기회를 제공하고자 했다.

물론 이러한 교사의 의도가 학생들의 활동을 통해 충분히 구현되지는 못했다. 앞에 제시한 모둠은 가장 모범적인 사례이고, 이 정도 수준에 이른 모둠은 총 8개 모둠 중 절반 정도였다. 나머지 4개 모둠은 문제 자체를 매우 어려워했다. 이러한 경우에는 교사가 다가가 최대한의 스캐폴딩(Scaffolding, 학습자에게 적절한 인지적 도움과 안내를 제공하여 학습을 촉진시키는 전략)을 통해 학생의 사고 활동을 자극하여 모둠활동이 진행될 수 있도록 도왔다.

전반적으로 수업의 내용이 식민지 시기와 관련해서 침략과 저항의 이분법적 구도에 익숙해져 있던 학생들에게 지적 충격을 안겨준 것만은 분명하다. 학생들은 수업을 통해 신해혁명과 중화민국이 한국의 독립운동 방향에 매우 큰 영향을 주었음을 처음 알게 되었으며, 1920년대 조선 통치 방식의 변화에 일본 내의 민주화 움직임이 큰 영향을 주었다는 것에 대해서도 고개를 갸우뚱할 정도로 당황스러워했다. 특히 중학교에서 식민지 조선의 독립운동가들을 탄압하기 위해 만들었다고 배웠던 치안유지법이 일본의 사회주의자들을 탄압하기 위해 만든 법이고, 이것이 조선에 적용되었다는 사실에 대해서는 더욱 그러했다. 치안유지법으로 체포된 사람이 일본에서만 수십만 명에 이른다고 한 부분에서는 매우 놀라워했다. 다시 말해, 식민지 조선을 다룰 때, 기존에는 시야를 한반도에만 국한시켰던 데 반하여, 이번 수업에서는 시야를 동아시아로 넓힌 것이 학생들에게는 신선함 또는 혼란스러움으로 다가왔던 것 같다.

6. 마치며

역사교육은 과거의 일들을 되짚어 성찰하여 현재의 삶 속에 '과거의 힘'이 어떻게 작용하고 있는지를 깨닫게 함으로써 현실의 행위자로 하여금 합리적인 선택에 이르도록 돕는 일이다. 학생들이 살아가고 있는 시대와 이들 앞에 펼쳐진 현실을 고려하지 않는 역사수업은 오히려 학생들에게 위험한 것이 될 수 있다.

이번 수업은 이러한 문제의식을 갖고 그동안 한국의 역사수업에서 잘 접근하지 않던 방식과 내용을 취했다. 사실 내가 이때 기획한 고등학교 1학년 한국사 수업은 모두 같은 방식과 내용을 취했다. 이는 한국사 전반에 걸친 교과서의 서사 구조가 가진 문제점에 대한 강한 비판에서 비롯되었다.

결론적으로 이번 수업은 기존 역사서술의 플롯과는 다른 역사수업으로서, 이것이 일반화되기 위해서는 같은 과목 수업을 진행하는 동료 교사와의 라포르 형성, 학생들이 이러한 수업 방식에 적응할 때까지 기다려주는 교사의 인내, 학생들이 교사의 수업 의도·수업 내용·발문을 보다 쉽게 이해할 수 있도록 도와주는 교사의 스캐폴딩 능력이 필수적이라고 본다.

이동욱(경기 상록고등학교)

3·1운동과 여학생

1. 수업 배경

역사학자 게르다 러너(Gerda Lerner)가 말했듯, 지금까지의 역사는 '거대한 망각', 즉 '선택적 기억'만을 다루었다. 인류 역사에서 여성들은 인류의 절반을 구성해왔으나 거의 다루어지지 않았다. 또는 주변적 존재로서 남성들과 연관되어 일부 필요하다고 여겨지는 순간에만 소환되었다. 인류 역사에서 여성을 재현하는 방식은 역사교과서에도 고스란히 반영되어 있다. 교과서에서 여성은 역사의 주체로서 서술된 경우가 드물며 일부 대표적인 상징적 여성 위인들 소수만이 겨우 이름을 올리고 있다. 한국의 한국사 교과서를 보자면 수많은 독립운동가를 중요하게 다루고 있지만 여성 독립운동가는 일부 주변부 존재로서만 언급될 뿐이고, 소위 '반드시 외워야 하는 인물'로서는 주목받지 못하며 교육되지 않는 경우가 많다.

반드시 기억되어야 하는 여성 독립운동가로서 한 가지 예외가 있다면 '유관순'이 3·1운동의 표상으로서 등장하는 것인데, 그 역시 예외적 존재로서 다뤄질 뿐 3·1운동에서 수많은 여성의 참여와 약진은 연계되지 않거나 적은 비중으로만 조명될 뿐이다. 3·1운동에서 만세시위를 주도했던 학생과 여성의 등장은 3·1운동 이전에는 보기 힘든 새로운 양상이었다는 것, 그리고 1920년대 이후 사회운동에서 학생과 여성이 중요한 한 축으로서 자리매김한다는 것 등을 고려하면, 이는 교과서가 마땅히 다뤄야 할 부분에 대해 소홀하다고 할 수밖에 없다. 따라서 3·1운동과 여성을 집중 조명하는 이번 수업은 3·1운동의 의미를 깊이 이해하는 데 기여할 수 있을 뿐만 아니라 소외된 여성의 역사를 재조명하는 계기를 마련한다는 데도 의미가 있다.

2019년 10월 13일 일요일, 울산외국어고등학교에서 한일역사교육실천심포지엄이 열렸다. 3·1운동 100주년을 맞아 한일 양국의 역사갈등을 극복하고 미래를 위한 올바른 역사의식 고취를 위한 기회로 마련된 심포지엄 자리에선 한일 양국의 교사들이 울산외고 학생들을 대상으로 3·1운동을 공통 주제로 잡아 수업했다.

수업은 유관순뿐만 아니라 3·1운동에 참여한 수많은 여학생을 재조명하고자 했다. 당시 전국의 모든 여학교가 만세운동에 참여했을 정도로 그 활약이 대단했는데, 그러한 열기는 어디서 비롯되었는지, 그리고 3·1운동에서 뜨거운 열기를 보여준 여학생들은 후대에 어떤 삶을 살았을지에 대해 생각해보는 시간을 가지고자 했다.

2. 수업의 과정

수업 목표

- 3·1운동 관련 사료를 읽고 분석할 수 있다.
- 3·1운동에 참여한 여학생들에게 감정이입하고, 그 여학생들의 심경을 글로 표현할 수 있다.
- 3·1운동의 의미를 여성의 역사와 연결하여 이해할 수 있다.

수업 진행

초기 설정한 학습지도안 구상대로, 도입 활동으로 학생들에게 독립운동가를 아는 대로 말해보게 했다. 여성 독립운동가를 혹시 알고 있다면 이름을 말해보게 했는데 전시 수업에서 여성 독립운동가 문제 등에 대해 토의하거나 독서 활동을 진행한 덕분에 학생들은 생각보다 많은 수의 여성 독립운동가를 거론했다. 유관순 외에도 김마리아, 동풍신, 주세죽, 가네코 후미코 등의 여성 독립운동가가 열거되었는데 교사가 약간의 관심을 가지고 해당 주제를 다루는 것만으로도 학생들의 인식에 변화를 줄 수 있는 사례라 하겠다. 학생들은 남성 독립운동가 10명 외에도 여성 독립운동가를 10명씩이나 거론했다.

　동기유발 활동이 끝난 후, 3·1운동에 대해 학습한 바를 개략적으로 확인하는 발문을 던졌다. 3·1운동의 배경, 전개과정과 의의 등을 얼마나 숙지했는지 알아보는 발문이었는데 학생 대부분이 중요 키워드를 답함으로써 해당 주제에 대한 높은 이해도를 드러냈다. 이후 본격적 수업으로 들어가기 위해 〈여학생 일기〉('상해판'《독립신문》)를 바탕으로 만든 학습지를 모둠별로 배부했다.

모둠별로 앉아 모둠별 학습지 과제를 수행하고 나서 공통 과제를 수행했는데 학습지(활동지)의 개요 및 진행상황은 다음과 같다.

첫 번째 학습지는 모둠별 과제로 각 모둠별로 제시문과 문항을 나누어 탐구하게 했다. 비교적 어렵지 않은 제시문과 문항들이었던 바, 제시문에 따른 문항을 단순히 푸는 것을 넘어 다른 모둠의 친구들에게도 풀어 설명할 수 있도록 했다. 제시문 (가), (나)는 1910년대 일본인 교사가 조선인 학생들을 대상으로 조선인 및 한일 강제합병에 대한 일방적 감상을 드러낸 사료이다.

제시문 (나)에서는 일본인 교사의 발언에 대한 조선 학생들의 반감을 읽을 수 있고, 당대 어린 학생들의 정서가 다소 재미있게 서술된 터라 수업에 참여하는 학생들도 흥미롭게 읽을 수 있었다. 제시문 (다) 또한 출병에 나서는 일본군에 대해 소극적 저항으로서 만세 대신 '망세'를 외치는 학생들이 서술되어 있어 당대 여학생들의 심경을 생생하게 읽으며 감정이입을 할 수 있게 되어 있다. 제시문 (라)는 고종의 사망 당시 여학생들이 보인 반응을 보여주는 사료로서, 3·1운동의 배경과 맥락을 이해하고 당시 교사와 학생들이 보인 갈등 구조를 감정이입하여 탐구할 수 있도록 문항을 배치했다.

두 번째 학습지는 공통 과제로서 3·1운동에 참여한 여학생들의 활약을 나타내는 사료로 제시문 (가)를 제시하고 이후 활발하게 사회운동을 이어간 여성들이 어떤 삶을 살았을지 역사적 상상력을 동원하여 글쓰기를 할 수 있도록 문항과 연결시켰다.

학생들이 풀어야 하는 탐구 문항들은 나름의 위계에 따라 구성되었는데, 가장 초보적인 단계로 자료의 내용 및 구조를 파악할 수 있도록 기본적인 사항을 확인하는 1단계-사실 확인, 자료를 구체적인 시대 상황과 연관시켜 이해하고, 자료가 취하고 있는 입장이나 관점을 파악할 수 있도록 하는 2단계-맥락화, 그리고 이전까지의 작업을 바탕으로 자료와 관련된 역사상을 총체적으로 이해할 수 있도록 하는 마지막 3단계-의미 도출의 순서였다. 쉬운 문항에서부터 시작하여 학생의 독자적 견해를 물어보거나 자료에 대한 비판적 접근이 이뤄질 수 있도록 구성된 것이다.

수업이 종료된 후 수업에 대한 학생들의 소감을 듣는 시간을 가졌다. 그리고 수업을 참관한 한국과 일본 교사들이 학생과 교사에게 질문을 했는데, 일본어를 전공어로 학습하는 일본어과 학생들답게 한국어 혹은 일본어를 능숙하게 구사하며 질문에 곧잘 답하는 모습을 보였다.

학습지

◇ **First, 다음 자료를 읽고 물음에 답해보자.**

(가) "조선은 아직 멀었다. 해마다 이렇게 식목(植木)을 하여도(나무를 심어도) 사흘만 지나서 가보면 다 뽑아다 불을 때고 마는구나. 그런 야만된 일이 어디 있겠니. 원래 미개한 나라에는 도적이 많은 법이니라." ―〈여학생 일기〉, '상해판' 《독립신문》 제14호

"조선 사람은 함부로 고추를 처먹으니까 대강이(머리)가 못쓰게 된다. 보통과에서 본과에 올라올수록 차차 성적이 나빠가는 것도 아마 그 때문이지. 사탕은 그렇지 아니해서 문명한 나라일수록 많이 먹는데 내지는 각국에 비교하면 제일 많이 먹는다." ―〈여학생 일기〉, '상해판' 《독립신문》 제15호

(나) 1918년 7월 상순 어떤 역사 시간에. "선생님. 합병하던 이야기를 좀 들려주셔요. 저희는 모르니."

"또 너희들은 선생이 가르치려고 준비해온 것을 가로막고 귀찮은 문제를 끌어내느냐?"

"아니에요. 모르니까 선생님께 묻는 것이에요."

"그러면 간단히 말해주마. 당시 조선이 대단히 연약해서 법란서(프랑스)의 속국이 될 뻔했는데, 그러는 것보다는 가까운 우리나라와 합해서 문명의 길에 들어가는 것이 양편에 다 좋으리라 하여 피차에 잘 상의한 결과로 조선 임금이 우리 천황폐하께 청원을 드려서 허락이 된 것이다. 그런데 무슨 불평이라 의심이 있을 것이 무엇이란 말이냐? 참말 감사하게 알아야지."

한 아이가 벌떡 일어나며, "선생님네 나라로 보면 감사하겠지요."

"감사가 무어냐. 도리어 귀찮기만 하지."

"제발 그 귀찮은 것을 내어노······."

이 이상 더 말할 용기가 없었다. 선생님은 들었는지 말았는지,

"지금까지 10년간에 쓴 모든 비용을 조선에서 받는 세납으로 족할 줄 아느냐? 반도 못 된다, 반도. 그 돈이 어디서 나오는데? 그게 다 우리 일본 정부에서 나오는 것이다. 점점 조선에도 산업이 왕성하게 되어서 명년(내년)부터는 아무쪼록 조선에서 나는 돈으로 모든 비용을 써가기로 결정이 되었지마는······" 하고 웃으면서 농담 모양으로, "그러니까 고맙습니다 하고 절을 해야 옳지"

할 때에 일동의 열혈은 분격의 화염으로 극도로 끓어올라 일제히 입에서 피피피 소리가 연발되어 교실은 용산전기회사의 발전소로 변했다. 선생은 놀란 태도로,

"왜 이렇게 소요(騷擾)하냐. 그 피피피 하는 게 무슨 뜻이냐?"

(A)"열날 때에 하는 소리예요" 하는 애도 있고, "설명을 충분히 아니해주실 때에 쓰는 말이에요" 하는 애, "고마운 사례를 미처 못 했을 때에 하는 소리예요" 하는 애. 저마다 나오는 대로 똑똑 쏟아버렸다.

선생은, "아하 그래? 조선에는 참 굉장한 말이 다 많구나" 하고 얼굴이 벌개지며 나간다.

— 〈여학생 일기〉, '상해판' 《독립신문》 제 16호

(다) 금년 9월 **(B)서백리아(西伯利亞)**로 가는 일본 병사를 보낼 때 본교의 직원 이하 생도 일동은 용산역에 나가 만세의 지휘가 내릴 때에 일동은 거수만 하고 만세를 아니 말하더니, "왜 소리가 안 나느냐! 다 벙어리냐!" 하고 독사 눈깔이 되어 안 나오는 만세를 구태나 부르라고 발악하는 통이 어찌나 열이 나던지 일제 히 망세(亡歲)를 불렀다.

―안 나오는 만세(萬歲), 〈여학생 일기〉, '상해판'《독립신문》제18호

(라) 대표 4인을 직원실에 보내어 일동이 대한문 앞에 가서 망곡(국상을 당해 대 궐 문 앞에서 백성들이 모여 곡을 함)하고 와서야 공부할 뜻을 말했더니 운동장 의 조례시간에 교장이 성을 내어,

"어제 하루 처울었으면 속이 시원하겠지. 아직도 부족해서 되잖은 소리를 해! 그 렇게 슬프거든 조퇴를 하거나 한 달 결석이라도 하고 대한문 앞에 가서 제나 울 고 올 것이지, 남까지 방해할 게 무엇이냐? 가고 싶은 애들은 맘대로 가거라"

하고 나서 체조 선생이 '답보(踏步)로'를 불러도 학생들은 일보도 떼지 아니하므 로 선생은 화증(火症)을 내어 학생들의 머리를 잡아 흔들었다. 일제히 통곡하면 서 교문을 향하고 뛰어나가니 선생들이 뛰어나와 하나씩 교실로 잡아 들어가며 일변 하인을 시켜 교문을 채웠다. 하릴없이 교실에 들어와 울고 앉았노라니 약 15분 후에 교장이,

"왜들 그렇게 감정이 났느냐?" 하기로, "울고 싶은 사람은 결석하고라도 가라고 아니했소? 그런데 왜 막으오?"

"오, 그 말이냐? 아까는 아모 생각 없이 그랬구나. 그러면 취소하지. 구태여 사 람 많은 데 가서 울 것이 무엇 있니? 여기서 대한문을 향하고 절을 하든 절하고 울든 울지." 이로부터 아침마다 직원 이하 생도 일동은 대한문을 향하고 망곡한 후에야 공부하기로 했다.

―〈여학생 일기〉, '상해판'《독립신문》제20호

문항 1. (가)를 읽고 말하는 사람은 누군지, 듣는 이는 누구인지 유추해보자.

문항 2. (가)의 발언을 읽고, 여러분이 당시의 사람이라면 무어라 답할 수 있었을

지 생각하여 답변을 써보자.

문항 3. (나)를 읽은 후, 학생들이 (A)와 같은 발언을 한 이유를 추론하여 말해보자.

문항 4. (나)에서 교사의 주장을 간략하게 정리하고, 교사의 논리에 어떻게 학생들이 논박하고자 했는지 말해보자.

문항 5. (다)에서 (B)가 가리키는 지역이 어딘지 맞혀보자.

문항 6. (다)에서 학생들은 만세를 부르지 않고 대신 뭐라고 부르는가? 왜 그렇게 부르려고 했는지, 당시 학생의 심경을 추론해보자.

문항 7. (라)에서 학생 일동이 대한문 앞에서 곡을 하고 오겠다고 말한 이유는 무엇일까? 어떤 일이 있었을지 추론하여 작성해보자.

문항 8. (라)에서 교사들과 학생들은 갈등을 겪고 있다. 갈등을 겪게 된 이유는 무엇일까? 당시 학생들은 어떤 심정일까?

◇ **Second, 다음 자료를 읽고 물음에 답해보자.**

(가) 1919년 3월 1일. 2개월 간 우리는 여러 가지 준비를 했다. 학우의 주소를 조사하며 재정을 한데 모으며 일본인의 눈을 피하여 비밀히 동지를 단속했다. 혹(或) 때는 아궁이 앞에 널짝을 놓고 그 밑에 들어가 가만히 한 마디 두 마디씩 연락을 하기로 했다가 3월 1일 오전을 당하여 어린 아이 큰 사람 할 것 없이 ㅁㅁㅁㅁ 하나씩 둘씩 끌고 가서 오늘 할 일을 일러주었다. 그래도 천연스럽게 오후 1시 될 때까지는 참고 공부하기로 했다.

"불의(不義)코 백년 살지 말고 의(義)코 하루 살아라"를 변소 벽에 기록하고 한 사람씩 가보게 한다. 오후 1시경에 독립선언서 1장이 들어왔기로 몰래 들여다보고 있을 때 탑골공원에서 독립 만세 소리가 천지를 울린다. 통학생은 곧 책보를 던지고 출동했으나 기숙생은 그리하지 못하고 있다가 마침 직원회의임을 이용하여 기숙사 후문 열쇠를 주먹으로 쳐 비틀고 …… 대한문 전에 출(出)하여 행렬을 만나. 종로경찰서에서 급히 전화를 걸었다 하여 얼마 후에 일본인 교사가 뒤를 따라 나와서, "왜들 나왔니? 위험한 데 있지 말고 들어들 가자" 하나 들을 뻔이나 한가? 종일 만세를 부르고 돌아다니다가 오후 7시경이나 되니 혹 호흡이 멎을 듯하여 길가에 쓰러진 친구, 혹 왜경에 결박을 지어 끌려가는 친구, 혹 휘젓는 군기 끝에 찔려 넘어져 어머니를 찾는 친구, 그 딱한 상태야 어찌 차마 보랴. 그날 밤 9시까지 경찰서에 잡혀가 얻어맞고 나오다. …… "이렇다고 일을 아니 할쏘냐?" 낙심 말고 나아가 내 동포를 구원하여 남과 같이 자유롭게 살아보자 굳게 언약하고 얼른 퇴사하기를 권하고 돌아오다.

―〈여학생 일기〉, '상해판' 《독립신문》 제20호

문항 1. (가)는 3·1운동 당시 여학생의 활약을 보여준다. 이 여학생들은 이후 어떤 삶을 살았을까? 아래 (A)~(D) 사례는 실제 당시 3·1운동에 참여했던 경성여고보 학생들의 사례들이다. 사례들을 참고하여, 여러분이라면 이후 어떤 삶을 살았을지 상상하여 글을 작성해보자.

(A) 사례: 조선일보에 입사, 최초의 민간 여성 기자로서 활약, 항일 여성운동 단체인 근우회 결성에 앞장섬
(B) 사례: 학교 교사로 있다가 일본으로 유학을 감. 일본에서 학업과 항일운동에 열성적 활동을 함. 근우회 도쿄지회를 창립하기도 함
(C) 사례: 상해로 파견을 갔다 독립운동가와 만나 결혼. 임시정부 활동에 참여했으며, 교민 복지 향상을 위하여 노력함
(D) 사례: 교사로 부임하여 아이들을 가르침. 이후 의사 면허증을 받고, 의사로서도 활약. 우리나라 최초의 여성교육감으로 활동

3. 학생들의 반응 및 수업 후 소감

○ 만약 자신이 3·1운동에 참여한 여학생이라면 이후 어떤 삶을 살았을까?

· 이 당시의 여학생 중 몇몇은 고문을 받고 형량을 채운 뒤, 그 뒤의 삶

을 살아간 사람들도 있다. 따라서 나는 그 고문의 충격으로 직접적인 현장에 뛰어들지 못하고, 카메라를 들고 뛰어다니며 한국의 현실을 외부에 알리기 위해 노력했을 것 같다.

· 대학교에서 외국어 공부를 열심히 하여 외신 기자가 되어 일제 통치의 부당함과 불법성을 전 세계에 알리고 싶다. 국제사회가 어떻게 바라보느냐에 따라 주권의식을 스스로 되찾을 수 있다고 생각하기 때문이다.

· 혹시나 미래에 우리의 진실이 없어지면 안 되니까 일본 몰래 우리의 역사를 기록한 책을 출판할 것이다.

· 나는 그 당시 아동들을 위한 삶을 살 것 같다. 고아원을 운영해 고아를 돌보고 학교에 다니지 못하는 애들에게 몰래 한국어나 한국 역사를 가르쳐줄 것 같다.

· 만약 나라면…… 일제가 금지한 한글, 국어를 알리기 위해 다양한 국어 연구와 더불어 과학적이고 체계적인 한글을 보존하는 데 앞장서 후대에 바른 국어문화가 자리 잡고, 잔재해 있는 일본어 유래 단어를 우리말로 바꾸는 데 힘쓸 것이다.

· 나는 학창시절에 음지 동아리를 만들어 현실을 비판적으로 바라보고, 신념·정의를 잃지 않기 위해 노력할 것 같다. 졸업 후에는 사회를 비판하는 글을 썼을 것 같다. 기자든, 나의 수필만으로든, 내 고민과 내적 갈등을 계속해서 글로 표현했을 것 같다.

· 일본의 유학생들을 위하여 한국의 독립운동 소식과 항일 여성운동 단체의 소식을 신문으로 만들어 배포해 독립운동에 앞장서고, 또 일본에 있는 한국 학생들과 독립운동회나 모임을 만들어 힘쓸 것이다.

· 나와 비슷한 처지에 있는 사람, 독립운동가들을 찾아가 인터뷰를 하고 그들의 이야기를 기사로 만들어 신문을 발행

○ **수업에 대한 나의 소감을 써 주세요.**

· 3·1운동에서 여성들이 많이 활약했다는 것을 알고는 있었지만 관련된 사료를 배우니 또 다른 느낌이 들었다. 여성의 역사에 대해 계속 관심을 가져야겠다.

· 여성의 역사에 관심을 많이 가지고 있다고 생각했는데, 수업을 하니 또 새로운 얘기가 많았다. 가네코 후미코 같은 일본 여성 등에 대해서도 더 알아보고 싶다.

· 하필 이 시국에 한일 수업을 한다고 해서 걱정이 많았는데, 생각보다 유익한 경험이었다. 일본 선생님들 앞에서 평상시 배운 일본어로 우리 역사수업을 전달할 수 있어서 좋았다.

· 당시 학생들도 우리 같은 학생다운 면이 보여서 좋았다. 우리 또래 얘기를 듣는 기분이었다.

4. 수업에 대한 성찰

3·1운동을 주제로 발표 수업을 하고자 결정을 내렸을 때, 어떤 수업을 해야 할지 고민이 컸다. 평상시 여성사·사료 중심 수업을 진행하면서 어렴풋하게 가졌던 아이디어를 구체화할 수 있었던 것은 어떤 논문 덕분이다. 바로 이상경의 〈상해판 《독립신문》의 여성 관련 서사 연구〉(2010)였다. 거기에 나오는 처음 보는 사료들이 매력적이었다. 당대 여

학생들의 생생한 목소리를 담은 것처럼 보이는 〈여학생 일기〉가 비슷한 연령대의 학생들에게 공감을 끌어낼 수 있으리라 생각되었다. 그리고 각각의 에피소드들이 마치 짧은 단막극을 보는 듯한 재미도 있었다. 물론 여러 선생님이 이미 지적한 바, 순수하게 여학생이 쓴 일기로 볼 수 있는지 등의 사료 비판이 남아 있다는 약점이 있긴 했다. 그래도 외국어고 특성상 여학생들의 비율이 압도적으로 많기에 10대 여성 화자의 목소리를 들을 수 있는 몇 안 되는 사료이고, 이를 통해 '여성사' 수업을 어느 정도 끌어낼 만하다는 계산이 있어 수업을 강행했다. 결과적으로 학생들은 여성의 역사에 많은 관심을 보여주었고, 고도로 맥락화된 결과물까지는 아니더라도 충분히 당대 여학생에 대한 감정이입적 역사 보기를 실천했다.

수업에 대한 내적 만족도와 별개로 다소 우려되는 지점이 없지는 않다. 학생들에게 일본 선생님들도 참관하는 수업을 하고자 하니 일본어과 학생들의 많은 참여를 부탁한다고 할 때의 일이었다. 많은 학생이 너도나도 하고 싶다고 의사를 표현했다. 그러던 중 한 학생이 이렇게 물었다. "이 시국에요?"

"이 시국"은 대체 무엇일까? 한일 간 오래된 역사적 문제에서 비롯된 이 문제는 역사교사들에게 큰 화두를 던지는 것 같다. '평화, 인권, 민주주의'를 지향하는 역사교육으로의 패러다임 전환에 고전적인 민족-국가 문제가 제기된 셈이다. 동아시아사와 세계사를 통해 꾸준히 말해왔던 '시민'론이 내셔널리즘의 장벽을 넘기 여전히 버겁다는 것이 증명된 것 같아 마음이 아프다. 19세기에 불어닥친 민족주의의 물결과 국가주의가 21세기에도 그 어떤 담론보다 막강하게 살아남아 있었다. 외국어

고등학교에 있으면서 더 뼈아픈 부분인데, 외국어고에서는 항상 학생들에게 '국제인'이 될 것을 요구한다. 다양한 어학 학습뿐 아니라 여러 국가의 문화를 체험하고 그에 대해 익힘으로써 세계 시민으로서의 소양을 익혀 국제사회에 기여할 수 있기를 바라는 것이다. 그리고 그렇게 교육을 하고자 교사들이 노력함에도 불구하고, "이 시국"이라는 한 단어가 그 모든 노력을 무화(無化)시키는 듯했다.

이 수업은 무엇을 남겼을까? 결국은 학생들은 "이 시국"의 영향에서 벗어나기 힘들다는 현실적 확인? 아니면 한국과 일본의 역사교사들이 깊은 역사적 갈등의 골을 넘어 인류의 보편적 가치를 추구할 수 있도록 노력했다는 희망? 부디 후자이길 바란다.

곽노승(울산 호계고등학교)

4장

한국과 일본 학생들의
3·1운동 인식

1. 수업 배경과 목표

이 수업은 일본 호세이대학중학교 학생들과 함께한 3·1운동 수업 실천의 결과를 바탕으로 한국 울산외국어고등학교에서 실행한 것이다. 일본에서 한 수업 중에 나타난 일본 중학생들의 3·1운동 인식을 한국 학생들과 공유하고 의견을 교환함으로써 한국과 일본 학생들의 상호 이해를 넓히는 것이 목적이었다. 더불어 한일 양국 학생의 역사인식을 심화시켜 나가는 것도 수업의 목표로 했다.

2. 수업 실천

수업은 울산외국어고등학교에서 일본어를 전공하는 고등학생 15명 정도를 대상으로 했다. 수업시간은 50분이었지만, 한국어 통역을 거쳐야 했기 때문에, 실질적인 수업시간은 절반 정도였다.

수업은 호세이대학중학교 수업에서 사용하고 있는 마나비샤 교과서의 3·1운동 부분을 프로젝터를 통해 보여주는 것으로 시작했다. 마나비샤 교과서는 교사들이 직접 쓴 교과서로, "학생이 스스로 생각하며 주체적으로 역사를 배우는 것"을 목표로 한다. 3·1운동에 대해서는 "독립운동이 일어났다는 것을 알고, 당시 사람들이 어떻게 생각하고 있었는지 상상한다"라는 학습목표를 세워 학생들이 한국의 독립운동의 실상을 이해할 수 있도록 하고 있으며, 다른 교과서보다 구체적으로 독립운동의 실상이 기술되어 있다. 3·1운동 부분에 실린 서울 탑골공원의 유관순 부조 사진을 보여주고 "부조 중앙에 있는 인물은 누구일까?"라고 질문했다. 이 질문에 대한 학생들의 답으로 "한국에서 가장 유명한 독립운동가 중 한 명. 모든 교과서에 반드시 등장하는 인물", "젊고 강하며 우리와 같은 나이의 여성 독립운동가", "양친이 독립운동에 참가했다" 등 여러 대답이 나와서 한국에서 유관순이 잘 알려져 있음을 알 수 있었다.

일본 학생들의 3·1운동 인식

이어서 한국 학생들에게 일본에서 수업한 내용을 소개했다. 그 수업에서는 2·8독립선언서 등의 자료와 탑골공원의 부조를 바탕으로 일본 학생들에게 3·1운동의 역사적 사실을 전해주었다. 그러고 나서, "그 당시 일본에서 내가 살고 있었다면, 이 운동을 어떻게 생각했을까?"라는 질문을 던지고 "지지한다", "탄압해야 한다", "어느 쪽이라고 말하기 어렵다" 중 하나를 선택해 의견을 정리하게 했다. 그리고 같은 의견을 가진 사람끼리 모둠토론을 하고 발표하는 형식으로 진행했다. 이 수업에서 나온 일본 학생들의 의견을 한국 학생들에게 소개했다.(이름은 모두 가명)

○ 3·1운동을 '지지한다'고 한 사나의 의견

조선을 식민지로 만들고, 다른 나라 말과 문화를 강제로 없애는 동화 정책과 조선 사람들이 사는 곳을 빼앗는 것 같은 식민지 지배가 원인이 되어 이 운동이 일어났기 때문에 일본이 책임을 져야 한다. 또 사람은 모두 평등하다고 생각하고, 나라가 다르다고 차별하는 건 옳지 않다. 게다가 언제까지 조선인을 일본의 노예로 하려고 했었는지 가능했을까 해서 이상하다고 생각하고, 자유는 누구에게라도 평등하게 부여된 것이라고 생각하기 때문에 이 운동을 지지한다.

○ 3·1운동을 '탄압해야 한다'라고 생각한 모모의 의견

당시 일본이 많은 식민지를 가지며 세력을 확대해가고 싶었던 것은 당시 국제정세상 다른 나라들도 마찬가지였다고 생각한다. 그러한 가운데 일어난 이 운동을 진압하지 않으면 운동이 더 심해지거나 일본이 위험해질지도 모르기 때문에 탄압해야 한다. 조선은 일본의 식민지이고, 식민지는 일본이 강해지기 위해서 필요하고, 일본 입장에서는 아직 조선을 포기하지 않는 편이 좋다. 또 그 당시 사람들은 일본이 옳다고 교육받아 왔기 때문에 탄압해야 한다고 생각했을 것이다.

○ '어느 쪽이라고 말하기 어렵다'라고 생각한 유타의 의견

일본이 이 운동을 탄압하는 것은 조선이 일본의 식민지이기 때문에 그

럴 수 있다고 생각한다. 하지만 조선이 독립하기 위해 운동을 일으키는 것도 이해할 수 있고, 조선 사람들에게도 자유롭게 될 권리가 있다고 생각한다. 그렇기 때문에 나는 이 운동을 지지할지 탄압할지 어느 한쪽을 선택하기가 어렵다.

한국 학생들의 의견

한국 고등학생들은 일본 중학생이 3·1운동을 어떻게 생각하는지 자료를 읽으며 흥미로워했다. 한국 학생들에게 일본 중학생의 세 가지 의견 가운데 하나를 골라서 동의나 반론 등의 의견을 적게 했다. 사나의 의견에 대해서는 1명, 모모의 의견에 대해서는 9명, 유타의 의견에 대해서는 5명이 의견을 적었다. 다음은 한국 고등학생의 대표적 의견이다.

○ 3·1운동을 '지지한다'고 한 사나에 대한 한국 고등학생의 의견

· 사나의 말과 같이 한국은 옛날에 일본의 지배를 받았습니다. 힘든 생활로 살기 어려웠기 때문에 한국인은 자기 나라를 지키기 위해 3·1운동을 펼쳤습니다. 자유를 손에 넣기 위해 한국인은 힘을 합쳤습니다.

○ 3·1운동을 '탄압해야 한다'고 생각한 모모에 대한 한국 고등학생의 의견

· 물론 일본 입장에서는 세력을 확장하기 위해 3·1운동을 탄압해야 한다고 생각하겠지만, 한국인 입장에서는 모든 인간은 평등하다고 생각합니다. 게다가 탄압하는 것은 한국인의 권리를 침해하는 것입니다. 평등한 위치에 있는 사람들을 마음대로 지배하는 것은 강제로

노예로 삼는 것과 같습니다.

· 당시의 견해라면 식민지를 지배하고 식민지에서 일어난 독립운동을 탄압하는 것은 당연하다고 생각할 수 있습니다. 하지만 좀 더 비판적인 견해를 갖고 진실을 찾아서 일본의 식민지 지배가 올바르지 않다는 것을 이해해야 합니다.

· 일본의 입장이라면 이러한 의견일지도 모릅니다. 하지만 이 같은 것은 여러 가지 입장에서 생각해야 합니다. 한국인의 입장에서는 사나의 의견과 같이 자유로워지기 위해 당시 3·1운동을 일으킨 것이 훌륭한 일이었다고 생각합니다.

○ '어느 쪽이라고 말하기 어렵다'고 생각한 유타에 대한 한국 고등학생의 의견

· 3·1운동을 지지할지, 탄압할지는 유타의 판단입니다. 그러나 그때 일본이 한국을 탄압하면서 괴롭힌 것은 분명합니다. 나는 '자유'가 가장 중요하다고 생각합니다.

· 유타의 "조선인에게 자유가 있다"는 의견에는 동의합니다. 그러나 "조선이 일본의 식민지였기 때문에 일본이 마음대로 해도 좋다"는 의견은 반대합니다. 일본은 조선의 동의 없이 조선을 식민지로 삼았습니다. 게다가 조선의 왕도 식민지가 되는 것에 반대했습니다. 마음대로 강제로 조선을 식민지로 삼은 것은 옳지 않습니다.

· 나는 유타의 의견에 동의합니다. 일본의 입장에서 보면 다른 나라를 식민지배하는 것이 자기 나라에게 도움이 되는 것이 당연합니다. 그러나 한국의 입장에서 보면 이것은 반인간적인 것으로, 국수적인 것이라고 생각됩니다. 그래서 일본의 반성이 우선 중요하다는 것을 이

해해주면 좋겠습니다.

　자신의 생각을 적고 나서, 각각 한 사람씩 발표했다. 시간 관계상 더 깊은 이야기를 나눌 수 없었다. 그러나 일부 학생이 일본의 중학생들에게 편지를 써주었다. 한국 학생들의 의견과 편지를 일본의 학생들에게 전달할 것을 약속하고 수업을 마쳤다. 다음은 한국 학생들이 쓴 편지이다.

○ 모모에게 쓴 편지

당시 제국주의가 세계에서 일어난 것은 사실입니다. 그러나 그것은 식민지 지배 아래에 있는 사람들의 기본적 인권을 침해한다는 사실만으로, 식민지 지배의 정당성은 사라집니다. 따라서 나는 3·1운동은 당연히 정당한 행위였다고 생각합니다.

○ 유타에게 쓴 편지

나는 당신의 의견에 동의합니다. 제대로 역사를 알지 못하면 정말로 어느 쪽이 옳은지 알 수 없습니다. 일본의 입장에서 보면 식민지배를 하는 것이 자국에 도움이 되기 때문에 그렇게 하는 것이 당연했을 것입니다. 그러나 한국의 입장에서 보면 식민지배는 반인간적인 행위입니다. 나는 중립의 입장에서 객관적으로 이것을 판단하면 좋겠다고 생각합니다.

3. 수업에 대한 성찰

전후 최악의 한일관계라고 이야기되는 시국에 한국 고등학생들에게 3·1운동을 '탄압해야 한다', '어느 쪽이라고 말하기 어렵다'고 생각한 일본 중학생들의 의견을 전하는 것이 편치 않았다.

그러나 일본 학생들의 의견에 대해 한국 학생들이 "일본의 입장", "당시의 견해"에서 보면 "탄압해야 한다고 생각할지도 모르겠다"라고 말한 것처럼, 일단 일본 중학생들의 생각을 받아들였다. 그리고 나아가서 "한국인의 입장", "비판적인 견해"에서 사건을 보고 "객관적으로 3·1운동을 파악해야 한다"라고 말했다. 한국 학생들은 사실을 직면하고 정확히 응시하는 것, 또한 기본적 인권과 자유와 평등 등의 가치에 기초해서 자기의 역사인식을 나타냈다.

한국 학생들은 다각적인 시각에서 일본 학생들에게 다시 질문을 던졌다. 한국 학생들은 역사적 사실을 자국 중심적으로 인식하지 않고, 사실을 정확히 배우고, 이를 바탕으로 상호 불신을 극복할 수 있다는 가능성을 일본 학생들에게 호소하는 것 같았다.

이번 한국에서의 수업은 학생의 의견을 공유하는 활동으로 시간이 채워졌기 때문에, 한일 양국이 서로를 깊이 이해하기 위한 논의를 이어가지 못했다. 그러나 수업이 끝난 후에 한국 학생들이 "일본 사람들이 일본이 조선을 식민지로 삼았었다는 것을 알고 있을까 하고 생각했지만, 오늘 수업을 받고 한국에서 가르치고 있는 내용과 다를 게 없다는 것을 알았다", "왜 하필 이런 시기에 일본인 선생님이 3·1운동 수업을 하는지 의아했지만, 이러한 시기야말로 서로 교류를 해야 한다고 생각하게 되었다"라는 등의 감상을 남겨, 상호 간 이해의 싹을 본 것 같았다.

이 수업을 마치고 나니, 한일관계가 혼미한 지금이야말로 오히려 미래를 담당할 학생들이 이웃나라의 타자를 의식하고, 서로에게 사실을 확인하고, 역사인식을 공유하며 상호 간 이해를 시도해가는 것이 필요하다는 확신이 들었다.

나아가 이러한 교류수업을 통해, 일본 학생들에게 일본의 관점으로는 볼 수 없었던 역사의 측면을 발견하게 하고, 자국사에 질문을 던지고, 이웃나라를 타자로서 존중할 수 있도록 교육하는 일이 가능하지 않을까 하는 생각이 들었다.

이날 수업은 휴일에 열렸는데도 한국 학생들이 참여해주었다. 더구나 외국인 교사 앞에서 적극적으로 자기 의견을 발표하고 주체적으로 배우려고 하는 자세를 보여주어 감명을 받았다. 아마 평소 수업에서 자유롭게 의견을 교환하고, 학생이 주체적으로 배울 수 있는 준비가 잘 되어 있지 않았나 하는 생각이 들었다. 이렇게 학교 교육을 통해 학생들의 적극적인 태도를 길러내는 것이 젊은 층이 촛불시위 등에 활발하게 참여하는 것과 관련 있지 않나 생각했다.

수업 후 한일 교사 간의 친목을 다지는 자리에서는 한국과 일본 젊은이들의 정치 참여가 화제로 올랐다. 한국 교사들로부터 "왜 일본 젊은이들은 정치에 관심이 없는가?"라는 질문도 받았다. 역사를 가르치는 교사로서 아이들에게 다양한 역사인식을 경험하게 하는 것은 물론, '주권자' 국민이라는 개인의 권리의식을 높여가는 것도 필요하다고 느꼈다.

고바야시 유카(小林優香, 호세이대학중·고등학교)

4부

동아시아 관점에서 수업을 만들다

제4부는 민족이라는 시각을 넘어 동아시아적 시각으로 한일관계를 살펴보고자 한 수업 실천들이다.

빈수민의 〈중학생이 생각하는 임진왜란〉은 도요토미 히데요시의 조선 침략을 '이민족의 침략에 대한 저항'이라는 관점이 아니라 '이 전쟁이 한국, 중국, 일본에 무엇을 가져왔는가'라는 관점에서 탐구한 수업 실천이다. 학생들에게 자국 중심적 역사인식에 의문점을 갖도록 하여 동아시아 차원의 시야로 역사인식을 확장시키려 했다. 보통 학생들이 일본의 침략과 조선의 항쟁, 이순신의 활약 등으로 기억하는 임진왜란을 동아시아 시각으로 조망해보며 학생들의 역사인식에 어떤 변화가 일어나는지 살펴보고 있다.

우바타니 히로아키의 〈동아시아 관점에서 선주민족 아이누의 역사를 어떻게 가르칠까〉는 선주민족 아이누의 역사를 중심으로 홋카이도사를 수업한 내용이다. 중국의 영향을 받아 성립한 고대 일본의 율령국가가 중국의 화이사상을 받아들여, 가고시마, 도호쿠, 홋카이도를 낙후된 문명으로 간주한 것은 메이지 이후 일본 국가가 아시아 국가들을 얕잡아보면서 침략한 것과 겹치는 것이라고 했다. 보이지 않는 차별 속에 살아온 홋카이도의 역사를 공부하며, 차별의 문제와 극복 방안을 탐구해본 수업이었다.

최종순의 〈미안해요, 베트남〉은 노래 〈미안해요, 베트남〉을 아이들에게 소개하는 것으로 시작한다. 베트남의 지리적 위치와 기후, 복장, 음식, 역사 등을 조사하고, 한국이 베트남전쟁에 어떻게 관여했는지 등을 아이들과 함께 탐구한 초등학교 수업 실천이다. 이 수업으로 베트남전쟁의 복잡한 양상을 잘 알기는 어려웠지만, 아이들이 전쟁이 가져온 피해를 이해하고, 한국과 베트남의 관계도 파악할 수 있도록 했다. 특히 전쟁과 평화에 대한 인식을 심화시켰다.

석병배의 〈영토교육과 독도로 보는 초등학생의 일본 인식〉은 초등학교 사회과에 나오는 독도 관련 영토교육의 내용을 재구성하여, 일본과 함께해야 할 미래 지향적 과제로서의 독도 교육 가능성을 모색한 수업 실천이다. 독도 문제는 단순한 영토문제가 아니라 한국과 일본에 각기 다른 여러 가지 의미를 생각하게 하는 소재이다. 특히 한국민들에게 독도 문제는 일본 제국주의의 한반도 침략과 연결된 역사적 문제로서 의미를 갖고 있다.

모든 수업 실천이 아이들과의 대화를 중요하게 여겼다. 서로 대화를 나누며 자국이나 자민족의 관점이 아니라, 좀 더 넓은 관점에서 역사를 바라보고자 했다. 아이들의 의견을 보면, 자국이나 자민족의 틀에서 벗어나 역사를 보는 것이 그리 쉬운 일이 아니란 것을 알 수 있다. 무엇보다 속마음을 털어놓고 대화하며, 다른 사람들과의 의견 차이를 깨닫고 생각을 깊게 하는 과정이 중요함을 다시금 되새겨본다.

1장

중학생이 생각하는
임진왜란

1. 주제 선정 의미

1592년부터 1598년까지 일본과 조선 사이에 일어났던 전쟁을 한국 중학교 교과서에서는 왜란이라고 적고 있다. 한국에서 흔히 말하는 임진왜란, 정유재란이다. 한국에서는 임진년, 왜에 의해 시작된 7년간의 난리로 이해되며, 일본에서는 분로쿠·게이초의 역, 중국에서는 만력의 역또는 조선후원전쟁으로 각각 다르게 불리고 있다. 임진왜란은 각 나라가 공동으로 경험한 역사적 사건인데 역사수업에서 가르치는 내용은각 나라의 입장에 따라 차이가 있다. 물론 당시의 역사적 상황과 현재각국의 입장에 따라 차이가 나타나는 것은 당연하지만 생각해볼 부분이 많다.

보통 수업에서 임진왜란을 다룰 때면 전쟁의 원인, 전개과정을 전달하는 방식이었다. 그리고 전쟁을 이끌었던 장수들이나 의병장들, 그리고 조선이 승리해 유명한 전투의 이름을 가르치는 것을 통해 외적의 침입에 맞서 싸웠다는 데 집중했다. 이러한 방식의 수업은 애국심을 고취하거나 민족에 대한 자부심을 심어줄 때에는 매우 유용하다. 하지만 일방적인 내용을 주입식으로 가르치게 되면 학생들이 수업에서 배운 대로만 전쟁을 이해하게 되고, 자기만의 생각을 정립할 기회도 가지기 어렵다.

먼저 학생들이 임진왜란에 대해 알고 있는 사실과 생각들에 어떤 특징들이 있는지 살펴보고, 더 자세히 알고 싶은 것을 모아서 수업 주제와 내용을 선정해 학생들 스스로 자기 생각을 정리해볼 수 있도록 수업을 구성했다. 이러한 과정을 통해 조선에서 일어난 전쟁인 임진왜란이 각기 조선, 일본, 중국에 어떤 영향을 끼쳤는지, 또 현재 우리에게 전쟁이 가진 의미가 무엇인지를 생각해보고자 했다.

2. 수업 구성과 전개 계획

수업 전 학생들의 인식 조사

수업을 할 학급은 중학교 2학년으로 학생 39명으로 이루어졌다. 그리고 성적은 총 10개 반 중 가장 좋다. 학생들은 이미 1학기 때 임진왜란에 대해 학습했다. 이 학급을 대상으로 2003년 12월 5일 다음과 같은 설문을 실시했다. 이 설문조사는 수업을 위한 기초자료로 이용되었다. 설문내용과 결과는 다음과 같다.

	질문		답변	응답 수
1	임진왜란이라고 하면 생각나는 것은 무엇인가요?(복수응답 가능)		일본에 의해 일어난 전쟁	30
			도요토미 히데요시	21
			이순신	19
			곽재우, 명량해전, 한산도대첩, 권율, 행주대첩, 조총 등	기타
2	임진왜란의 원인은 무엇이라고 생각하십니까?		일본의 침략 때문에	15
			대륙 진출의 발판을 삼으려고	8
			일본이 조선을 싫어해서	4
			조선의 힘이 약해서, 일본 국내의 관심을 국외로 돌리기 위해	기타
3	임진왜란에서 승리한 나라는 조선일까, 일본일까? 그렇게 생각한 이유는 무엇입니까?	일본	일본이 우리를 지배했으므로(3명), 표면적으로 일본이 입은 피해가 적어서(3명), 일본의 힘이 더 세서(2명), 조선이 힘이 없었기 때문에(2명), 일본과의 전투에서 승리한 것이 그리 많지 않아서(2명), 일본의 무기가 좋아서(1명)	13
		조선	역사시간에 배운 듯해서(4명) 일본이 물러갔으므로(4명), 단순하게 정벌하려고 한 일본에 국토를 지키려고 한 조상의 노력 때문에(3명), 이순신의 위인전에서 이긴 것으로 나와서(2명), 드라마에서 모두 이긴 것으로 나와서(1명), 왜란 이후 조선의 왕이 대를 이어갈 수 있어서(1명)	15
		양국 모두 패한 전쟁	양국의 피해가 있었으므로	5
		무응답		6
4	전쟁 후 일본, 조선, 중국에 일어난 변화는 무엇입니까?		조선의 많은 인명피해	20
			조선의 불국사, 경복궁 등의 문화재 파괴	15
			명이 약화되고 청이 생김	6
			담배, 고추, 조총이 조선에 전래	기타
5	임진왜란과 관련해 더 알고 싶은 것이 있다면 무엇인가요?		일본 교과서에 실린 임진왜란	10
			자세한 임진왜란의 원인, 결과, 영향	8
			한국인과 일본인이 배우는 양국의 임진왜란 내용의 차이점	5
			왜란과 관련된 숨은 얘기, 일본의 군사력, 백성의 고통 상황, 일본 역사교과서 왜곡 내용	기타

임진왜란 하면 생각나는 것을 물었을 때, '왜란'이라는 단어 때문인지 일본에 의해 일어난 전쟁이라는 답이 가장 많았다. 그리고 전쟁에서 이름을 떨친 인물들과 유명한 전투 이름을 기억하고 있었다.

두 번째 질문으로 왜란의 원인을 물었을 때, 일본의 침략 때문이라고 가장 많이 답했다. 이것은 학생들의 생각이 전쟁의 시작이라는 현상에 기울어 있음을 보여준다. 그리고 대륙 진출의 발판을 얻기 위해서나 일본의 국내 관심을 돌리기 위해 도요토미 히데요시가 전쟁을 일으켰다는 답은 그것을 통해 무엇을 얻으려고 했는지에 대한 설명이 없는 단편적인 답이다.

전쟁의 승자가 누구였을까 하는 질문은 일반적으로 임진왜란을 배운 학생들이라면 조선의 승리라고 생각하는 쪽이 압도적으로 많으리라는 예상을 하면서 제시한 질문이다. 학생들이 그렇게 생각하는 이유를 알고 싶어 물어본 것이지만 결과는 뜻밖에도 일본의 승리로 보거나, 승패를 나누지 않은 답도 많았다. 이 결과는 이 반의 학생들도 놀라워했고 다른 반에서 일본이 승리했다는 입장이 한두 명에 그친 것에 비하면 아주 특이한 결과였다. 이 결과에 대해 학생들은 평소 일본 애니메이션이나 일본에 관심을 가진 친구가 많아 이러한 결과가 나온 것 같다고 말했다.

학생들은 임진왜란이라는 역사적 사실에 대한 판단 문제를 개인적인 관심과 취향을 반영해 생각하고 있었다. 그리고 승패의 근거를 묻는 질문에 일본이 승리했다고 답한 쪽은 나라의 힘이 적고 많음을 판단 기준으로 삼고 있었다. 그리고 조선이 승리했다는 쪽은 위인전이나 드라마 내용, 역사시간을 통해 배워서라는 등의 단편적인 지식에 근거하여 전쟁의 승리를 주장했다.

네 번째로 왜란 후에 조선, 중국, 일본에 일어난 변화를 묻는 질문에 대해 학생들은 조선의 인명피해나 문화재 파괴는 쉽게 예로 들었지만, 중국이나 일본에서 일어난 변화들은 잘 알지 못했다.

마지막으로 임진왜란에 대해 더 자세히 알고 싶은 것을 묻는 질문에는 임진왜란이 일본 교과서에 어떻게 실려 있는지, 일본에서 어떤 내용으로 배우는지를 많이 궁금해했다. 그리고 1학기 때 배운 임진왜란의 내용이 기억이 잘 나지 않아서인지 왜란의 원인과 결과, 영향에 대해서도 알고 싶어 했다.

수업의 계획 – 무엇을 어떻게 가르칠까?

설문결과를 바탕으로 계획한 수업의 내용과 방법은 다음과 같다. 기본적으로 수업은 학생들이 1학기 때 배운 임진왜란에 대한 사실들을 바탕으로 전개한다. 하지만 이전에 많이 접해보지 못했던 인물이나 자료를 많이 다루기로 한다.

도입 단계에서는 우선 학생들의 동기유발을 위해 임진왜란에 참전한 인물이면서 대구와 관련이 있는 김충선과 두사충을 소재로 수업을 시작한다. 김충선은 부하 3,000명을 데리고 조선에 투항한 일본의 장수로 그 후손들이 지금도 대구 우록동에 살고 있다. 두사충은 임진왜란이 끝난 후 조선에 뿌리를 내리고 산 명나라 장수로 대구의 대명동이라는 동명의 유래와 관련이 있다. 이러한 이야기를 제시하여 임진왜란이 먼 과거만의 일이 아니고 우리가 살고 있는 곳에서 일어난 역사적 사건임을 확인하고 수업을 시작한다.

본격적인 수업의 전개 단계에서는 우선 왜란의 원인을 좀 더 다각적으로 정리하기로 한다. 보통 임진왜란 관련 연구에서 제기된 전쟁의 원인으로서 도요토미 히데요시가 다이묘들에게 나누어 줄 영지를 확보하고 새 정권의 안정을 강화하기 위해서라는 논의를 먼저 제시하고, 최근 연구에서 제기된 명과 조선에 대한 교역권 확보라는 경제적인 측면을 함께 제시한다. 그리고 정명가도(征明假道), 즉 명을 정벌하러 가는 길을 내달라는 일본의 요청을 조선이 거절했다는 외교문제 또한 제시한다. 이렇게 원인을 살펴본 후에 전개과정을 간단하게 정리한다.

다음으로 기존 수업에서 배운 정도로, 또는 단순하게 이해하고 있던 임진왜란을 구체적인 자료를 통해 이해하는 수업을 하고자 한다. 임진왜란은 조선이 승리한 전쟁인가, 패한 전쟁인가 하는 주제로 토론을 전개할 것이다. 이러한 방식과 주제를 선택한 이유는 설문조사에서 예상과 다르게 임진왜란의 승패를 판단한 학생들의 생각을 알고 싶었기 때문이다. 하지만 이러한 과정을 거치면서 학생들은 임진왜란에 대한 자기 생각을 정리할 수 있는 기회를 얻게 될 것이고 다른 의견을 들어보면서 자신에게 부족한 부분을 발견하는 기회를 얻게 될 것이다.

한편 토론에 들어가기 전에 임진왜란, 정유재란 후 조선, 명, 일본 삼국에 일어난 정치·사회적 변화들을 정리하여, 임진왜란이 가져온 영향들을 염두에 두고 토론에 참여하도록 한다.

마지막으로 일본 학생들이 왜란을 어떻게 배우는지의 내용은 2001년 검정을 통과한 오사카서적의 중학교 역사교과서의 해당 부분 내용을 번역해 제공하고 그 차이를 알아보도록 한다.

수업단계	학습내용	학습자료	시간
도입	녹동서원과 모명재를 통해 김충선과 두사충에 대해 알아보고 임진왜란 학습에 대한 동기유발	대구시티투어 팸플릿	5분
전개	학습주제 1: 임진왜란의 원인과 전개과정	PPT	10분
	학습주제 2: 임진왜란은 조선이 승리한 전쟁인가, 패배한 전쟁인가?	학습지	15분
	학습주제 3: 일본의 중학생이 배우는 임진왜란은 우리와 무엇이 다를까?	학습지	10분
정리	수업 내용 정리 및 임진왜란을 배우면서 생각한 것에 대해 질문		5분

3. 학생 활동 및 반응

수업에서 나타난 학생들의 반응은 위 표의 학습주제 2와 학습주제 3을 다룬 내용을 정리하여 소개한다.

○ **학습주제 2. 임진왜란은 조선이 승리한 전쟁인가, 패배한 전쟁인가?**(15분)

교사: 지난번 설문조사 질문 중에 임진왜란에서 누가 이겼을까요 하고 물어본 질문에 일본이 이겼다는 입장이 13명, 조선이 이겼다는 입장 15명, 둘 다 패했다고 했거나 응답을 하지 않은 사람이 11명으로 비슷했습니다. 조선이 승리했다는 입장이 압도적으로 많았던 다른 반과 달랐는데요. 이러한 여러분들의 생각을 좀 더 자세히 알기 위해 지금부터 임진왜란은 승리한 전쟁인가, 패한 전쟁인가라는 주제로 토론수업을 진행하기로 하겠습니다. 우선 조선이 승리했다는 입장의 학생이 발표해봅시다.

학생: 저는 임진왜란에서 조선이 이겼다고 생각합니다. 그 이유는 임

진왜란은 7년간 이루어진 전쟁입니다. 하지만 일본이 왜란에서 승세를 유지한 기간은 약 10개월 정도밖에 되지 않습니다. 이 기간에 조선이 피해 본 것도 많지만 조선의 승리 기간이 더 길고, 피해가 많다 하더라도 당연히 조선에서 이루어진 전쟁이기 때문에 피해가 컸다고 생각합니다. 그리고 의병들의 철저한 계획과 이순신 장군의 거북선으로 육전과 해전에서 왜군에게 큰 타격을 입혀 승리를 거두었기에 우리가 임진왜란에서 승리할 수 있었다고 봅니다. 하지만 만약 일본이 승리했다면 조선은 그 후 일본의 지배를 받고 있어야 하는데 그 후 조선왕조의 역사는 계승되었고 일본에서 도요토미 히데요시 정권이 몰락했기에 일본의 승리라고 할 수 없다고 생각합니다.

교사: 그렇다면 일본이 승리했다는 입장의 사람 발표해봅시다.

학생: 저는 임진왜란에서 일본이 이겼다고 생각합니다. 그 이유는 각지에서 일어난 의병들과 이순신 장군 등 나라를 위해 온몸을 바친 사람들로 인해 일본을 물러나게 했지만, 일본이 침입할 것이라는 기미가 있었음에도 불구하고 조선에서는 안이한 태도로 방어조직을 갖추지 않았습니다. 오히려 조총 만드는 기술과 같이 적극적으로 외국 문화를 수용하고 철저한 전쟁 준비를 한 일본이 더 나았다고 생각됩니다. 전쟁 중에 조선 관리들은 도망치기 바빴고 왕은 수도를 버렸는데 백이면 백 임진왜란에서 모두 조선이 승리했다고는 말할 수 없을 것입니다.

교사: 각 입장의 학생들이 근거로 든 것 중에 빠졌거나 자신과 다르다고 생각되는 점들에 대해 이야기해봅시다.

학생: 승리 기간이 길지만 피해가 컸다면 승리했다고 할 수 없어요.

교사: 승리의 기간은 진정한 승패를 따질 때 의미가 없다는 의견이었습니다.

학생: 일본이 이겼다면 조선이 일본의 지배를 받았을 텐데 그렇지 않았으니까 임진왜란에서는 조선이 승리한 것입니다.

교사: 조선이 지배받지 않아서 조선이 승리했다는 새로운 주장이 나왔습니다. 또 다른 의견은 없나요? 근거로 들었던 것 중에 전쟁의 준비에 대해 생각해봅시다. 만일 조선이 전쟁을 아주 철저하게 준비했다면 어떤 일이 벌어졌을까요?

학생: 전쟁이 더 빨리 끝날 수도 있었어요.

학생: 오히려 조선이 일본을 침략할 수도 있었어요.

교사: 조선이 오히려 일본을 침략할 수도 있었겠다는 의견이 나왔습니다. 그렇다면 일본의 민중도 고통을 받았겠죠, 즉 군사력이 강하다고 해서 전쟁이 빨리 끝나거나 일어나지 않았을 것이라는 장담은 못하는 것이겠죠. 그렇다면 앞의 두 학생과 다른 의견을 적었던 학생의 발표를 들어보도록 하겠습니다.

학생: 조선과 일본 모두에게 피해가 컸습니다. 코와 귀를 베인 조선의 무수한 사람들, 그리고 효와 충을 저버리고 부모를 죽이고 자신의 목숨만을 소중히 여겨 나라를 지키지 않고 도망간 고을 수령이 생기는 등의 일이 있었습니다. 이것은 조선의 심각한 상태를 보여주고 있는 것입니다. 한편 일본에서도 도요토미 히데요시 정권이 싫어 귀화하는 사야카 같은 인물도 나오고 이후 도요토미 히데요시가 죽은 후에 그 아들은 정권을 상실하게 됩니다. 그리고 일본인이 전쟁을 시작했지만 전쟁 속에서 그들도 많은 고통을 받았음을 알 수 있습니다. 이

러한 것들을 보면 조선과 일본 둘 중 어느 한쪽이 승리했다고 볼 수 없을 것입니다.

교사: 양국 모두 패했다는 입장입니다. 여기서는 조선과 일본이 겪었던 고통을 중심으로 근거를 들고 있습니다. 임진왜란뿐 아니라 다른 전쟁을 보는 기준이 무엇이 되어야 할지 깊이 생각해보도록 하고 토론을 마치도록 하겠습니다.

○ **학습주제 3. 일본의 중학생이 배우는 왜란은 우리와 무엇이 다를까?**(10분)

교사: 여러분이 왜란에 대해 더 알고 싶어 했던 것 중에서 일본의 역사교과서 내용에 대해 알아봅시다. 한국 역사교과서와 비교했을 때 보이는 차이점을 찾아봅시다. 우선 분량은 어떤가요?

학생: 한국보다 분량이 작아요. 사진이 많아요. 거북선이 나와요.

교사: 그럼 내용은 어떤가요? 한국 교과서에 없는 내용이 있나요?

학생: 평화와 우호라는 이름으로 사야카가 나와요. 이삼평이라는 도공이 나와요.

교사: 이삼평은 포로로 잡혀간 조선 사람으로 아리타도기라는 도자기를 만들기 시작한 사람으로 유명합니다. 오늘 배운 임진왜란의 원인과 과정, 결과를 비교해봅시다. 일본 역사교과서에서는 임진왜란의 원인을 무엇으로 보고 있나요?

학생: 우리 교과서에는 히데요시의 개인적인 욕심으로 나와 있지만, 일본의 역사교과서에서는 일본의 국내 사정을 중심으로 원인을 적고 있어요.

교사: 임진왜란의 결과는 어떻게 서술하고 있나요?

학생: 우리 교과서에는 조선의 완벽한 승리로 나타나는데 일본 교과서에는 피해 상황이나 결과는 자세히 적고 있지 않습니다. 전쟁 후 일본 국민들의 어려움을 적고 있습니다.

교사: 이러한 차이점들은 임진왜란 중이나 현재 자기 나라의 입장을 나타냅니다. 이처럼 하나의 역사적 사실도 보는 관점에 따라 여러 가지로 해석이 될 수 있습니다.

○ **정리(5분)**

교사: 1시간 동안 임진왜란에 대해 수업을 했습니다. 수업을 하는 동안 계속 궁금했는데, 과연 임진왜란에서 어느 나라가 승리했다고 생각하는지 손을 들어 확인해보면서 수업을 마치겠습니다.

학생: 조선 승리 17명, 일본 승리 7명, 양국 모두 패했다 10명, 무응답 5명

교사: 생각이 바뀌었다면 이유는 무엇인가요?

학생: 공부해보니까 조선이 안됐어요.

학생: 팔은 안으로 굽잖아요.

학생: 전쟁은 많은 사람이 고통을 받는 것이니까요.

4. 수업을 마치고

수업을 진행하면서 아쉬웠던 점은 우선 수업 전에 학생들이 임진왜란 하면 생각했던 지식이나 고정관념, 즉 큰 전투나 전공을 세운 장수들의 이름, 승패의 판단 기준, 많은 희생자의 수를 생각하는 경향들을 많이 바

꾸지는 못했다는 것이다. 학생들이 주장의 근거로 사용한 내용들과 수업 후에 다시 임진왜란의 승패를 물었던 질문에 답한 내용을 보면 알 수 있다. 이렇게 전쟁이나 침략에 대한 시각과 판단 기준들은 임진왜란에만 국한된 것이 아니라 역사 속의 다른 전쟁이나 현재 우리가 살고 있는 현대의 전쟁을 바라보는 시각과 맞닿아 있다. 물론 교사가 옳고 그름을 판단해 학생들에게 정확하게 나아가야 할 바를 제시할 수 없다. 하지만 역사 속의 전쟁을 배우면서 전쟁이 많은 사람에게 어떤 영향을 가져오는지 생각해볼 수 있어야 할 것이다. 그리고 이러한 과정을 통해 학생들은 전쟁을 바라보는 새로운 시각과 판단 기준들을 얻을 수 있을 것이다.

또 아쉬웠던 점은 임진왜란의 원인을 너무 간단히 설명하고 넘어갔던 점이다. 만일 학생들이 임진왜란의 원인을 보다 풍부하게 이해하고 있었다면 작게는 토론과정에서 그것을 논거로 사용했을 것이고, 크게는 국제적인 전쟁이 어떻게 발생하는지의 생각까지 이르렀을 것이다.

이번 수업은 특강 형식으로 이루어진 단발성 수업이었다. 만일 정규 수업으로 진행한다면 임진왜란의 원인과 과정을 알아보는 수업 후에 이번과 같은 방식으로 왜란에 대한 학습을 정리해보면 좋을 것 같다. 평소에 사용하지 않던 자료를 부분적으로 제시하며 진행한 수업이었지만 학생들은 이전과는 다른 자료와 생각들을 접해본다는 자체를 좋아한 것 같다. 조금만이라도 다른 것에 관심을 가지게 하는 것, 이것이 한국이나 일본이나 서로를 알아가는 데 필요한 기본 조건인 것 같다.

빈수민(대구 경북여자고등학교)

2장

동아시아 관점에서 선주민족 아이누의 역사를 어떻게 가르칠까

1. 들어가며

내가 근무하는 삿포로 시노로고등학교는 삿포로시와 이시카리시의 경계에 위치하고, 1개 학년에 8학급씩 해서 전교생 910명인 대규모 학교이다. 학생의 9할은 진학을 희망하고, 대학이나 전문학교로 진학하는 학생이 반반이다. 그러나 일반 입시를 보는 학생보다 추천 입학으로 진학하는 비율이 높아, 학교의 분위기가 그만큼 입시 지도에 힘을 기울이고 있는 편은 아니다. 이렇게 입시 지도에서 자유로운 편이라서 올해는 교과서 《일본사 A》의 전반부 〈생활과 역사〉 부분을 '홋카이도사를 배우다'라는 테마 학습으로 수업하기로 했다.

2. 홋카이도사를 통사로 배우는 수업

수업 내용

차시	주제	내용
1	역사를 배운다는 것은 무엇인가	역사인식의 자기 중심성에 대하여
2	조몬시대는 뒤떨어진 시대인가	1500년간 지속된 산나이마루야마 유적에 대하여
3	일본사와 홋카이도사	일본사와 다르게 전개된 홋카이도의 역사
4	오호츠크문화의 역사	오호츠크문화의 발견과 그 특색에 대하여
5	에미시의 아테루이(8세기 아이누족의 영웅)	도호쿠·홋카이도의 에미시와 그 저항의 역사
6	취우(독수리 깃털)와 쇼토쿠 태자	취우로 생각해보는 에미시의 교역
7	사쓰몬문화와 일본의 역사	사쓰몬인의 수혈주거와 일본사의 관계
8	교역으로 특화해간 사쓰몬인	이시카리강 수계에서 보이는 사쓰몬 취락지의 특징
9	사쓰몬문화로부터 아이누문화로	사쓰몬인의 외부와 교역
10	아이누민족과 일본인의 전쟁	코샤마인전투에서 나타난 것
11	샤쿠샤인전투	이 전투에 나타난 바쿠후(幕府)의 지리 인식에 대하여
12	교역민에서 강제노동으로	상장지행제(商場知行制)*에서 장소청부제(場所請負制)**로의 변천
13	막부에 의한 에조치 직할	러시아인의 남하와 아이누민족의 동화정책에 대하여
14	사할린치시마 교환조약에 대하여	국가에 의한 강제 이주가 아이누민족에게 가져다준 것
15	영국 여성이 본 메이지시대의 홋카이도	이사벨라 버드 비숍의 《일본오지기행》에서 나타난 것

뒤에서는 이 표의 수업 3개 사례를 설명하겠다.

- 경지가 적은 마쓰마에번에서 번주가 특정 지역 안에서 아이누와 교역권을 상급 무사에게 인정한 제도
- 마쓰마에 번주나 그 가신이 특정 지역에서 어업의 경영을 일본인 상인에게 맡기고 세금을 받는 제도

두 번째 주제 수업 '조몬시대는 뒤떨어진 시대인가'

홋카이도사를 살펴보면서 '조몬시대를 파악하는 방법'이 중요하지 않을까 하고 생각했다. 왜냐하면 일본사와 홋카이도사가 공유하고 있는 역사 시대의 기초가 조몬시대이고, 조몬시대 이후의 홋카이도문화를 '속(續)조몬문화'로 부르기 때문이다.

조몬시대를 이해할 때 뒤떨어진 문명으로서 수렵·채집, 수혈주거, 조몬토기를 사용한 자급자족의 닫힌 시대라는 이미지밖에 떠올리지 못한다면, 홋카이도에서 전개된 '속조몬시대'도 혼슈에서 전개된 '야요이시대'보다 뒤떨어져 있다고 생각할 수밖에 없다. 이러한 생각은 속조몬시대, 그리고 사쓰몬시대의 연장선에 있는 아이누문화를 수렵·채집 중심으로서 농경을 하지 않는다는 이유로 뒤떨어진 문화라고 하는 견해와 연결되는 것 같다. 그런 학생들의 생각을 깨고 싶다는 생각으로 '조몬시대는 뒤떨어진 시대인가'라는 도전적인 표제를 붙였다.

수업은 1992년 아오모리현에서 발견된 산나이마루야마 유적에 대한 학습으로 구성했다. 조몬토기의 사진을 보여주고, 조몬시대의 이름의 유래를 질문했다. 학생들 대부분은 중학교 때 배워 조몬토기에 조몬(繩文), 즉 새끼줄 무늬가 있어서 조몬시대란 이름이 붙여졌다는 것을 알고 있었다. 그러나 새끼줄 무늬를 장식용으로만 보는 학생들이 많았다.

조몬토기 중에는 뱀 무늬가 있는 것이 있다. 조몬시대를 정신문화적으로 애니미즘 시대라고 이해한다면, 토기 안에 넣는 내용물이 썩지 않고 오래 저장되었으면 하는 바람이 토기 무늬로 표현되었을 수 있음을 알려주고 싶었다.(아이누문화에서도 옷에 소용돌이 모양의 아이우시무늬와 가시 모양의 모레우무늬를 표현하는데, 나쁜 기운을 막는 의미이다.)

자료를 배포하고, 질문을 하면서 수업을 진행했다. 첫 번째 질문은 이 유적을 관람하는 높이가 어느 정도인지 현대 건물의 높이로 답하게 했는데, 5층 건물 높이라고 정답에 가깝게 답한 학생이 많았다. 또 유적의 규모를 짐작할 수 있게 도쿄돔의 크기로 몇 개가 될지 묻기도 했다. 정답은 7개였다. 역사수업에서 크기를 이야기할 때 구체적이고 실감 나는 사례를 들어 설명하는 방법이 좋다고 생각한다. 이 유적이 다른 조몬유적에 비해 크게 두드러지는 이유는 그 토기와 석기의 엄청난 양이다. 세 번째 질문의 답은 골판지 4만 개 분량이다. 학생들은 그보다 적게 어림하고, 답을 듣고 놀라워했다. 그 후 이와테현의 가이토리(貝鳥)패총에서 출토된 사람 턱뼈에서 조몬인의 충치 수를 가늠하게 했다. 학생들은 조몬인의 충치 수가 현대인보다 많을 것이라며 답했는데, 정답은 9개였다.

수업의 중심은 10분간의 비디오 시청이었다. 영상에서는 뗀석기를 써서 실제로 나무를 베어 넘어뜨리는 장면, 나무 자루를 석기에 설치하는 방법 등이 소개되었다. 그리고 산나이마루야마 유적에서 발견된 밤꽃 가루에서 조몬인의 밤 재배를 추측할 수 있음을 DNA 분석 등을 통해 과학적으로 실증해서 보여주었다. 산나이마루야마 유적에서 발견된 비취는 500킬로미터나 떨어져 있는 니가타현의 이토이강에서 생산된 것이었다. 또 돌화살촉의 재료가 된 흑요석은 홋카이도의 도카치 등에서 운송되었다. 이렇게 조몬시대는 자급자족에 그치지 않고 환목선(丸木船)을 사용한 교역이 활발하게 이뤄진 시대였다. 그 후 학생들에게 수업 감상을 쓰게 하여 제출하게 했다. 학급당 10명 정도의 감상문을 뽑아 다음 수업에서 배포하여 학생들에게 읽게 했다.

학생들의 감상을 보면, 조몬인의 돌도끼 만드는 지혜에 감탄한 내용이 많았다. 또 밤꽃 가루의 DNA 분석으로 밤나무를 재배했음을 알아낸 사실에 놀라기도 했다. 산나이마루야마 유적의 규모와 원격지와의 교역을 알게 되었다는 학생도 있었다.

다섯 번째 주제 수업 '사카노우에노 다무라마로가 목숨을 구해달라고 탄원한 아테루이'

일본 역사를 시대별로 구분할 때, 고훈시대부터 아스카시대에 해당하는 야마토 정권 시기, 야마토 왕권과 에미시의 관계를 다룬 학습지 '사카노우에노 다무라마로가 목숨을 구해달라고 탄원한 아테루이'를 배포했다. 이 수업의 목표는 지금으로부터 약 1,200여 년 전에 처형된 에미시의 지도자에 대한 평가가 1980년대부터 달라지고 있는 점을 통해 역사관이란 무엇인가를 생각해보는 것이었다. 또 11월에 2학년이 수학여행으로 교토에 가는데, 교토의 명소 기요미즈데라는 천황의 명을 받고 에미시를 정벌했던 사카노우에노 다무라마로가 세운 절이다. 그리고 기요미즈데라에는 에미시의 지도자 아테루이와 모레의 현창비가 세워져 있다. 일본 국가와 에미시의 관계를 공부하기에 최고의 교재라고 생각했다.

그리고 중국의 영향을 받아 성립한 일본의 율령국가가 중국의 화이사상을 그대로 받아들여 가고시마(하야토), 도호쿠·홋카이도(에미시)를 뒤떨어진 문명으로 낮춰보던 태도는 근대 메이지시대에 일본 국가가 아시아 주변 여러 국가를 넘보며 침략했던 모습과도 겹친다. 또 사상사 측면에서 보면 천황을 중심으로 하는 국체 이데올로기가 아스카시대(6세기부터 8세기에 걸쳐서)에 일본의 주변부(도호쿠 지방)까지 침범하고 있었다. 예전에는 야마토 정권이 악의 상징인 에미시를 정벌했다고 하는 평가가 일반적이었는데, 이제는 에미시를 평가하는 관점이 달라지면서 자기들의 생활영역을 지키고자 했던 아테루이 등이 재조명되고 있다. 역사란 현재를 사는 우리의 의식이 바뀌면 계속 변화하는 것이다. 이 변화가 획일화된 역사관에 균열을 일으키고 있다.

이후 수업에서는, 658년에 사이메이 천황으로부터 아베노 히라후가 북방원정을 명령받고 에미시와 협력관계를 구축해 '숙신(肅愼)'이라고 불리던 오호츠크인과 싸운 것, 7세기에 야마토 정권과 에미시의 관계는 조공관계라 할 수 있었지만, 8세기 에미시를 이끈 아테루이의 시대에는 야마토 정권이 영토적 지배와 동화정책을 강화했다는 정세를 설명했다. 이 동화정책에 반발한 것이 '이사와전투'다. 결국 802년에 아테루이, 모레가 항복하고, 사카노우에노 다무라마로가 아테루이와 모레의 구명을 탄원하지만, 귀족들은 "에조는 야만이어서 약속을 배반하는 것이 보통이다"라 하며, 아테루이와 모레를 처형했다.

오사카의 히라카타시에 있는 아테루이와 모레의 무덤 자리에 위령비가 세워져, 매년 이와테현 사람이 위령제를 지내고 있다. 또 2005년 아테루이의 기일에 아테루이의 출신지인 이와테현에 위령비가 건립되었다. 아테루이가 죽은 후 약 1,200여 년이 지난 지금 드디어 반역자 아테루이의 싸움이 자기들의 생활영역을 지키기 위한 정당한 싸움이었다며 재검토되고 있는 것이다. 역사는 이렇게 지역의 관점에서 재평가될 필요가 있다. 류큐문화나 아이누문화의 재발견도 마찬가지 의미가 있다.

다만 이 수업을 진행한 후 학생들의 감상문을 작성하지 않아 학생들의 인식 변화는 살펴보지 못했다. 에미시가 홋카이도뿐 아니라, 도호쿠 지역에 분포했던 것, 또 야요이문화의 북상과 속조몬문화와의 융합 혹은 대립이 야마토 정권과 에미시의 싸움으로 표상되었다는 시각으로 수업을 전개했다. 그러나 많은 역사적 사실을 전달하는 데 치우쳐, 다소 일방통행의 경향이 있었다고 생각된다. 학생이 생각하게 만들 수 있는 지점을 만드는 수업 연구가 필요했다고 생각한다.

여덟 번째 주제 수업 '교역으로 특화해간 사쓰몬 사람들'

현재 일본의 역사교과서에서는 대부분 홋카이도나 오키나와의 통사를 다루지 않는다. 13세기 무렵이 돼서야 홋카이도에서 아이누문화가 등장하는 식이다. 조몬시대부터 13세기까지가 공백인 것이다. 그리고 메이지정부 수립 후 개척의 시대가 홋카이도 역사의 시작인 것처럼 다루고 있다.

아이누민족은 자연과 공생하고, 수렵·채집 위주로 농경문화가 뒤늦게 시작되어 뒤처져 있었으며, 나아가 선진적인 일본문화에 동화되었다는 식의 서술은 미국의 역사를 서술하는 방법과 매우 닮았다. 선주민이 살고 있던 토지를 주인 없는 땅으로 간주한 역사관을 공유하고 있는 것이다. 아이누문화가 어떤 과정을 거쳐 성립했는지 아는 것은 이 땅에서 살아온 사람들의 지혜를 배우는 것이기도 하다. 그리고 이 땅에서 살아온 사람들의 역사를 알게 됨으로써 삿포로 지역의 땅과 자연에 대한 이해도 달라지지 않을까? 이번 수업의 기대치가 거기에 담겨 있었다.

수업은 지금 학생들이 살고 있는 이시카리강 주변에서 사쓰몬문화가 전개되었음을 알려주며 진행했다. 사쓰몬문화 이전 조몬문화의 주거지는 대개 강의 범람을 우려해 구릉지에 분포했다. 그에 비해서 사쓰몬문화의 움집은 선상지의 메무(물고기가 많이 모이고 있는 곳) 지대에 형성되었다. 그 이유는 메무에 연어가 대량으로 올라오고, 대량으로 포획한 연어를 교역품으로 옮겨 내보내기 위해서도 선착장이 가까운 쪽이 편리했기 때문이다. 그 때문에 범람의 가능성이 있는 위험한 선상지에 촌락이 형성된 것이다. 대량으로 포획한 연어는 말려서 혼슈로 보냈고, 사쓰몬은 교역을 통해 철제 냄비, 옻칠 용기, 예식용 젓가락 등을 얻었다.

나중에 시험문제로 학생들에게 홋카이도사에 대해 써보라고 했을 때, "향토의 역사를 알게 되어 좋았다"라고 쓴 학생의 목소리를 소중히 하고 싶다. 향토의 역사를 배움으로써 가까운 이시카리강이나 도요히라강을 지금까지와는 다른 시각으로 바라보게 되고, 거기에서 역사를 생각하는 힘도 생기지 않을까 기대하고 있다.

이 수업의 마지막에는 학생들에게 조몬시대 전기의 지역 문화 분포도와 사쓰몬문화의 유적 분포를 작성하도록 했다. 사쓰몬문화 유적이라고 해도 시기마다 다르고, 문화라고 하는 것은 변한다고 하는 관점을 전하고 싶었다.

3. 수업을 준비하며

본교에서 사용하고 있는 교과서, 제일학습사의 《일본사 A》 제1장은 〈근대 일본의 형성과 19세기의 세계〉라고 하여 17세기 초 사쓰마번의 류큐왕국 침략, 17세기 중반 에조치에서의 샤쿠샤인의 봉기로 시작된다. 또 18세기 말에 에조치 근해에 나타난 러시아인 락스만의 이야기가 나온다. 서장 〈일본의 발걸음을 되돌아보자〉에서는 4쪽에 걸쳐, 조몬문화부터 에도시대 중기까지의 역사를 압축적으로 기술하고 있다. 교과서의 구성대로 진도를 나가게 되면, 이번 수업에서 시도한 홋카이도 고유의 역사를 다루지 못하게 된다.

이것은 고대부터 통사로 역사를 배우는《일본사 B》도 마찬가지이다. 13세기 이후에야 아이누에 대한 기술이 나타나는데, 에조치라는 미개한 땅에 13세기가 되어 돌연 '아이누민족'이 등장하는 것이다. "일본사에서 홋카이도의 '속조몬문화', 사쓰몬문화', '오호츠크문화'에 대해 어떤 위상을 부여할 것인가?"가 이후의 과제라고 생각된다.

일본의 역사서술은 나라(奈良)의 야마토 정권이 중심이 되어야만 할까? 도호쿠 지방의 에조치, 규슈 남부의 하야토, 류큐 사람들, 홋카이도의 아이누민족을 일본사의 주변으로만 치부하지 않도록 역사를 재평가하는 시도가 필요할 것이다.

지금, 지난 역사관, 역사기술을 반성하고 재검토가 이뤄지고 있는 가운데, 지역의 독자적인 역사를 가르치는 시도를 해보면 어떨까? 홋카이도에서도 일본 역사를 조몬시대 → 야요이시대 → 고훈시대 → 아스카시대로만 가르치고 있어, 향토의 역사가 조몬시대 → 속조몬문화 → 사쓰몬문화 → 아이누문화로 이어졌다는 흐름을 알고 있는 학생은 전무하다. 학생들이 자기들의 선조가 메이지시대 이후에 홋카이도에 건너왔다고 알고 있거나, 당시도 지금도 혼슈를 '내지'라고 부르는 인식과 연관되어 있지 않나 하는 생각이 든다.

오키나와 역사교육연구회에서 1997년《류큐·오키나와사》라고 하는 교재를 만들었다. 〈들어가기〉를 보면 이렇게 쓰여 있다. "있었던 역사 사건에 대해 말한다는 것은 현재의 역사관으로 과거의 역사 사실을 평가하는 것이다. 다시 말하면 현재의 역사관이 내일의 역사의 지침을 나타냄다고 할 수 있다. 이러한 역사관을 다듬어가는 한편 지역의 역사를 배우는 것이 중요하다. 추상적이고 일반적인 개념으로 추출해서 역사를 이해할 때, 지역에서 구체적인 역사 현상을 밝혀내는 것을 더하면 역사의 본질에 보다 가까워진다고 하겠다."

홋카이도의 땅에서 역사를 가르치고 배운다는 것은 어떠한 의미를 가지는 것일까? 야요이시대의 벼농사도 없고, 고훈시대의 고분도 만들어지지 않고, 아스카시대의 불교유적도 없는 이 땅에 과연 역사라는 것은 없었던 것일까? 이 땅의 역사를 기술하지 않고 배우지 않는 것은, 마땅히 이 땅에 있었던 사람의 일이나 문화를 무시하는 것과 연결된다. 근대 일본 국가는 류큐인이나 타이완인, 선주민 아이누족을 미개하다고 멸시하며 동화시키는 것을 당연시했다. 나아가 한반도나 중국을 정복한다며 과욕을 부렸다.

홋카이도가 마치 고대부터 일본 국가 고유의 영토였던 것처럼 지역의 고유한 역사를 외면한 역사서술은, 1899년에 아이누민족을 미개한 '구토인(舊土人)'이라고 모욕한 이래 1997년의 〈아이누문화진흥법〉 성립까지, 선주민으로서의 존재를 억압하고 배제한 일본 정부의 자세와 통하는 것은 아닐까?

4. 이후의 과제

유감스럽게도 이번에는 1870년대까지의 홋카이도사밖에 다루지 못했다. 이때부터 현재까지 140여 년간 둔전병제 실시(1874), 아이누민족의 수렵·어로 금지, 동화정책의 일환인 〈홋카이도 구토인보호법〉 제정

(1899), 홋카이도아이누협회 결성(1930), '홋카이도 100년' 개척 기념행사 개최(1968, 주최 측인 정부나 민간 모두 아이누민족과 관련 없음), 세계선주민족회의 개최(1989), 그리고 1997년 〈홋카이도 구토인보호법〉 폐지와 〈아이누 문화진흥법〉 제정까지 많은 일이 있었다. 〈아이누 문화진흥법〉이 획기적이었던 이유는 제1조에서 일본이 다문화사회가 되는 것을 처음으로 선언했기 때문이다. 다만 아이누민족이 추구한 자원·정치적·경제적·교육의 권리 문제에 대해서는 언급하지 않았다. 2008년 국회에서 아이누족이 선주민족임을 인정하고 정부에 관련 정책을 적극 추진할 것을 요구하는 결의가 채택되었다.

이렇게 아이누가 선주민으로 인정된 이후, 학교 현장에서 아이누 문제를 어떻게 교육할지 이슈가 되고 있다. 일본사를 이해하는 방식을 재검토해야 하고 학생들이 더욱 정확한 역사인식을 배울 수 있도록 해야 할 것이다. 이번과 같은 향토의, 홋카이도의 역사를 학생들과 함께 살필 수 있는 수업을 계속하고 싶다.

우바타니 히로아키(姥谷広昭, 삿포로 소세이고등학교)

3장

미안해요, 베트남

1. 수업을 하게 된 계기

1999년에 서울 남성초등학교 어린이들과 함께 조선통신사 수업을 했다. 믿음과 우호의 교류를 한 조선통신사를 기억하면서 과거 조선과 일본의 에도 정부가 양국 관계를 믿음으로 꾸려가려 했다는 내용을 배우는 수업이었다. 그런데 아이들은 교사의 수업 의도를 그대로 받아들이지 않았다. 수업 후 한 학생의 평가 글은 나를 당혹스럽게 했다. "아무리 선생님이 일본을 좋게 이야기해도 나는 믿을 수 없어요. 그렇게 좋은 관계였다면 왜 나중에 일본이 우리나라를 침략하고 식민지로 삼았나요?"

아이들의 반응은 이중적이었다. 자신들이 즐기는 일본문화는 좋게 받아들이다가도 역사 이야기가 나오면 화를 내면서 일본은 나쁜 나라라는 생각을 바꾸려 하지 않았다.

역사를 배울 때 역사적인 사건들을 파악하면서 객관적으로 생각하려고 하기보다는 감정적인 대응이 앞서는 아이들, 그것은 아마도 국가와 역사가 한 몸이라고 생각했기 때문이 아닐까?

때마침 주간지 《한겨레 21》에 베트남전쟁 때 한국군이 베트남 양민을 학살한 내용의 기사가 실렸다. 한국현대사 전공인 한홍구 교수가 쓴 기사였다. 그러자 베트남전쟁에 참전했던 사람들이 한겨레신문사로 달려가 화염병을 던지면서 항의하는 시위를 했다. 그런 이슈들을 접하면서 나는 아이들과 함께 베트남에 대한 수업을 해보면 좋겠다는 생각을 했다.

국가 대 국가로서의 이야기가 아니라 전쟁으로 인해 얼마나 많은 사람이 희생을 당하고 아파하는지를 알게 하고 싶었고, 또 우리의 어두운 역사에 대해서도 알려주고 싶었기 때문이었다.

초등학교 6학년 2학기 사회과에 '세계 여러 나라 사람들의 생활'이라는 주제의 활동이 있었다. 이 수업에 베트남을 끌어들이고 싶었다. 단지 베트남이라는 나라의 모든 것을 기계적으로 배우는 것이 아니라, 한국과 베트남 사이에 있었던 역사적 사건을 가지고 접근하고 싶었다. 한국군이 베트남전쟁에 참여해서 양민 학살을 했다는 사실과 지금까지 한국사회가 이것을 어떻게 알고 있는지를 언급하며, 베트남이라는 나라를 배워보면 어떨까 하는 생각이었다.

바로 베트남전쟁에 대해 수업하기는 어렵다고 생각되어 마침 그때 나온 〈미안해요, 베트남〉(박치음, 2001)이라는 노래를 들려주고, 아이들이 이 노래에 어떤 관심을 가지는지 확인하고 나서 수업을 진행하려 했다.

아이들이 알지 못하는 한국의 부끄러운 역사를 알게 하고 싶었다. 쉽

| 마주 보는 역사수업 |

게 접근하기 위해 노래를 통해 궁금증을 가지게 하고, 더 나아가 아시아 여러 나라에 대한 관심을 끌어내고 싶었다. 하지만 이 수업을 통해서 내가 가장 바랐던 바는 역사 사건을 국가의 논리로 생각하지 않고, 그 사건을 겪어낸 사람들의 삶을 통해 바라보게 하고 싶었다.

2. 수업 구성과 전개 방식

수업의 구상

수업하고자 하는 내용을 아이들에게 어떻게 가지고 갈까? 이 문제는 교사에게 항상 숙제이다. 쉬운 것 같지만 건드리기 어려운 사실을 이야기하면서, 그 나라 사람들의 생활모습까지 배워야 하는 것은 더욱 어렵다.

시민단체 중에 '지구촌 나눔'이라는 곳이 있다. 그곳의 활동가들은 동남아시아를 찾아가서 그 나라의 생활모습과 그곳 어린이들의 생활을 다큐멘터리로 찍어와 우리나라 초등학생들에게 소개한다. 운이 좋게 활동가들과 연락이 닿았고 나의 수업 의도를 밝히고 수업을 도와달라고 부탁했다.

그러고 나서 아이들이 배운 것을 이야기 나누기, 글쓰기 활동을 통해 정리하기로 했다.

수업하기 전에	〈미안해요, 베트남〉 노래를 배우고 이 노래에 얽힌 여러 가지 이야기와 궁금한 점을 아침 조회 시간과 오후 종례 시간을 이용해 이야기하기	듣고, 이야기 나누기
본 수업	시민단체 '지구촌 나눔'의 활동가들이 교실에 찾아와 베트남에 대한 여러 가지 내용을 가르치기	활동 중심의 수업

수업하고 나서	배우고 난 것에 대한 생각 나누기와 글쓰기	이야기와 글쓰기

수업 전개 내용: 베트남은 어떤 나라일까?

영역	타 문화 이해	주제 – 어떤 나라일까?
지도 목표	1. 지구상에 한국 이외의 많은 나라가 있음을 안다. 2. 베트남의 위치, 그리고 우리나라와의 공통점과 차이점을 '알기 상자'로 익힌다.	별도 양식
준비물	세계지도 1장, 한국 지도 7장, 베트남 지도 7장, 두 나라 비교 패널 1개, 베트남 알기 상자 8개(베트남 국기, 아오자이 입은 아이 인형, 돈, 모자, 제기, 공기, 동화책, 도시 사진) 아이들 활동지 백지도,	

	활동 내용	자료 및 유의점
도입	▶1단계 지구상에는 얼마나 많은 나라가 있을까? ·전 지구상에 몇 나라가 있는지 질문한다. ·작은 나라에 대해서 모르는 까닭을 생각해보도록 한다.	·6명씩 한 모둠으로 만들어 모둠학습을 한다.
전개	▶2단계 우리가 배울 나라는 어떤 나라일까? ·베트남 비디오 보여주기 5분 《세계를 간다, 베트남 편》 ·베트남 알기 상자를 모둠마다 나누어주고 살펴보게 한다. ▶3단계 비디오와 알기 상자를 근거로 우리가 배울 나라가 어떤 나라인지 상상해서 쓰게 한다. ·위치를 생각해보도록 한다. 그리고 왜 그런 생각을 했는지도 질문한다. ▶4단계 세계지도와 백지도 나누어주기 ·세계지도에서 한국과 베트남 위치 찾기(두 나라의 수도 찾기, 거리 인식–비행기로 몇 시간 걸릴까?) ·한국과 비교(크기, 기후, 국기, 수도 등)	·한국과 다른 점이 무엇인지 생각하게 한다. ·백지도를 아이들에게 나누어준다.
정리	·서울에서 베트남을 알아볼 수 있는 방법 이야기하기 (대사관 홈페이지, 역사책, 여행 관련 자료) ·모둠별로 베트남에 관한 자료 모아오기 과제	·수업시간에 배운 것만이 아니라 아이들 스스로 관심 있는 것도 스크랩할 수 있도록 이야기하기

3. 학생들 활동 및 반응

이 수업의 특징은 시민단체 '지구촌 나눔' 활동가들이 찾아와 수업을 했다는 것이다. 수업을 시작하면서 활동가가 이런 질문을 했다. "여러분, 베트남에 대해서 알고 있는 것이 무엇이 있나요?" 그러자 아이들은 손을 들며 다음과 같은 이야기를 했다.

· 월남전에 용병으로 가서 싸웠어요.
· 월남전에서 돈을 벌어서 경부고속도로를 만들었대요.
· 베트남은 미국과 싸웠어요.
· 베트남 사람들은 밥을 손으로 먹어요.(모두 웃음)
· 베트남 국수 맛있어요. 숙주나물이 많이 들어가요. 월남쌈도 맛있어요.

아이들은 자기들이 알고 있는 것들을 스스럼없이 발표했다. 이렇게 시작한 배움 활동이 아이들의 흥미를 이끌어내면서 수업이 진지하게 진행되었다. 수업하기 전에 〈미안해요, 베트남〉이라는 노래를 가지고 여러 가지 이야기들을 배운 적이 있어, 아이들은 베트남전쟁에 관심을 가지고 계속 질문을 했다.

· 미국은 왜 베트남과 싸웠나요?
· 우리나라 군인은 왜 베트남 사람들을 죽였나요?
· 베트남은 왜 공격을 받아야 했나요?
· 전쟁은 왜 일으켰나요?

· 베트남이랑 미국이랑 싸우는데 왜 우리나라 군인이 가서 싸웠나요?

사실 이런 질문은 간단하게 답해줄 수 있는 것이 아니어서, 여러분이 나중에 크면 직접 찾아보고 스스로 공부하면 좋겠다고 답을 해주었다. 수업을 끝낸 후 아이들의 글은 대부분 다음과 같았다. 하나는 베트남전쟁에 대한 것, 그리고 또 하나는 베트남 사람들의 생활에 대한 것이었다.

· 처음에는 우리가 왜 베트남에게 미안해야 하는지 몰랐다. 그리고 용병이라는 것도 몰랐다. 하지만 〈미안해요, 베트남〉이라는 노래를 선생님이 들려주어서 알게 되었다. ○○가 베트남에서 한국군이 번 돈으로 경부고속도로를 만들었다고 했는데 그걸 꼭 만들어야 했을까? 미국은 왜 우리나라 용병들을 이용했을까? 우리가 일제시대에 받았던 수모를 베트남 사람들에게 똑같이 했어야 했는가? 우리나라 용병들은 얼마나 미안한 마음을 가지고 있을까? 처음엔 몰랐는데 정말 베트남에게 미안하다. 그것도 모르고 왜 미안해야 하냐고 질문했던 게 부끄럽다.

· 베트남 사람들은 무엇을 먹고 살까? 쌀로 만든 밥이나 국수를 먹는다고 한다. 베트남 사람들은 어떤 옷을 입을까? 아오자이라는 옷을 입는다고 한다. 왜 논이라는 모자를 쓸까? 더워서일까? 그리고 우리나라 사람들이 왜 베트남에 팔려갔을까? 선생님이 한 이야기를 들으면 우리나라 사람들이 베트남에 팔려가서 죄 없는 사람들을 죽였다고 한다. 그것이 사실일까? 정말 그랬을까?

| 마주 보는 역사수업 |

4. 교사의 수업 소감

수업을 마치고 마음에 앙금처럼 가라앉는 것이 꽤 있었다. 초등학교 아이들에게 전쟁 이야기를 하면 생각 외로 나보다 더 진지하게 파고들면서 엄청 감정적인 반응을 보인다.

'용병'. 나는 '용병'이란 단어를 쓰지 않았는데, 〈미안해요, 베트남〉 노래를 들려준 이후 아이들이 인터넷에서 베트남전쟁에 대한 것을 찾아본 후 그 정보들을 그대로 가지고 와서 이야기하는 것을 보고 걱정이 되지 않을 수 없었다. 그래서 될 수 있으면 단어를 조금 부드럽게 설명하고는 했는데 큰 효과는 없었던 것 같았다.

수업 중에 시민단체 활동가가 미국과의 전쟁에서 이긴 나라는 베트남밖에 없다는 이야기를 지나가는 말로 했을 때, 아이들이 열광하는 분위기를 보여준 것도 불편하게 느껴졌다. 수업을 하기 전에 활동가와 나의 수업 의도를 두고 충분히 이야기를 나눴지만, 그럼에도 불구하고 생각지도 않았던 이야기가 나와서 놀랐던 기억도 있다. '전쟁' 이야기를 통해서 그 나라의 생활모습을 알아보려고 했던 것은 무리였을까?

'짧은 시간의 수업을 통해서 너무 큰 것을 바란 것은 아니었을까?' 하는 생각을 하면서, 다음번에 같은 수업을 한다면, 조금 더 배려 있게 많은 시간을 들여서 사람들의 생활모습과 그들의 고민까지도 생각하게 하는 수업을 하고 싶다. 그 위에 어두운 역사 이야기를 한 조각 얹어서 생각해보게 하는 수업 말이다.

최종순(전 서울 도봉초등학교)

4장

영토교육과 독도로 보는
초등학생의 일본 인식
—한국과 일본의 미래 지향적 과제로서 독도 교육 방향

1. 수업 배경

언론에서 독도와 관련된 일본 정부의 동향을 보도할 때, "터무니없는", "근거 없는", "허무맹랑한"이란 표현을 자주 듣게 된다. 이러한 표현의 기저에는 '일본의 주장은 듣고 싶지 않다거나 상대할 가치도, 필요도 없다'라는 태도가 깔려 있다.

동아시아 각국은 과거 역사와 사건들이 복잡하게 얽히며 발생한 영토문제로 서로 첨예하게 대립하고 있다. 각국의 주장에는 각각의 근거와 맥락이 있어 합의점을 찾기 어렵다. 우리나라 역시 일본과 독도 영유권 문제로 분쟁을 겪고 있다. 한국 정부는 독도 문제에 대처하는 방법의 하나로 독도 교육을 강화하고 있다. 이러한 경향은 2015년에 개정된 초등학교 사회과 교육과정에 더욱 두드러지게 나타났다. 나는 학생들과 함께 일본과의 영토분쟁에서 독도가 갖는 의미를 살펴보고 한일 양국의 객관적 서술 자료를 토대로 독도에 대한 이해를 객관화시키고자 했다. 또 이런 영토분쟁의 원인과 소모적 논쟁의 해결책, 학생 수준에서 할 수 있는 방법을 고민하고 일본과 평화로운 미래로 나아가기 위해 궁리해보는 수업을 하고 싶었다.

2015 교육과정	
학년/영역	성취 기준
6학년/통합(통일 한국의 미래와 지구촌의 평화)	독도를 지키려는 조상들의 노력을 역사적 자료를 통하여 살펴보고, 독도의 위치 등 지리적 특성에 대한 이해를 바탕으로 하여 영토 주권 의식을 기른다.

2. 수업 실천

수업 구상

독도 수업은 역사, 지리, 일반사회 영역으로 나눠 분과별로 접근할 수 있고, 각 분과를 통합시켜 접근할 수도 있다. 이번 수업은 비록 지리 영역의 요소가 강한 영토교육에 주안점을 두기는 했으나 통합적 접근을 시도했다.

수업의 대상인 5학년의 특성상 교과서에서 독도 분량 자체가 부족했고, 또 수업의 주요 요소로서 한일 양국의 객관적 서술 자료를 활용하고자 했다. 독도에 대한 역사 자료를 객관화해보면 우리나라의 주장이 더욱 명료해질 것으로 기대했다. 이러한 점들을 감안하여《마주 보는 한일사 Ⅲ》한일 근현대사 편의 소주제〈독도와 다케시마〉를 중심으로 수업의 내용을 구성했다. 또한 학생 활동 등은《초등학교 독도 바로 알기》교재를 이용하여 구성했다.

수업은 직소(Jigsaw) 활동을 통한 조사학습, 독도 관련 내용 수업, 앞의 두 수업을 통해 알게 된 것을 활용하는 활동 수업, 세 부분으로 구성하고 각 수업에 2차시 정도 소요될 것으로 예상했다. 특히 수업을 진행한 학교는 탄력적으로 수업시간을 조정하는 블록수업을 한다는 점을 감안하여 연차시로 구성해 총 6차시 수업을 계획했다.

수업 절차

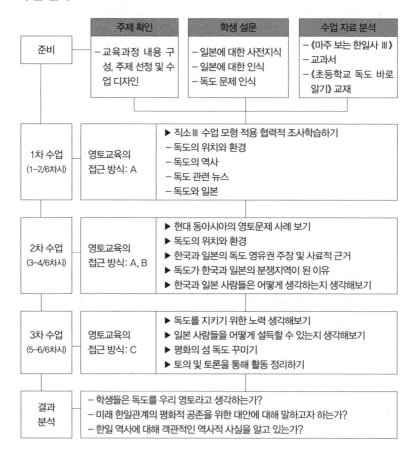

| 마주 보는 역사수업 |

통합적 차원의 영토교육 수업을 위하여 수업 전 설문으로 일본과 독도에 대한 사전지식 및 인식을 알아보았다. 수업은 총 3블록 6차시로 계획되었고, 영토교육의 접근 방식에 따라 영토에 대한 교육(A), 영토로부터의 교육(B), 영토를 위한 교육(C)으로 구분하여 진행되었다. 수업을 실시한 후 수업과정의 관찰과 결과물에 대한 면담을 통하여 그 결과를 분석하고 시사점을 도출했다. 수업의 과정을 정리하면 앞의 표와 같다.

설문 및 분석

준비과정에서 설문조사에 대한 학생들의 응답은 대체로 역사적, 감정적인 측면에서 부정적인 견해가 많았다. 설문에 임한 5학년 학생들은 일본을 우리 역사와 관련지어 인식하는 경향이 있었다. 지리적으로 가까운 나라, 일본의 자연재해 등에 대해 알고 있었으며, 문화적으로는 음식, 연예인, 만화, 인형 등을 떠올렸다. 일본을 상징하는 색깔로 빨간색을 꼽는 학생들도 있었다.

한국과 일본의 관계에 대해서는, "매우 좋다"는 없었으며, "좋다"가 8%, "보통"이 64%, "나쁘다"가 28%로 전반적으로 한일관계를 보통 이하로 인식하고 있었다. 또 일본에 관한 생각에 영향을 받는 것으로는 학교 수업 중 교과서나 선생님의 말씀이 56%로 가장 많았으며, 역사 관련 책이 50%, 텔레비전이나 인터넷이 60% 등으로 나타났다. 5학년 학생들은 아직 역사수업을 듣기 전이므로 대중매체가 일본에 대한 인식에 주요한 영향을 끼침을 알 수 있었다.

"독도에 대해 알고 있는가?"의 질문에 대해서는, "조금 이상 알고 있다"는 학생이 "거의 모른다"는 학생보다 12% 정도 높게 나타나 대체로 독도에 대해 많이 안다고 할 수 없었다.

독도에 대해 배운 경로를 물어본 질문에는 5학년 1학기에 독도 관련 내용을 학습한 상태였기 때문에 "학교 수업 중 교과서와 선생님 말씀"이 88%로 가장 높았고 "역사 관련 책"이 40%, "TV"가 52%, "어른들의 말씀"이 32% 등으로 나타났다.

학생들은 독도의 자연환경, 일본과의 영토분쟁 등을 대체로 인지하고 있었다. 특히 일본의 주장에 어떻게 대응해야 하는지의 질문에는 일본에 대한 항의와 설득, 독도 경비의 강화 등으로 답했다. 그런데 한국과 일본이 독도 문제로 다투지 않기 위해서 앞으로 어떻게 해야 할지 물어본 질문에서는 뜻밖의 답변들이 있었다. 학생 대부분은 "캠페인을 통해 우리나라라고 말해준다", "협상하여 일본을 설득한다", "평화롭게 살도록 노력한다", "일본이 포기하도록 설득한다" 등으로 답했으나, 일부 학생들은 "독도를 일본과 반반씩 나누어 가진다", "동도는 우리나라, 서도는 일본이 가진다"고 답했다. 설문과 관련한 학생들의 다양한 반응에 대해서는 수업을 통해 면밀히 관찰해보고자 했다.

수업 결과

1차 수업은 모둠별로 모여 조사 내용을 확인하고, 조사 내용이 겹치는 학생들끼리 다시 모여 서로의 조사 내용을 발표하게 했다. 서로의 발표를 듣고 본인이 조사한 내용과 다른 내용이 있으면 협의를 거쳐 내용 수정을 하고, 조사에서 빠진 내용은 서로 보완하여 기록하도록 했다. 이 과정을 거쳐 해당 내용을 학습한 후 원래의 모둠으로 돌아가 자기 내용을 모둠원에게 설명하고, 그 내용을 모두 모아 전지 크기의 종이에 기록하여 발표하도록 했다.

2차 수업은《마주 보는 한일사 Ⅲ》한일 근현대사 편을 토대로 교과서와 동북아역사재단의《초등학교 독도 바로 알기》교재의 내용 및 활동을 재구성하여 수업을 구성했다. 현대 동아시아의 영토문제 사례 보기, 독도의 위치와 환경, 한국과 일본의 독도 영유권 주장 및 사료적 근거, 독도가 한국과 일본의 분쟁지역이 된 이유, 한국과 일본의 문화적 차이, 한국과 일본 사람들은 독도 문제를 어떻게 생각하는지, 왜 그렇게 생각하는지 등에 대해 알아보는 활동을 통해 1차 수업으로 학습한 내용을 좀 더 심화시켰다. 특히 한국과 일본 양국 주장의 근거와 이유, 한국과 일본의 문화적 차이 등에 대해서는 학생들이 상당한 호기심을 가지고 수업에 참여했다. 또한 독도가 우리 영토라고 주장하는 것과 같이 일본 주장의 근거에 대해서도 알아보고자 노력했다. 자료로 제시된《마주 보는 한일사 Ⅲ》의 독도 관련 내용을 읽고, 일본의 주장에 대하여 반박하는 근거 자료를 학생들이 스스로 찾아보려 노력했다.

3차 수업은 1, 2차 수업 활동을 정리하고 독도 문제에 대한 학생들의 생각을 정리해보는 활동으로 진행되었다. 일본 사람들에게 "독도가 한국의 영토임을 설득하기", "독도 문제를 어떻게 해결해야 하는지 생각해보기", "평화의 섬 독도 꾸미기", "토의 및 토론을 통해 활동 정리하기"의 과정으로 진행되었다.

3차 수업 후 학생들은 우리나라가 독도 문제의 해결을 위해 일본을 계속 만나 대화와 설득을 진행하면서, 증거를 통해 독도가 우리 영토임을 다양하게 홍보해야 한다고 했다. 수업 이후 교사는 학생 중에서 독도를 한국과 일본이 나누어 써야 한다고 의견을 낸 학생 2명을 만나 그들의 생각을 깊이 있게 들어보았다.

교사: 독도는 어느 나라의 땅이라고 생각하니?

학생 1: 독도는 당연히 우리 땅이죠.

학생 2: 저도요.

교사: 그런데, 너희들은 독도를 일본과 함께 나눈다고 썼구나. 왜 그런
생각을 했는지 궁금하구나. 말해줄 수 있을까?

학생 1: 독도가 우리 땅인 것은 맞지만 일본과 계속 싸울 수는 없으니
까요. 정확히는 잘 모르겠어요. 지금처럼 그냥 서로 주장하는 대로
놔둬도 될 것 같기도.

교사: 그럼 독도를 일본에게 우리 영토라고 설득하기 어렵다고 생각하
고 있는 거니?

학생 2: 아니요. 배운 것처럼. 외우지는 못하지만, 그래도 책이라도
들고, 공부한 종이라도 들고 보여주면 되죠. 그렇다고 설득이 될지
는…… 해결이 될 거라면 벌써 되었겠죠.

교사: 그렇구나. 우리 영토라는 주장을 계속하면서 일본을 설득하거나
이해시키는 방법은 없을까? 일본 사람 모두가 독도를 자기들 땅이라
고 주장하는 것은 아닌 것처럼. 어떻게 생각하니?

학생 1: 그런 사람들이 많아지면 당연히 문제가 해결되겠지만…….

학생 2: 시간도 오래 걸리고 귀찮은데.

이 학생들은 자기 생각을 깊이 있게 표현하는 것을 어려워했다. 독도
가 우리 영토임을 알고 있으나, 아는 것을 실천지(實踐知)로서 올바른 문

제 해결로 연계시키지 못하고 있었다. 이러한 원인을 찾자면, 5학년의 발달단계 특성상 종합적인 사고가 부족한 학생일 수 있고, 학생들이 독도를 우리 영토로서 확신하는 데 이해가 부족했다고 할 수 있다. 즉 영토로부터의 교육이 영토를 위한 교육으로 나아가지 못했다고 해석할 수 있다. 이를 확인하기 위해 다시 해당 학생들과 이야기를 나눴다.

교사: 선생님이 궁금한 것이 남아서 몇 가지 질문해도 되겠지? 독도를 일본과 나누어야 한다고 말했었는데 지금도 그런 생각이니?

학생 1: 저도 독도가 우리 땅이라고 생각해요. 역사적으로 보면 그렇지요. 일본이 빼앗았던. 일본이 그렇게 주장하는 것이 이해가 되지 않지만. 일본과 전쟁을 하면 질 것 같고. 전쟁도 싫은데, 해결할 수 있을지도 모르겠어요. 말로 일본을 설득하는 것도 쉽지 않겠죠.

학생 2: UN에 합류(가입)한 나라들이 많지요? 우리나라와 일본이 같이 독도에 대해 이야기해서 해결해야지요. 일본을 설득하는 것이 좋을 것 같아요. 타협해서 해결할 수 있는 방법이 나오겠죠.

교사: 그렇구나. 너희들이 생각하는 타협이란 것은 무엇이지?

학생 2: 토닥토닥, 상대방의 말을 배려하고 내 의견을 주장하는 거요.

학생 1: 양보하는 게 타협이지요? '타협'이란 말을 많이 들었지만 뜻은 잘 몰라요. 말로 해서 해결하는 거죠. 지난번에는 독도를 나누는 것이 좋을 것 같았는데 지금은 생각이 바뀌었어요.

교사: 그렇구나. 왜 생각이 바뀌었지?

학생 1: 우리 땅이 맞으니까요. 일본의 말은 잘 모르겠지만, 끝까지 설득하는 게 좋을 것 같아요.

학생 2: 어떻게든 화해는 해야 하니까.

교사: 그래, 선생님에게 너희 생각을 말해줘서 고맙구나.

해당 학생들은 독도를 우리 영토로 이해하고 있었다. 그런데 문제를 어떻게 해결할 수 있는지에 대해서는 기존의 '대화와 타협'을 중시하고 있었다. 또한 타협*을 '상대방의 의견을 배려하고 내 의견을 일부 양보하는' 것으로 생각하여 절충안으로 '독도를 나누는' 생각을 하게 된 것이다. 그렇다면 영토라는 것이 타협의 대상이 되는가 하는 의문을 가져볼 수 있다. 특히 독도가 일본과의 타협의 대상이 될 수 있는가 하는 의문이다. 한국의 입장은 타협의 대상이 아니라는 것이다. 타협의 대상으로서 독도가 상정될 때 다른 학생들도 이 학생들과 같이 반응할 가능성이 커질 것이다. 따라서 독도를 분쟁지역으로 인식하게 해서는 안 될 것이다.

다음은 '평화의 섬 꾸미기' 활동에 대한 모둠별 발표 중에서 학생들의 질문과 답변이 활발했던 작품의 발표에 대한 질의응답 내용이다.

발표자: 저희 모둠은 동도와 서도 사이에 다리를 놓아서 연결했어요. 가운데에는 우리나라 태극기를 설치해요. 우리 땅이니까. 동도에는

---

* 타협(compromise)의 어원은 com(함께)+promise(약속하다)이다. 즉 상대방의 의견을 배려하여 양보하여 협의하는 것이다. 타협은 의견의 대립과정에서 타당한 의견을 서로 받아들여 합의로 완성된다. 이는 come to terms(불평하지 않고 따르고), meet halfway(가운데에서 만나는) 과정이라고 할 수 있다. 독도의 경우 독도가 타당한 의견을 가진 협의 대상인지는 한국 입장에서는 받아들일 수 없는 것이다. 다만 해당 학생들의 경우 독도를 타협의 대상으로 여기고 있고 그로 인해 독도의 분할을 주장했다고 할 수 있다.

편의시설과 공원 등을 만들어서 관광객들이 편하게 지낼 수 있도록 해요. 서도에는 레일을 놓아 높은 곳에 쉽게 오르내리게 하고요. 독도 상징 박물관도 만들어 독도가 우리 땅인 것을 알 수 있게 해요. 경찰과 전망대도 만들어서 감시해요. 궁금한 거 질문해주세요.

학생 1: 일본 사람이 와도 되나요?

발표자: 당연하죠. 모든 사람이 와야죠. 꼭 박물관은 보도록 해야 합니다. 우리 땅인 걸 알아야 하니까.

학생 2: 뭐가 평화로운 거죠?

발표자: 공원도 있고 모두가 즐거운 시설이 있죠? 모두 즐거운 건 행복한 거고 그러면 평화로운 거니까요.

교사: 독도의 자연이 너무 훼손되는 것은 아닌가요?

발표자: 얼마 전에 사회시간에 국토개발에 대해 배웠잖아요? 이 정도 개발은 필요하다고 생각해요. 독도가 우리 땅이니까 할 수 있다고 생각합니다.

학생들은 많은 사람이 독도를 탐방해야 한다고 생각하고 있었다. 그러기 위해서는 탐방객들을 수용할 수 있는 시설이 필요하다고 생각했다. 또한 독도가 우리 영토인 것을 적극 홍보하기 위하여 일본인들도 독도를 방문할 수 있게 해야 한다고 했다. 학생들은 독도를 우리 국토로서 인식하고 관광지로 활용하여 우리 국민뿐 아니라 일본을 비롯한 다른 나라 사람들에게도 우리 국토임을 알리고 설득하려는 자세를 보였다.

3. 수업에 대한 성찰

수업을 통해 학생들은 독도와 관련된 이슈들을 인식하고 독도 문제를 일본과 함께 해결해야 할 미래의 과제로서 인식하게 되었다. 학생들은 다양한 지리 자료를 통해 독도의 위치와 자연환경을 학습하고, 객관적인 사료를 바탕으로 독도의 역사와 선조들의 노력을 알게 되었다. 또한 최근 독도와 관련된 이슈와 일본의 주장을 고찰하고 이에 대응할 방법을 토의하고 토론해봄으로써 독도가 중요한 과제임을 인식하게 되었다.

그리고 독도에 대한 일본의 주장을 파악하고 분석해봄으로써 일본의 입장과 근거를 면밀히 검토하는 계기가 되었고, 일본의 주장에 담겨 있는 역사적, 영토적 맥락을 알게 되어 독도 문제를 어떻게 해결할 수 있을지에 대해 보다 깊이 있게 고민하게 되었다. 또 독도 문제를 보다 객관적인 시각으로 인식하게 되었다. 이를 바탕으로 독도 문제의 해결은 반드시 평화로워야 한다는 생각을 가지게 되었다.

영토교육은 국가 정체성 교육이다. 일본도 이와 다르지 않다고 생각한다. 영토는 자국의 정체성과 이익 측면에서 매우 중요한 요소이다. 이 때문에 독도 문제는 한일 간의 다른 문제들보다 더 해결하기 어려운 문제가 될 것이다. 따라서 현 상황에서 독도 교육이 가지는 의미가 중요하다. 또 일본에서 일본의 과거 제국주의적 침략과 현재의 우경화에 대한 우려의 목소리를 확산하려는 일본인들이 있고, 국가 간의 문제에 있어서 다양한 스펙트럼을 가지고 문제를 해결하려는 방식이 존재한다는 사실을 잊어서는 안 된다. 특히 《마주 보는 한일사》1, 2, 3권 출간을 위한 한국과 일본의 교사들과 학자들의 노력은 공동의 역사 자료 개발이라는 측면에서 진일보한 발전이라고 생각한다. 이들은 양국의 역사와 역사인식을 공유하기 위해 지속적인 교류 활동을 펼치며 객관화된 역사서술을 지향했다. 한국과 일본, 나아가 동아시아의 전진과 발전의 과제로서 독도 문제를 해결하기 위해 우리는 일본과 끊임없이 대화해야 한다. 또한 독도 교육 중심을 영토교육의 차원은 물론이고, 세계 시민적 차원으로 다루려는 노력과 연구도 필요할 것이다. 한일 양국이 독도를 지구적 차원에서 동아시아의 평화와 지속가능한 발전을 위한 논의의 대상으로 넓혀나갈 방안을 찾아볼 일이다. 이렇게 된다면 미래 세대 학생들은 더는 "독도는 우리 땅"이라고 말하지 않아도 될 것이다.

석병배(경기 진전초등학교)

5부

새로운 한일관계를 찾아

제5부는 침략과 수탈로 얼룩졌던 과거에 매몰되지 않고 과거가 남긴 잔재 속에서 한일관계의 미래를 위해 어떠한 노력을 전개할 수 있는지를 찾아보는 과정이 될 것이다.

기무라 마코토의〈역사를 보는 눈과 이웃나라를 향해 따뜻한 시선을 키우는 역사학습〉은, 그동안 일본의 초등학교 역사학습에서 다뤄지지 않았던 에도시대 조선통신사에 관한 수업 실천이다. '쇄국'의 시대로 알려진 에도시대에 조선과는 정식 국교를 맺어 조선의 사절단이 일본을 방문하여 각지에서 대접을 한 사실. 일반 민중도 환대했던 사실 등을 회화 자료와 전문가들에게 문의하는 과정을 통해 배우게 했다.

김지영은 '재일조선인'을 부르는 다양한 이름에 대해 생각하고, 재일조선인에 대한 한국과 일본 시민사회의 연대를 궁리해보는 수업을 실천했다. 국가 중심의 역사교육이 역사 속 다양한 상황에 처한 사람들에 대한 이해와 공감. 상상력을 제약하는 부분에 문제의식을 갖고 시도한 수업 실천이다. 특히 우리가 보통 이야기하는 '기본권'은 '국민'들만이 받을 수 있는 권리라는 점에 문제제기를 하며 '국민'이 아닌 사람들의 인권은 어떻게 해야 하는지를 생각하게 하는 수업이었다.

이경훈의〈말이 칼이 되는 역사를 반복하지 않기〉는 최근 사회적 이슈가 되고 있는 혐오 문제를 다룬다. 민주사회에서 '자유'는 소중한 가치이다. 하지만 누군가에게 칼이 되는 말들도 '표현의 자유'라 할 수 있을까? 이 수업은 '혐오'가 '증오범죄'로 이어질 수 있음을 역사적 사례를 들어 설명한다. 그리고 혐오와 범죄가 역사 속에서뿐만 아니라 현재에도 존재하며 세계 여러 지역에서 일어나고 있는 일임을 상기시킨다. 수업에 참여한 한일 학생들의 후기를 통해 국적을 넘어 '혐오'에 대항할 가능성을 엿볼 수 있다.

우주연과 에이지마 아즈사의 〈마음이 만드는 길, 길이 여는 마음〉은 코로나19로 한일 간 교류가 막히면서 온라인 공간에서 실시한 공동 수업이었다. 일본 교사 에이지마 아즈사는 한국의 유명 아이돌그룹 BTS 멤버가 '원폭으로 인한 버섯구름' 사진과 'Patriotism Our History Liberation Korea'라는 문구가 새겨진 티셔츠를 착용해 일본에서 논란이 있었던 일을 소재로 수업을 진행했다. 한국의 교사 우주연은 일제강점기 한일 양국 국민의 삶에 영향을 미친 '치안유지법'에 반대하다 일본 우익에게 살해당한 일본인 야마모토 센지에 대한 수업을 했다. 역사인식의 차이가 드러나는 민감한 소재와 국적과 민족에 상관없이 인류 보편의 가치를 추구한 인물을 각각의 수업에서 다룬 것이다. 온라인상으로나마 서로를 마주하게 된 한일 양국 학생들이 수업을 통해 남긴 이야기들이 인상적이다.

이경주의 〈동아시아 갈등의 원인과 화해의 길 찾기〉는 타이완 출신으로 한국에서 아이돌그룹으로 활동하고 있는 멤버가 인터넷 방송에서 타이완 국기를 흔들어 문제가 되자 소속사에서 '사죄 영상'을 찍게 한 사건을 어떻게 바라봐야 할 것인가와 동아시아사에서 '임진왜란'을 어떻게 부를 것인가 등 동아시아사 관점에서 학생들에게 질문을 던지고 토론을 통해 인식을 심화시키려는 수업 실천이다.

1장

역사를 보는 눈과 이웃나라를 향해 따뜻한 시선을 키우는 역사학습
─조선통신사와 아메노모리 호슈 수업

1. 조선통신사를 교재로 어떻게 바라볼까

'쇄국의 시대'라고 일컬어지는 에도시대에 일본과 정식 외교관계가 있었던 나라는 조선이 유일했다. 에도시대 약 300년간에 걸쳐 12차례나 통신사 방문이 있었고, 민간의 문화 교류도 각지에서 성행하여 일본문화에 미친 영향이 대단했다고 평가된다. 그러한 문화 교류의 흔적은 지금도 일본 각지에 남아 있다. 그러나 이토록 우호적이고 평화적이고 대등한 관계가 일본과 조선 사이에서 오랫동안 지속되었다는 사실을 종래의 역사교육에서는 별로 다루지 않았다.

일본과 조선 사이에 오랜 우호의 역사가 있었다는 사실을 아이들이 알게 된다면 지금까지 부정적이었던 한국·조선의 이미지를 바꿀 수 있다고 생각한다. 조선통신사가 한 번 일본에 파견될 때 규모가

300~500명 정도였다. 대규모 사절단 왕래가 양국에게 큰 경제적 부담이 아니었을 리 없다. 그럼에도 불구하고 교류가 오래 지속된 것은 일본과 조선의 두 정부에게 서로 의미 있었기 때문일 것이다.

조선통신사 파견은 도요토미 히데요시의 조선 침략전쟁에 대한 전후 처리, 명의 멸망과 청의 성립 등 동아시아 국제정세와 깊이 관련되어 있었다. 정권의 권위를 내외에 알리려는 의도도 있었을 것이다. 다만 추상적 사고능력이 미처 충분히 발달하지 못한 초등학생들이 국가나 정권의 문제까지 파고들어 학습하는 것은 무리가 있다. 위의를 갖추어 나아가는 행렬의 모습이나, 막대한 비용과 공을 들인 접대 풍경을 살펴봄으로써 "어째서 이렇게 엄청난 일을 계속했을까"라든지, "'쇄국'이라고 쓰여 있는데 이상하네"라고 의문을 갖는 아이가 나오면 충분하다.

통신사 왕래가 지닌 정치적 의미와 별개로, 민간의 문화 교류에도 주목하게 하고 싶다. 통신사가 가는 곳마다 민중들이 나와 구경했고, 그 풍경을 자기들의 축제와 장식품 속에 남겼다. 지식층은 통신사 일행의 숙소에 들러 시문 등을 나누며 교류했다. 거기에는 근대 이후 일본인의 한국·조선관과는 다른 관점이 있었던 것이다. 또한 지배자에게 도게자(신분이 높은 사람 앞에 넙죽 엎드리는 일본의 예법)를 해야 하고 탐학에 시달리는 농민이라는 에도시대의 상과는 다른 풍경이 있었다.

조선통신사에 대해 수업하면서 1711년과 1719년의 통신사를 수행한 쓰시마번의 유학자 아메노모리 호슈도 알려주고 싶었다. 중국어와 조선어를 구사하고, 민중의 문자 한글을 배웠으며, 조선어 교과서까지 만들었던 점에서 특별하다. 또한 성의와 신의로 교류한다는 '성신외교'의 사고방식이나, 타국의 문화에 편견을 갖지 않고 상대화하는 관점은 오늘날 우리가 배울 점이 많다.

2. 수업 준비

학습 계획

1) 아메노모리 호슈의 전기 읽기(6시간)

2) 조선통신사(8시간)

① '에도성 앞에서 물건을 늘어놓고 있는 사람들'에 대해 이야기를 나눈다.(자료: 〈에도도병풍〉, 일본 국립역사민속박물관 소장)

② 〈조선통신사행렬회도〉를 보고 알 수 있는 것을 이야기한다.

③ 〈조선통신사행렬회도〉를 보면서 생긴 의문을 정리하여 논의한다.

④ 해결하지 못한 문제들에 관해 박물관 등에 질문하는 편지를 보낸다.

⑤ 답변을 바탕으로 다시 의문을 제기한다

⑥ 아메노모리 호슈와 조선통신사 팸플릿 만들기(3시간)

수업 전 준비

조선통신사 학습에 앞서, 에도시대 초기의 에도 및 근교의 모습을 제3대 쇼군 도쿠가와 이에미쓰의 사적과 함께 그린 〈에도도병풍〉 사진을 복도에 게시했다. 수많은 사람과 동물이 등장하는 이 병풍에 아이들은 흥미를 느껴 쉬는 시간이나 방과 후가 되면 사진 앞에서 서성였다. 이 그림을 보고 궁금한 점을 물어보았더니, "성 앞에서 뭔가 늘어놓고 파는 사람이 있다. 누굴까?", "사람이 뭔가를 타고 있다. 거기 타고 있는 사람은 누구지?"라고 조선통신사를 그린 부분에 대한 질문 등이 나왔다.

3. 그림 보고 이야기 나누기

에도성 앞에서 물건을 파는 사람들은 누굴까?

교사: 〈에도도병풍〉에 대해 나온 질문 중에 "성 앞에서 물건을 팔고 있

　　는 사람은 누굴까?"라는 질문이 있었습니다. 이 부분입니다.

　　여기는 쇼군이 있는 에도성의 오테몬(大手門), 말하자면 대문입니

　　다. 이 사람들은 무엇을 하고 있나요?

학생: 뭔가 팔고 있어요.

교사: 뭐가 있지요?

학생들: 항아리, 천, 호랑이 가죽, 멧돼지 아니면 너구리 가죽?(표범 가

　　죽―필자), 빨간 시트(비색 양탄자―필자), 손에 들고 있는 빨간 것(항아

　　리?―필자)

교사: 일본인입니까?

학생들: 일본인은 아닌 것 같아요.

　　깃발 글자가 일본어 같지 않고, 옷소매가 길어서 일본 옷과 달라요.

　　일본에는 호랑이가 없어요.

　　일본인은 맨발 같은데, 모두 신발을 신고 있어요.

　　모두 모자를 쓰고 있어요.

　　네덜란드 화청장(畵靑匠, 도자기에 청화를 그리는 사람)인 것 같아요.

　　조선 사람인 것 같아요. 아니면 인도인?

　　깃발의 디자인이 삼국지에 나오는 깃발과 비슷해요. 그리고 글씨가

　　한자 같습니다. 그래서 중국인인 것 같아요.

　　얼굴빛이 검은 사람이 있으니까, 인도인일까요?

가마를 타고 있는 사람의 모자가 중국 모자인가요? 삼국지에 나오는 높은 사람이 쓰는 모자랑 비슷해요. 중국인이나 조선인 같아요.

가마 옆에 있는 우산은 일본 우산에 비해 호화로운 느낌이 들어요.

교사: 처음에 K군이 이 그림은 뭔가를 팔고 있는 것이라 했는데, 그에 대해서 어떻게 생각하나요?

학생들: 주위의 일본인이 땅바닥에 앉아 있고, 아무도 곁에 오지 않기 때문에 장사하는 건 아닌 것 같아요.

자랑하고 있는 건가?

외국인이 기념품을 가지고 성에 있는 다이묘를 만나러 온 것 같아요.

("오, 그런가?"라고 떠들썩한 소리)

교사: 에도성에 있는 사람은 단순한 다이묘가 아니고, 다이묘 중의 다이묘, 쇼군입니다. 여기에 온 외국인도 행렬을 보면 활을 든 사람이 여럿 있는 것으로 보아 보통 사람은 아닌 것 같네요. 다음 시간에는 행렬을 좀 더 자세히 알아보겠습니다.

행렬의 모습을 더 자세히 살펴보기

교사: 지난 시간에 본 〈에도도병풍〉의 에도성에 들어가는 외국인은 어느 나라 사람이라고 생각합니까?

학생들: 인도 0명, 네덜란드 0명, 중국 23명, 조선 3명, 알 수 없음 2명.

교사: 이 행렬을 자세하게 그린 두루마리를 살펴보죠.

학생들: 이 사람에게 '박' 자가 쓰여 있는데, 이것은 한국어의 문자 같습니다. 그러니까 조선 사람인 것 같아요.

| 마주 보는 역사수업 |

쓰고 있는 모자는 타이완의 행사에서 본 적이 있기 때문에 중국이라고 생각합니다.

교사: 사실 T군이 말한 '박' 자는 한글이 아니라 한자입니다. 하지만 한국 조선에 많은 성씨로 '박'이라고 읽습니다. 그렇다면?

학생들: 조선!("해냈다!"라는 목소리)

교사: 그림 두루마리를 보고 궁금한 점이 있나요?

학생들: 옷의 색상이 다른 것은 무엇을 의미하나요?

왜 여자가 머리를 묶지 않았나요?(여자가 아닌 꼬마―필자)

이 의자는 뭐예요?

교사: 먼저 의자에 대해 생각해봅시다. 의자가 몇 개인가요?

학생들: 3개요.

교사: 그럼 이 줄 안에서는 누가 쓸까요?

학생들: 높은 사람. 가마를 탄 사람.

교사: 그림의 글자를 읽어볼까요?

학생들: 정사, 부사, 종사.

교사: 정사가 이 행렬의 리더입니다. 조선 국왕의 편지 〈국서〉를 일본에 전달하는 사신이지요. 국서는 어디에 있습니까? (그림에서 찾게 한다.) 또 어떤 사람이 이 행렬에 있나요?

학생들: 소라나팔을 부는 사람, 악기를 울리는 사람, 무기를 가진 사람, 소년, 깃발을 든 사람, 가마꾼, 가마를 메는 사람, 말을 끄는 사람, 일본인.(누가 일본인인지 그림으로 확인)

교사: 그럼 몇 명이나 왔을까요?(그림을 보고 가늠하게 하고 프린트 자료로 확인. 〈조선통신사 일람표〉에 따르면 400~500명)

사신 임무 칸에 적힌 '습직'이란 말은 새롭게 장군이 됐다는 뜻입니다. 교체입니다. 그럼 이 두루마리를 보고 더 궁금한 점을 찾아봅시다.

조선통신사에 대한 의문점 찾기

모둠원끼리 의논하면서 각자 노트에 통신사에 대한 의문점을 적었다. 아이들이 두루마기를 살펴보고 의문이 든 것들은 다음과 같다.

의문점 분류	아이들이 궁금해한 내용
행렬의 모습	· 왜 이렇게 많은 사람이 왔을까? · 큰 깃발을 들고 다니는 이유는 무엇일까? · 정사나 부사 옆에서 우산을 들고 있는 이유는 무엇일까? · 사람마다 모자 모양이 다르고 옷 색깔도 다른 이유는 무엇일까? · 소년은 왜 머리가 길고 모자를 쓰지 않았을까? · 행렬에 왜 여자가 없을까? · 정사 등 훌륭한 사람이 줄의 한가운데 있는 이유는 무엇일까? · 운반하는 보물상자 같은 것에는 무엇이 들었을까? · 정사 앞사람이 짊어진 물건은 무엇일까?
통신사들의 여행	· 조선의 수도에서 에도까지 왔다가 돌아가는 데 며칠이나 걸렸을까? · 왕래에 들어간 비용은 얼마나 될까? · 50명이나 되는 사람들의 여행 중 식량은 어떻게 해결했을까? · 음식은 신분에 따라 질이나 양이 달랐을까? · 밤에는 어디서 지냈을까? 노숙을 했을까? · 여행 도중에 병에 걸려 죽지는 않았을까?
일본인과 통신사	· 행렬에 일본인이 있는 이유는 무엇일까? · 일본인이 신분이 낮은 일을 하고 있는 이유는 무엇일까?
통신사 파견	· 왜 12번씩이나 왔을까? · 어떻게 쇼군이 바뀐 사실을 알았을까? · 어떤 때 일본에 왔을까? · 쇼군이 바뀌었을 때 오지 않은 적도 있는데 왜 안 왔을까? · 왜 일본은 조선통신사처럼 조선에 가지 않았을까?

조선통신사에 대해 추론해보기

이렇게 학생들이 제기한 의문점들을 두고 각자 나름대로 추론을 해보도록 했다. 우선 여행 일수나 행렬에 여성이 없는 것 등은 관련 자료나 교사의 설명 등으로 해결했고, 몇 가지 의문점들은 대화를 통해 어느 정도 의견 일치를 보았다.

- 정사나 부사 곁에서 우산을 들고 있는 것은 실용적이라기보다 높은 사람이라는 표시가 아닐까?
- 사람에 따라 모자 모양, 옷 색깔이 다른 이유는 신분이나 일이 다르기 때문이 아닐까?
- 소년 중 머리가 길고 모자를 쓰지 않은 사람은, 아직 어른이 아니기 때문이 아닐까? 일본에서도 옛날에는 어른이 될 때 머리카락을 자르거나 하는 것을 텔레비전에서 본 적이 있다.

서로 의견이 엇갈린 것들도 있었다.

○ **행렬에 일본인이 있고, 신분이 낮은 일을 하고 있었던 이유는 무엇일까?**
- 조선이 고용했을 것이다.
- 막부에서 고용했을 것이다.
- 막부가 다이묘에게 명령해서 사람을 보냈을 것이다.

○ **왜 이렇게 많은 사람이 왔을까?**
- 조선에서 일본에게 허세를 부린 게 아닐까? 세력이 있는 나라로 보이고 싶으니까.
- 막부에서도 허세를 부렸을 것 같다. 농민이나 마을 사람들에게. 막

부에 이렇게나 많은 외국 사람이 온다고 하는 그런 거.

○ **음식은 신분에 따라 질이나 양이 달랐을까?**

· 다르다. 높은 사람이 질 좋은 음식을 받는다.

· 같다. 말을 타는 사람보다 걷는 사람이 더 배고프다.

이 외에 "50명이나 되는 사람들이 여행 도중 음식은 어떻게 했을까?", "왜 12번이나 왔을까?", "일본은 조선통신사처럼 조선에 가지 않았나?" 하는 질문은 생각해봐도 잘 모르겠다고 했다. 아이들이 해결하지 못한 의문에 대해서는 박물관의 도움을 받기로 했다. 다음과 같이 박물관에 편지를 보내 질문했다.

질문 내용	질문을 보낸 기관	답변 상황
음식에 관한 질문	히로시마현 아키군 시모칸카리정 교육위원회	도록 등을 보내줌. 질문과 관련된 부분에는 메모가 붙어 있었음.
아메노모리 호슈에 관한 질문	시가현 이카군 다카쓰키정 관음의 마을 역사민속자료관	이메일 답장
통신사 행렬에 보이는 일본인에 관한 질문	기후시 역사박물관	편지로 답장
의문점의 모든 내용	게이오대학 문학부 사학과 다시로 교수 세미나	이메일 답장

모든 곳에서 친절하게 답변과 자료를 보내주어 나도 아이들도 감격했다. 답장을 함께 확인하고, 그동안 수업한 내용들을 정리해 팸플릿을 만들었다.

4. 학생들의 감상

수업을 마치고 아이들의 감상을 읽어보니, 학습의 즐거움을 느낄 수 있는 시간이었다고 했다. N학생은 "이렇게 의문을 제기하고, 조사하고, 다시 의문을 제기하고, 그리고 또 조사하는 것이 정말 즐거웠다"라고 했다. S학생은 "다른 (사람의) 의문도 살펴보니 '아, 그렇구나' 하고 깨닫게 되는 것들이 있어서 즐거웠다. 조선통신사 학습에서 깜짝 놀란 적이 많아 즐거웠다"라고 했다. 각자가 가진 의문을 모두 함께 추론하는 과정이 아이들에게 의미 있는 활동이었음을 알 수 있었다. 다음과 같은 아이들의 감상을 소개한다.

· 저는 비도 안 오는데 왜 정사나 부사 곁에서 우산을 가지고 있을까 궁금했어요. 그것에 대해 이야기해보고는 양산이 아닐까 하는 생각이 들었어요. 다른 의문점도 살펴봤더니, '아, 그렇구나'라고 깨닫게 된 것이 여러 개 있어서 꽤 즐거웠어요. 군인, 의사, 통역, 요리사 등 여러 사람 중에서도 깜짝 놀란 것이 두 가지 있었는데, 하나는 마상곡예사였고 다른 하나는 소를 잡는 사람이었어요. 그런 게 있다고는 생각하지 않았기 때문에 굉장히 놀랐어요. 조선통신사를 배우면서 깜짝 놀란 적이 많아서 재미있었던 것 같아요.(사치코)

· 저는 조선통신사에 대해 여러 가지 의문을 가졌어요. 먼저 왜 이렇게 많은 사람이 온 건지, 그리고 음식은 신분에 따라 질이나 양이 다른지 궁금했어요. 이렇게 의문을 제기하고, 조사하고, 다시 의문을 제기하고, 또 조사하는 수업이 매우 즐거웠어요.(나츠키)

학습을 통해 조선통신사에 대한 생소하고 부정적인 감정이 호의적으로 바뀌기도 했다.

· 처음에는 마을 사람들이 싫어했을 것 같았어요. 왜냐하면 조선통신사 행렬은 사람이 많아서 민폐였다고 생각했기 때문이에요. 하지만 가케히 마리코 씨에게 받은 편지를 보면 저랑 반대되는 생각이 나와 있어요. 편지에는 통신사의 모습을 본 떠 만든 마쓰리와 미술품 들이 남겨져 있기 때문에 당시 사람들이 싫어하지 않았을 것 같다고 쓰여 있었어요. 저도 그걸 보고 정말 그랬겠다고 생각했어요. 싫었다면 통신사의 행렬 모습을 본뜬 마쓰리 같은 건 없었을 것 같아요. 예상은 빗나갔지만 여러 가지를 알 수 있어서 다행이에요.(다카시)

· 다이묘의 부담은 막부 이상으로 무겁지 않았을까 생각했어요. 숙소, 휴게장소, 식사, 사람과 말 등 여러 가지를 제공해야 했기 때문이에요. 다이묘는 통신사들이 오는 것을 꺼렸을 수도 있을 것 같아요. 그런데 …… 농민은 달랐어요. 지금은 남아 있진 않지만 조선통신사 행렬을 모방한 마쓰리가 있었어요. 또 금속 촛대 등 문방구에는 통신사의 복장과 깃발이 디자인되어 있었어요. 나도 농민이라면 통신사가 오기를 기대했었을 것 같아요.(요코)

· 저는 조선통신사가 오는 것이 싫었을 거라고 생각했습니다. 하지만 조사하는 동안 조선통신사가 어떤 사람들이었는지 알아가면서, 많은 사람이 싫어서가 아니라 모르는 문화를 배우기 위해 조선통신사가 묵고 있던 숙소에 몰려갔다는 걸 알게 되어 깜짝 놀랐어요. …… 이런 것을 통해 저는 조선통신사 행렬이 어땠는지 더 자세히 알고 싶

어졌습니다.(미유키)

· (조선통신사 그림을 보고) 일본인이 허드렛일을 하고 있어서 신기하게 생각했습니다. 보통 허드렛일 하는 사람 정도는 자기 나라에서 준비해야 하는 것이 아닐까 하고요. 하지만 조선은 손님이라서 그랬을 거예요. ……조선통신사는 정말 극진한 환영을 받았어요. 그렇게 생각하는 이유는 세 가지가 있어요. 첫 번째는 통신사들의 식사입니다. 믿을 수 없을 만큼 호화롭고 반찬이 열다섯 가지나 나왔어요. 지위가 낮은 통신사라고 해도 반찬이 여섯 가지, 당시로서는 호화스러웠겠죠? 둘째는 통신사가 다녀간 뒤, 통신사 흉내를 낸 마쓰리가 생겼어요. 만약 나쁜 인상밖에 없다면 축제로 남아 있을 리가 없다고 생각합니다.(히카리)

위 감상과 달리 조선통신사의 일본 방문 자체에 의문을 가지는 학생도 있었다.

· 많은 돈을 들여 통신사를 부른 이유는 뭐였을까? 아무리 체면 때문이라고 해도 이렇게 많이 왔을까? 진짜 이유는 뭐였을까? 아직 납득이 가지 않는다. 게다가 조선은 호되게 당했는데, …… 당시 조선사람들은 일본을 어떻게 생각했을까? 좋아했을 것 같지는 않다.(유키)

· 통신사를 매우 좋게 생각했지만 의견이 바뀌었습니다. 막부는 왜 이렇게나 돈이 많이 드는 일을 그만두지 않았을까요? 왜 계속 통신사를 불렀을까요? 이상해요.(다이고)

기무라 마코토(木村誠, 전 지바현 초등학교)

2장

재일조선인 수업을 통해
더불어 사는 사회에 가까이 가기

1. 수업 배경과 주제 설정

2008년 1월 한일역사교육교류 답사로 히로시마조선학교와 오사카 쓰루
하시의 코리아타운을 방문하면서 재일조선인의 역사와 처음 만났다. 재
일조선인은 근현대사―식민지배, 전쟁, 분단―의 산 증인이고 이들이
일본사회에서 자리 잡은 과정이 사회적 약자의 권리 찾기와 일맥상통한
다고 생각되어, 꼭 한번 수업에서 재일조선인의 이야기를 나누고 싶었
다. 중학교 2학년 역사시간에 2차시로 나누어 수업을 계획했다.

　1차시 수업의 주제는 "재일조선인은 누구인가?"로 정하고 재일조선
인이 등장하는 역사적 배경과 현재 재일조선인을 가리키는 호칭을 소개
하고, 어떤 호칭을 사용하는 것이 좋을지 알아보기로 했다. 오늘날 재일
조선인의 호칭 문제에는 재일조선인의 역사와 한국과 일본의 복잡한 정

치적, 외교적 상황이 반영되어 있기 때문이다. 2차시 수업의 주제는 "재일조선인에 대한 일본 시민사회의 연대 사례를 살펴보고, 우리(한국) 사회의 차별받는 사람들과 어떻게 연대할 수 있을지 고민해보기"로 정했다. 재일조선인이 일본사회에서 어떤 차별을 받고 있는지 살펴보고, '헤이트 스피치'와 이에 맞선 일본 시민사회의 행동을 소개한 뒤, 일본 시민사회가 재일조선인과 연대한 이유는 무엇인지 생각해보도록 했다. 마지막으로 재일조선인 서경식 교수의 책《역사의 증인 재일조선인》의 서문 중 일부를 읽고, 한국사회에서 차별받는 사람들이 누가 있고 이들과 어떻게 연대해야 하는지 질문을 던지고 이야기를 나누며 수업을 마무리하기로 했다. 수업에 사용된 자료와 설명은 서경식 교수의 책과 이경훈 역사교사가 쓴《쟁점 한일사》를 참고했다.

2. 수업 실천: 수업 속 질문과 아이들의 대답을 중심으로

1차시: 어떻게 불러야 할까

아이들에게 '재일조선인'은 생소한 편이라 최근 한국에서 잘 알려진 '추성훈(아키야마 요시히로)' 이야기를 하며 1차시 수업을 시작했다. 아이들에게 추성훈의 삶을 이야기해주고 UFC대회 선수 소개에서 그가 취한 독특한 제스처(자신의 이름 아키야마 요시히로가 호명되면 두 팔을 번쩍 들었다 내린 뒤 양팔을 한쪽씩 툭툭 치는 모습)를 흉내 내면서 왜 이런 제스처를 취했을지 물었다. 의외로 아는 학생들도 있었다. 옷의 양팔 부분에 새긴 한일 양국의 국기를 가리키는 것이었는데, 그가 TV 다큐멘터리에 출연했을 때 할아버지가 태어난 나라와 자신이 자란 나라가 모두 오늘의 자신을 만들었음을 표현하는 행동이라 설명했다고 알려주었다. 오늘날 추성훈이 있기까지 정체성의 고민이 많았을 것이라는 점을 덧붙이면서, 이처럼 일본에서 태어나서 살고 있는 한국 사람들을 뭐라고 부르는지 물어보았다. "재일교포", "재일동포" 등이 제일 많이 나온 답이었다. 아이들에게 그 외에도 재일한국인, 재일조선인, 재일코리안, 자이니치 등의 여러 표현이 있다고 이야기하고 왜 이렇게 부르는 호칭이 다양한지 오늘 수업을 통해 생각해보자고 했다.

일제 식민시기 조선인들의 일본 이주와 해방 이후 재일조선인들의 국적이 바뀌는 과정을 설명하면서 아이들에게 던진 질문 중 하나는 1952년 샌프란시스코조약 이후 "사실상 무국적 난민이 된 재일조선인들이 왜 일본 국적으로 바꾸지 않았을까?"였다.

"기분 나빠서", "불쾌해서", "자존심이 상해서" 등 일본의 식민지배와 차별에 대한 반감 때문이라고 투박하게 표현하는 아이들이 있었고, "한국으로 돌아가려고"라고 답하는 아이들도 있었다. 전반적으로 이 질문을 어려워했기 때문에, 일본 국적으로 바꾸는 것이 까다로운 과정이었다는 점과 한국인으로서의 정체성을 잃지 않기 위한 노력, 통일 후의 한반도에 대한 기대 등이 있었음을 보완해서 설명했다.

다음으로 재일조선인을 둘러싼 여러 호칭을 정리한 예시를 보여준 후, 재일조선인을 어떻게 호칭하는 것이 좋은지 물었다. 학급마다 '재일코리안'으로 호칭하고 싶다고 답한 아이들이 가장 많았다. '조선 국적'인 재일조선인들과 '한국 국적'인 재일조선인들을 모두 호칭할 수 있어야 하는데, '재일한국인'은 '조선 국적'인 사람들을 표현하는 데 한계가 있고 '재일조선인'은 '한국 국적' 사람들을 표현하는 데 한계가 있어 보여서, South Korean 혹은 North Korean 등 외국에서 쓰는 Korean이란 명칭이 오늘날 재일조선인의 호칭으로 적절하다는 의견들이었다. 그다음으로 많이 지지한 호칭은 '재일조선인'이었는데, 식민지배 시기 일본으로 이주한 사람들이 스스로를 '조선인'으로 인식하고 있었고 분단 전 일반적인 명칭인 '조선'이 이들을 표현하기 적절하다는 서경식 교수의 의견에 동의한 학생들이었다. '재일한국인'을 선택한 학생들이 소수 있었는데, 이 학생들은 '한국인'이라는 표현이 자연스럽게 느껴지고, 우리가 흔히 '남한', '북한'으로 부르기도 하니 '한국'이라는 표현이 남북한을 모두 표현할 수 있는 표현이라고 생각하고 있었다. 학생 중 몇 명은 일본에 살고 있는 사람들이니 일본에서 부르는 대로 '자이니치'로 호칭하는 쪽을 선택했다. 한 학생은 '대한제국인'이라고 답했다. "대한제국 이후 식민지배가 시작되었고 그때 이주한 사람이 많기 때문에"라는 것이었다.

서경식 교수는 《역사의 증인 재일조선인》의 1부 '조선은 나쁜 게 아니다'라는 부분에서 호칭 문제에 대해 '재일조선인'이라는 호칭을 사용하고 싶다고 썼다. 일본사회에서 '조선'이라는 말이 일본인에게나 한국인에게 불편하고 어두운 용어가 된 것은 식민지배와 분단의 역사가 고스란히 묻어 있기 때문이라고 지적했다. 특히 식민지배에서 생겨난 '일본에 비해 조선은 열등한 나라'라는 생각들이 분단과 세계사적 정세 속에서 제대로 청산되지 않았다는 것이다. '재일조선인'의 호칭이 적절하지 않다는 학생 중에서도 "조선은 너무 옛날 표현이라서", "조선이라는 말은 듣기 안 좋기 때문에"라고 이유를 서술한 경우가 있었다. '조선'이라는 말이 학생들에게 '낙후함, 오래됨' 혹은 '제국주의의 경쟁에서 뒤떨어져 식민지배를 받게 된 무능함' 등으로 인식되고 있는 건 아닌지 생각되었다. "우리 역사는 모두 찬란했다" 식의 주장을 옹호하는 것이 아니라, 제국주의 시대 사회진화론의 기준으로 피지배국가나 민족을 평가하는 통념에 우리 스스로 여전히 매여 있는 건 아닌지 성찰해보게 되었다. 어떤 학생은 "북한이 조선민주주의인민공화국이기 때문에 조선은 북한만을 가리키는 것" 같아서 '재일조선인'은 적절하지 않다고 했는데, 이 또한 '조선'이라는 용어가 분단문제와 결부되어 제약을 받고 있음을 보여주는 의견이었다.

2차시: 편견과 차별

2차시 수업의 도입부에서는 지난 시간에 나눈 호칭 이야기의 결과, 즉 가장 많이 나온 호칭이 무엇이고 왜 그랬는지, 또 어떤 의견이 있었는지를 언급하고 각자 자신이 선택한 호칭을 2차 학습지에 적도록 했다.

본격적으로 수업에 들어가서는 재일코리안이 오늘날 일상생활에서 겪는 어려움을 OX 퀴즈를 통해 알아보았다. 한 학급에서는 재일코리안이 일본에서 경찰관이나 정규 교사가 될 수 있는지를 한국사회에서라고 생각하고 의견을 말해보자고 하자 작은 토론이 벌어졌다. A학생과 B학생 모두 외국 국적의 사람도 정규 교사가 될 수 있어야 한다고 생각하는데, 경찰관의 경우 A학생은 안 된다, B학생은 된다고 나뉘었다. A학생은 경찰은 시민의 안전을 지켜야 하는데, 테러 등의 문제가 일어났을 때 외국 국적의 경찰관은 어려울 것 같다고 말했다. B학생은 외국 국적의 사람도 한국사회에서 교육을 받고 시험을 치르고 통과했으면 된다고 하며, 경찰 직업을 할 수 없도록 하는 것은 외국 국적의 사람들이 겪는 부당한 처사라고 말했다. 아이들은 A학생이 먼저 주장하자 A학생의 주장에 고개를 끄덕이고 맞는 이야기라고 손을 들더니, B학생이 주장하는 내용을 듣고는 그것이 맞다며 다수가 B학생의 주장으로 이동했다. A학생은 잠시 생각하더니 B학생 이야기가 맞다고 생각한다며 의견을 바꿔서 아이들을 웃게 만들었다.

이어서 일본의 극우단체 재특회(재일 특권을 허용하지 않는 시민 모임)의 교토조선학교 만행(2009년)과 이를 비판했던 일본 시민단체의 사례를 읽었는데 아이들 분위기가 진지해졌다. 아마도 조선학교 아이들이 느꼈을 공포심이 연상되었기 때문이 아닐까? 일본 시민단체의 적극적인 저항과 행동으로 헤이트 스피치를 법으로 처벌할 수 있게 되었다고 이야기해주고, 재일코리안이 받는 차별과 어려움에 일본 시민단체는 왜 연대했을까 하는 질문을 던지고 의견을 적어보도록 했다.

"재일코리안/소수자의 인권을 지키기 위해서", "일본사회의 구성원이자 공동체 일원이기 때문에", "한국인들의 문화를 존중하는 차원에서", "어린이들을 위협하는 것은 매우 비도덕적 행위이기 때문에", "국적이 다르다는 이유로 차별해서는 안 되어서" 등의 내용이 주를 이뤘다. 물론 "나라가 시끄러워지는 걸 막으려고", 혹은 "자기네 편이 되게 하려고"라고 쓴 아이들도 있었다.

뒤이어 서경식 교수가 책의 서문에 쓴 내용을 함께 읽고 한국사회에 대해서 생각해보는 시간을 가졌다. 그리고는 "우리 사회 속에 차별받고 있는 사람들은 누가 있을까?", "그러한 차별에 대해 어떻게 생각하고 어떤 행동을 할 수 있을까?"라는 두 가지 질문을 던졌다.

다음은 "우리 사회 속에 차별받고 있는 사람들은 누가 있을까?"라는 첫 번째 질문에서 아이들이 쓴 답을 많이 나온 순으로 정리한 것이다.

- 장애인 - 신체적, 정신적 불편함으로 차별을 받는다.
- 이주노동자나 다문화가정 - 다른 문화에 적응하지 못해 차별받는다.
- 다른 나라 사람들(외국인) - 소통이 안 된다는 이유로 따돌린다.
- 불법 체류 외국인 노동자들, 외국인 근로자, 외국인(난민), 국적이 다른 사람
- 외국인(흑인) - 백인은 좋게 보면서 흑인은 좋지 않게 보는 편견
- 새터민(탈북민), 조선족, 재일코리안, 재일조선인, 사회적 약자
- 여성, 성소수자, 전과자, 조금 다른 사람들, 노동자(가난하다고 차별받는다)

아이들은 장애인을 가장 많이 적었다. 그다음으로 이주노동자, 다문화가정, 외국인(특히 외국인 노동자), 불법 체류민, 난민, 흑인 등을 꼽는 아이들이 많았다. 특이한 점은 어떤 학급에서 몇 명이 '새터민'을 적은 것이다. 새터민은 탈북 주민을 지칭하는 말로 2005년부터 통일부가 사용한 용어이다. 우리 학교 근처에 탈북민들이 살고 있는 동네가 있어 한 학년에 1명 정도씩 탈북민 아이들이 재학하고 있다. 아이들은 탈북민들이 사회에 정착하면서 어려움을 겪을 것으로 보았다. 한 학생은 "소통이 힘들 것"이라고 적었다.

'조선족'을 적은 학생들도 있었는데, 이는 사실 교사가 의도를 가지고 질문을 던졌기 때문이었다. 아이들에게 첫 번째 질문을 하면서, "일제 시기 일본으로 이주한 사람들도 있지만, 다른 나라로 이주한 사람들은 어떻게 되었을까?"라고 덧붙여 물었다. "맞다, 조선족"이라며 몇몇 아이들이 답하고 웅성웅성하더니 받아 적은 것이다.

수업을 계획한 후 학습지에 대해서 같은 학교 역사선생님과 이야기를 나누었는데, 그 선생님은 "일제 시기 일본으로 이주한 사람들의 문제보다 중국이나 러시아로 이주한 사람들의 이야기는 상대적으로 덜 하는 것 같다"라고 하면서 조선족과 고려인들이 현재 우리 사회에서 처한 상황에 대해서도 이야기를 나눠보면 어떨지 제안을 했다. 이번 수업에서 시간상 다룰 수는 없었지만, 아이들이 어느 정도로 인식하고 있는지 궁금했다. '조선족'을 적은 아이들은 5명이었는데, 이들은 한국사회에서 조선족에 대한 편견과 차별의식이 있다고 생각했다. '고려인'에 대한 답은 안타깝게도 나오지 않았다. "조선족들에 대해서 어떤 생각을 가지고 있는가?", "조선족은 한국사회에서 어떤 어려움을 겪고 있을까?" 등 이 수업과 관련하여 이후에 이야기를 나눌 필요가 있다고 생각되었다.

첫 번째 질문의 답으로 "재일조선인", "재일코리안"을 적은 아이들이 있었는데, 질문에서 "우리 사회"라고 하니 '우리 민족'이라고 생각해서 일본에 살면서 어려움을 겪는 경우를 떠올려 적은 아이도 있었고, 학습지 앞부분에 이들이 한국에 와서도 곤란을 겪는 경우가 많다고 하는 글이 실려 있어 그렇게 적은 아이들도 있었다.

"차별에 대해 어떻게 생각하고 어떤 행동을 할 수 있을까?"라는 두 번째 질문에서 아이들이 쓴 답을 정리하면 다음과 같다.

- 약간 꺼려지는 생각이 들긴 하지만, 차별하지 않고 같이 놀고 이해해 준다,
- 모든 사람은 존중해줘야 하고 차별하지 않는 마음을 갖는다. / 차별 하는 마음을 버리고 소통하기 위해 노력한다. / 차별받는 사람들의

입장과 상황을 이해하고 공감해주며 그들의 아픔을 공유하며 함께 아파할 줄 아는 행동들이 필요하다. / 그 사람들을 이해하고 존중하여 이런 차별을 최대한 없애려 해야 한다고 생각한다. / 우리가 차별받고 있으면 어떨지 입장을 바꾸어 생각해본다. / 나와 다르게 생기고, 약한 사람이고, 경제생활 수준이 낮다는 등의 이유로 차별하는 것이 아니라 아픔을 공감하고 이해하면서 서로 도우며 살아가야 한다. / 차별하지 않고 서로 다른 점을 찾기보다 같은 점을 찾았으면 좋겠다.

- 편견을 갖지 말고 그들의 문화를 존중하여야 한다.
- 위와 같은 차별은 사람들의 인권을 존중하지 않는 행동이다. 소수의 인권을 이해하고 배려해야 한다. / 차별받는 사람들의 인권을 지켜준다. / 재외동포들이 해외에서 당하는 차별만 생각하지 말고 우리가 차별하는 사람들에게 최소한의 인권을 보장해야 한다.
- 장애인이 우리와 다른 행동을 한다고 해도 신체적 장애를 놀리면 안 된다.
- 외국인 근로자도 우리와 같은 사람임을 인정하고 인권을 보장한다.
- 외국인들이라고 우리와 다르다고 생각하지 않고 그들의 권리를 높여 모두 살기 좋은 사회를 만들 수 있도록 다수가 국가에 건의한다. / 사회적 복지가 향상되어야 한다. / 소수자들을 위한 시설이나 제도 개선도 필요하다.
- (한국어를 잘 못해서) 차별을 당하면 안 되기 때문에 한국어를 잘 알려준다.
- 차별이 나쁜 것인지는 알지만, 약간의 차별은 생긴다.

아이들이 쓴 답을 읽으며 고마웠다. 다만 3차 수업을 할 수 있다면, 혹은 수업을 좀 더 여백이 있도록 구성했더라면, 아이들의 답을 좀 더 구체적으로 이야기해볼 수 있었을 텐데 하는 아쉬움이 들었다. "약간 꺼려지는 생각이 들긴 하지만, 차별하지 않고 같이 놀고 이해해준다"와 같이 솔직하게 답한 아이와는 어떤 점이 꺼려지는지, "차별이 나쁜 것인지는 알지만, 약간의 차별은 생긴다"와 같이 더 솔직하게 답한 아이와는 차별이 인간의 본성인지에 대해 이야기 나눌 수 있었을 것이다.

3. 수업 성찰

이 수업은 재일조선인이라는 주제를 통해 근현대 시기 식민지배-전쟁-해방-분단을 돌아보는 역사수업이자, '더불어 사는 사회', '다름을 인정할 수 있는 사회'를 모색해보는 사회수업으로 진행되었다. 아직 근현대 역사를 배우지 않은 아이들의 상황과 역사교육과정에 재일조선인의 주제가 없기 때문에 생소한 내용이었다는 점, 근대 국가를 단위로 역사를 접근하는 것에 익숙한 아이들에게 국적의 경계에 선 이들의 이야기가 쉽게 연상되지 않는다는 점 등 어려운 걸림돌이 많았지만, 수업에 열심히 참여해서 경청하고 성실하게 자기 생각을 적고 의견을 내준 아이들이 참 예쁘고 고마웠다.

아이들에게 '디아스포라'라는 말에 대해서 잠시 소개하기도 했다. 일제 식민 시기 한반도를 떠나 이주한 사람들이 많았는데, 일본 외에도 중국에 살고 있는 조선족과 러시아 및 중앙아시아 지역에 살고 있는 고려인들이 그 대표적 경우라는 점, 그리고 전 세계 곳곳에서 자신이 살던 나라를 떠나 살면서 민족적 정체성을 유지하며 사는 경우를 '디아스포라'라고 한다고 설명했다. 기존의 근대국가 중심의 역사교육이 역사 속 다양한 상황에 처한 사람들에 대한 이해와 공감, 상상력을 제약하는 부분에 대해 문제의식을 가지고 있었는데, 이 부분을 메꿔나가는 데 디아스포라에 대한 수업이 필요하다고 생각했다. 이와 같은 문제의식의 연장선에서 좀 더 여러 차시의 수업을 기획할 수 있을 것 같다. 앞에서 언급했듯이 한국사회에서 조선족 사람들이 처해 있는 조건을 이야기하며 '동포'와 '외국인 노동자'의 사이에 위치한 이들에 대한 생각을 이야기해보거나, 우리가 이야기하는 '기본권'은 국민만이 받을 수 있는 권리인데 국민이 아닌 사람들의 '인권'은 어떻게 해야 하는지, 근대 국민국가의 틀에서 국적의 유무가 가져오는 인권침해의 문제 등. 이런 문제들에 대해서 재기발랄한 아이들이 어떤 이야기를 풀어놓을지 긴장되면서도 즐거운 상상이 떠오른다.

김지영(경기 장곡중학교)

3장

말이 칼이 되는 역사를
반복하지 않기
— 혐오를 혐오하자!

1. 수업 배경

수업의 목적

2018년 예멘 난민 500여 명이 제주도에 입국하면서 한국에서도 외국인에 대한 혐오와 멸시 표현이 급증했다. 최근에도 외국인 노동자, 성소수자 등 소수자들에 대한 혐오표현과 혐오범죄로 논란이 이어지고 있다. 일본에서도 2009년 교토 조선학교 앞에서 '재일 특권을 허용하지 않는 시민 모임'(이하 '재특회')의 혐오발언, 조선학교에 대한 정부의 보조금 지급 중단 등 재일한국인에 대한 혐오와 차별 문제가 발생하고 있다.

　이번 수업을 통해 학생들이 혐오와 혐오표현에 대해 어떻게 생각하고 있는지를 알고 싶었다. 그리고 혐오표현의 위험성과 그것이 범죄로 이어질 수 있다는 경각심을 일깨워주고 싶었다. 이런 문제를 역사를 통해 알아보고, 현재의 혐오표현, 혐오범죄가 사회에 끼치는 영향에 대해서 함께 이야기하고 혐오범죄를 방지하기 위해 우리가 할 수 있는 일을 생각해보고자 했다.

주제 설정

1923년 관동대지진 때 발생한 조선인 학살은 일본에서 19세기 말부터 계속된 조선인과 중국인에 대한 멸시와 혐오에서 비롯된 사건이었다. 1910년 일본이 조선을 식민지로 지배하면서 일본인의 조선인에 대한 멸시와 혐오 감정은 더욱 심화되었다. 1919년 조선인이 일본의 식민지배에서 벗어나기 위해 민족적으로 단결하여 3·1운동을 일으켰는데, 일본인들은 자신들이 하찮게 여기고 혐오하던 조선인들이 '집단행동'으로 소요사태를 일으켰다고 생각하며 해코지를 당할 수 있다는 공포를 느꼈다. 이러한 배경에서 1923년 관동대지진 조선인 학살 사건이 일어났다.

현재 일본에서 재특회를 비롯한 우익세력이 재일한국인을 대상으로 자행하는 혐오표현과 혐오범죄는 1923년 관동대지진 당시의 조선인 학살처럼 끔찍한 비극으로 이어질 수도 있다. 2016년 구마모토지진이 발생했을 때도 "조선인이 우물에 독을 퍼뜨렸다"는 유언비어가 인터넷에 퍼져 재일한국인들에게 상처를 준 일이 있었다.

현재의 혐오표현, 혐오범죄와 관련된 역사를 되짚어 관동대지진의 조선인 학살을 수업의 소재로 삼았다. 그리고 이러한 일이 한국과 일본에서만 벌어지는 일이 아니라 다른 지역에서도 발생하고 있다는 것을 보여주기 위해 2005년 미국 허리케인 카트리나 재난사건 때 흑인에 대한 혐오범죄 사례도 소개했다. 반면에 '관동대지진 때 학살당한 조선인의 유골을 발굴하고 추도하는 모임'의 활동은 과거의 혐오범죄를 어떻게 기억하고 어떻게 문제를 해결할지에 대한 힌트를 주었다. 특히 이 모임의 활동이 현재의 혐오표현, 혐오범죄에 대한 문제해결의 실마리를 제공해줄 수 있다고 생각해 수업의 중요한 주제로 설정했다.

2. 수업 목표

① 혐오, 혐오표현, 혐오범죄란 무엇인지 이해한다.

② 현재 한국과 일본에서 일어나고 있는 혐오표현과 혐오범죄를 알아본다.

③ 관동대지진 당시 조선인 학살 사건을 통해 타인에 대한 집단적인 혐오와 멸시가 가져오는 결과를 직시하고 이 문제가 어떻게 해결되고 있는지 알아본다.

④ 우리 사회에서 혐오표현과 혐오범죄를 없애기 위해 우리가 할 수 있는 일이 무엇인지 알아본다.

3. 수업 실천

수업 진행

2018년 8월 5일(일), 교토 도시샤중학교에서 열린 제70회 일본역사교육자협의회 교토대회의 한 부분으로 한일역사교육실천심포지엄이 개최되었다. 여기서 리쓰메이칸우지고등학교와 교토국제고등학교 학생을 대상으로 수업을 실시했다.

학생들에게 먼저 활동지를 나누어주고 이번 수업을 하게 된 계기를 이야기해주었다. 2018년 2월 일본 도쿄에 있는 재일본조선인총연합회 건물에서 발생한 총격 사건, 6월 한국 제주도에 예멘 난민이 입국했을 때 발생한 혐오 사건 등 수업 활동지를 만들 때 일어난 일을 얘기하면서 이번 수업을 하게 된 이유와 목적을 간단하게 설명했다.

수업이 종료된 후 학생들의 소감을 들었다. 수업을 참관한 일반인도 학생과 필자에게 질문을 했다.

활동지 개요

① 〈생각 열기〉 세계인권선언문에 나오는 '인권'의 개념을 제시하고 학생들에게 세계인권선언문이 나오게 된 배경, 국제적인 '인권'에 대한 인식 등에 대해 묻고 확인하며 시작했다.

② 〈개관하기〉 혐오와 소수자의 정의를 제시하고 혐오표현(발언)을 표현의 자유로 볼 수 있는지에 대한 전문가의 견해를 자료로 제시했다.

③ 〈자료 1. 혐오발언에서 증오범죄로〉 2018년 2월 재일본조선인총연합회 건물에서 발생한 총격 사건을 사례로 제시하여 혐오표현이 증오범죄로 이어질 수 있다는 것을 서술했다. 또한 총격 사건 이전에 2007년부터 적극적으로 전개된 재특회의 혐오발언과 집회, 2013년 오사카 쓰루하시에서 열린 재특회 시위에서 중학교 학생이 재일한국인을 대상으로 대학살을 벌이겠다고 발언한 '쓰루하시 대학살' 사례 등도 언급했다.

④ 〈자료 2. 혐오의 피라미드〉 혐오표현과 차별, 범죄가 하나의 메커니즘으로 작용한다는 혐오의 피라미드를 제시하고 유럽에서는 혐오표현을 '표현' 단계에서 선제적으로 금지하고 있음을 소개했다.

⑤ 〈자료 3. 관동대지진과 증오범죄〉 1923년 관동대지진 당시 주요 사건을 연표로 제시하고 사건의 배경과 경과, 결과 등을 소개했다. 또한 2005년 허리케인 카트리나가 미국 남부를 강타했을 때 발생한 인종차별과 혐오범죄 사건을 제시하여 혐오범죄가 시대와 지역을 초월하여 벌어지고 있음을 소개했다.

⑥ 〈자료 4-1. 증오범죄를 없애는 길―기억하기〉 '관동대지진 때 학살당한 조선인의 유골을 발굴하고 추도하는 모임'의 활동을 소개했다. 또한 1952년 사이타마현에 세워진 '관동진재 조선인희생자 위령비', 2009년 도쿄 아라카와강 유역에 세워진 '관동대지진 당시 한국·조선인 피해자 추도의 비'의 비문을 제시하여 과거를 어떻게 기억해야 하는지에 대해서 생각해보게 했다.

〈자료 4-2. 증오범죄를 없애는 길―법령 제정〉 2015년 일본 오사카시, 2016년 일본 의회에서 혐오발언을 규제하는 조례와 법령을 제정한 것, 2010년 독일 드레스덴에서 네오나치 시위행진에 맞서 시민들이 직접 참여하여 저지한 사례 등을 제시하여 증오범죄를 없애기 위한 적극적 행동이 필요하다고 했다.

⑦ 〈활동 과제〉 관동대지진에 대해 서술한 두 개의 중학교 교과서(도쿄서적, 마나비샤) 서술을 제시하여 각각의 차이점을 알아보게 하고 관동대지진을 역사교육 차원에서 기억하기 위해 무엇을 강조해야 하는지에 대해서 생각해보게 했다.

4. 수업에 참여한 일본과 한국 학생들, 참관자 들의 소감
일본 학생들의 수업 후 소감

○ **오늘 수업 가운데 가장 인상이 깊었던 것을 써주세요.**

· 관동대지진에서 조선인이 일본인에 의해 대량학살된 것입니다. 저
는 일본인이지만 이번 수업을 받기 전까지 이 사실에 대해서 몰랐습
니다. 아마도 저와 같은 일본 고교생들 가운데 이것을 알고 있는 학
생은 많지 않을 것이라고 생각합니다. 제가 조선인이라면 일본에 대
해 분노했을 것입니다. 또한 이 사건이 일어났을 때 저는 아직 태어
나지 않았지만 같은 일본인으로서 희생자들에게 미안하다는 생각입
니다. 이런 것들을 바탕으로 하면 우리들이 해야 할 것은 사실을 아
는 것부터라고 생각합니다.

· 저는 한일관계의 역사에 대해서 전혀 몰랐고, 학교 수업을 받았을 때
도 일본이 한국과 조선에 대해서 한 것들을 그렇게 자세히 배울 기회
가 없었습니다. 특히 일본 중학생이나 고교생 중에는 흥미조차 없는
사람들도 많을 것이라고 생각합니다. 이것은 일본 측이 가해자이고
일본이 양심에 가책을 느끼는 역사를 그렇게 개방적으로 가르치지
않으려고 했기 때문에 일본인들은 별로 (이것에 대해) 알 기회가 없었
다고 생각합니다.

· 관동대지진에서 유언비어에 의해 일본인이 거짓말에 흔들려 많은
조선인을 살해했다는 사실을 알고 충격을 받았습니다. 또한 혐오표
현은 표현의 자유에 포함되지 않는다는 것도 인상에 남았습니다.

· 저는 처음에 혐오의 의미를 단지 싫어한다는 의미라고 생각했었지

| 마주 보는 역사수업 |

만, 민족 등에 대한 차별표현이라는 것을 (이번에) 알게 되었습니다. 현재도 헤이트 스피치 등이 많이 있지만, 단지 서로 화를 내고 충돌한다면 상황은 조금도 변하지 않을 것이라고 생각합니다.

○ **사회에서 헤이트 스피치(혐오표현), 헤이트 크라임(혐오범죄)을 줄이거나 없애기 위해 우리가 무엇을 할 수 있는지, 관동대지진의 조선인 학살 사례를 참고해서 써주세요.**

· 헤이트 스피치나 헤이트 크라임을 하는 사람들은 아마도 자신과 다른 국적이나 인종에 대한 편견에서 시작했을 것이라고 생각합니다. 따라서 우선 편견을 없애는 것이 헤이트 스피치를 없애는 것으로 연결된다고 생각합니다.

· 앞으로도 헤이트 스피치나 헤이트 크라임이 완전히 없어질 것이라고 생각하지는 않습니다. 조선인 학살 때처럼 소문에 흔들리지 않고 자기의 생각을 강하게 갖고 사물을 바라보는 것이 중요하다고 생각합니다. 또한 사물을 잘못 보고 자기 마음대로 혐오행위를 할 가능성이 있기 때문에 올바른 지식을 습득하는 것도 중요하다고 생각합니다.

· 관동대지진의 조선인 학살은 매우 심한 것이라고 생각합니다. 그렇지만 조선인 추도비와 같이 (역사적 사실을) 알고 반성하는 것은 매우 좋은 것이라고 생각합니다. 헤이트 스피치는 지금도 아무런 거리낌 없이 매우 많이 행해지고 있습니다. 이것을 해결하기 위해서는 조선인 추도비(가 세워진 것)처럼 서로 (역사적 사실을) 먼저 알고 이해하려는 것이 중요하다고 생각합니다.

· SNS 등에서 본 정보만을 보고 상대국과 사람에 대한 편견을 갖지 않

아야 합니다. 헤이트 스피치를 허용하지 않는 법률을 만들도록 국가에 청원해야 하고, 사람들에게 헤이트 스피치 현상과 결과에 대해서 알려주어야 합니다.

○ **간단하게 오늘 수업의 소감을 써주세요.**

· 관동대지진에 대해서 자세하게 배워서 매우 이해하기 쉬웠습니다. 저는 이번 수업을 받기 전까지 헤이트 스피치가 표현의 자유에 포함된다고 생각했습니다. 그러나 헤이트 스피치가 물리적 폭력을 유발한다는 것까지 알게 되었습니다. 저는 오늘 배운 것을 잘 살려서 한일문제를 생각하는 실마리로 삼고 싶습니다.

· 오늘 (수업을 들으면서) 가장 생각이 난 것은 우리 일본인 중에서 정확한 정보를 알지 못하는 사람들이 너무 많다는 것입니다. 저도 그중 한 사람입니다. 지금까지 한국에 대해서 좋은 인상도 나쁜 인상도 없었습니다. (수업을 통해서) 그렇지만 한국인을 깔보거나 헤이트 스피치를 하는 사람들이 많다는 것을 알게 되었습니다. 그 사람들이 한일 관계의 역사를 구체적으로 잘 모르고 있다는 것을 알았습니다. 또한 현재 한국인과 일본인이 과거 일본과 한국의 사건에 직접적으로 관련된 것은 아니기 때문에 현재의 일본인과 한국인에 대해서 비판적으로 말하는 것은 이상하다고 생각합니다.

· 저는 지금까지 헤이트 스피치 같은 혐오행위, 혐오표현은 표현의 자유에 포함된다고 생각했는데 (이번 수업으로) 매우 놀랐습니다. 표현의 자유에는 모든 표현 방법이 포함된다고 생각했습니다. 관동대지진이 일어났다는 것을 알고 있었지만 그때 조선인이 많이 피해를 입

었다는 것을 알게 되어 일본인인 저도 조금 분노했습니다. …… "미사일 발사에 참지 못했다"라는 이유로 혐오행위를 했다고 했지만, 원래 조선인에 대한 편견도 포함되어 있었다고 생각합니다. 현재 우리 학생에게도 어느 정도 편견이 있다고 생각합니다. 따라서 먼저 편견을 조금(씩) 없애고 다른 나라와 깊은 교류를 해야 한다고 생각합니다.

· (수업을) 들어서 좋았습니다. 관동대지진 당시 조선인 학살이 있었다는 것은 알았지만 이런 (추모)비가 세워졌다는 것은 몰랐습니다. 같은 일본인으로서 조선인 학살에 대해 반성하고 추모하는 것은 매우 좋은 것이라고 생각합니다. 이와 같이 서로를 이해하고 알려는 것이 중요하다고 생각합니다. 빠른 시일 내에 (문제를) 해결하는 것은 어렵겠지만 서로 알려고 하는 것이 중요하다고 생각합니다.

· 일본에서 수업을 받으면 좀처럼 한국 측의 수업이나 내용을 듣거나 볼 기회가 없기 때문에 매우 귀중한 경험이었다고 생각합니다. 관동대지진 때 일본인이 부끄러운 행동을 한 것에 대해서도 반성하지 않으면 안 된다고 생각합니다.

· 헤이트 스피치를 표현의 자유로 허용하고 싶지도 않고 절대 허용해서도 안 된다고 생각합니다. 혐오의 연속은 관동대지진 때부터 있었다고 생각합니다. 현재까지 같은 역사가 반복되고 있는 것이 무섭다고 생각하고, 우리 시대에 우리가 멈추게 하고 싶습니다. 혹시 내가 결혼해서 가족을 꾸릴 때 내 아이가 헤이트 스피치에 상처받게 하고 싶지 않기 때문입니다.

한국 학생들의 수업 후 소감

2018년 8월 일본에서 수업을 하기 전인 7월 초 필자가 근무하는 고교의 학생들을 대상으로 2시간에 걸쳐 수업을 진행했다. 1차시는 활동지를 읽고 상호 토론을 진행했고 2차시는 토론내용을 발표하는 시간으로 진행했다. 다음은 수업 후에 학생들이 쓴 소감문의 일부이다.

○ 관동대지진의 조선인 학살 같은 일이 다시 벌어지지 않기 위해 우리는 어떻게 해야 할까?

· 역사를 잊지 말고 공부해야 한다. 과거의 실수와 잘못에 대해서는 확실한 설명과 사과가 있어야 하고, 설명과 사과로 끝나는 것이 아니라 피해국과 가해국 모두가 이를 기억하고 안타까워하고 다시는 이런 비극이 반복되지 않도록 노력해야 한다. 자신들의 잘못도 자신들의 역사로 인정하고 받아들일 필요가 있다. 자국민의 역사교육에 자국에 대한 미화보다 사실에 기반을 둔 역사교육을 실시해야 한다. 일본의 반한감정, 우리나라의 반일감정을 줄일 수 있도록 한일 문화교류가 활발해지도록 노력해야 한다.

· 정부와 언론의 말을 무조건적으로 믿으면 안 된다고 생각한다. 관동대지진 당시 유언비어를 빌미로 평소 싫어하고 혐오하는 조선인을 학살한 것도 있겠지만, 암묵적으로 유언비어를 인정하는 정부나 사실을 부풀려 이야기하는 언론을 믿고 사람들을 학살했을 수도 있다. 정보를 받아들임에 있어서 사실관계를 파악하는 것이 가장 중요하고 아무리 사실이라도 이를 폭력과 같은 과격한 방법으로 풀어서는 안된다.

○ **수업에 대한 나의 소감을 써주세요.**

· 관동대지진의 조선인 학살이라는 것을 오늘 처음 알았고, 처음에는 읽으면서 화가 났다. 하지만 마지막에 일본인 단체가 조선인 피해자를 위해 진심과 진실이 담긴 추모비를 세웠다는 것을 읽고 속으로 무조건 일본 욕하던 것을 생각하고 아차 싶었다. 나도 모르는 사이에 현재의 일본 전체에 대한 혐오감을 만든 것이다. 그러나 이런 생각후에 다시 생각의 변화가 일어났다. 내가 글을 읽고 화가 나는 것은 당연한 것이다. 속상하니까. 하지만 이러한 일방적 혐오감을 갖고 일본을 외면하는 것보다 사실을 기억하고 잊혀지지 않도록 노력하는 것이 중요하다고 생각했다.

· 반혐오 시위에 참여해야 하고 우리 생각을 바꾸는 것이 중요하다고 본다. 그런데 (나는) 아직 민주시민이 안 된 것 같다. 화가 난다. 많은 지식을 쌓고 생각을 발전시켜야 할 것 같다.

· 지금까지 시민의 정의가 단순히 용인시민, 국민 이러한 개념인 줄 알았다. 그것이 아니라 국가의 주인, 지역이나 동아시아, 세계의 공동체 구성원임을 알았다. 민주주의도 절차나 제도적인 것뿐만 아니라 공존, 존엄, 평등을 추구하는 의미가 있음을 알았다. 선거에 투표하고, 적극적으로 참여하여 정치적으로 시민의 힘을 길러야 할 필요가 있다고 생각한다.

공개수업 후 참관인들의 질문, 학생과 필자의 답변

Q. 한국인이 항상 사죄와 반성만 하라고 한다면 이럴 때 (일본인에게) 어떻게 얘기해줄 수 있을까?

A(학생). 관동대지진 같은 사건은 우리가 일으킨 것은 아니지만 그런 사건을 기억하는 것이 중요하다고 봅니다. (지난번에 참여했던) 동아시아청소년캠프에서도 과거에 대해 기억하고 토론하는 시간을 가졌습니다. 이런 기회를 많이 갖는 것이 중요하다고 생각합니다.

Q. 관동대지진 조선인 학살에 대한 이번 수업과 같은 활동을 한국의 학교에서는 많이 하는가?
A(필자). 관동대지진 조선인 학살에 관한 내용은 《(고등학교) 한국사》 검정교과서에 공통으로 나오는 것이 아니고 많이 나오는 것도 아닙니다. 따라서 가르치는 교사의 생각에 따라 비중 있게 가르칠 수도 있고 역사적 사실에 대해서만 간단히 언급하고 지나가기도 합니다.

Q. 관동대지진 조선인 학살이 시험문제로 나오는가?
A(필자). 먼저 공개수업으로 소개한 독도는 한국의 교육과정에서 반드시 가르쳐야 하는 내용 요소이고 모든 한국사 교과서에 공통으로 나오기 때문에 시험문제로 출제한다. 그러나 조선인 학살은 그렇지 않기 때문에 시험문제로 내는 것은 전적으로 수업을 하는 교사의 생각에 달려 있다.

Q. 관동대지진과 같은 문제를 어떻게 평화적, 건설적으로 해결할 수 있을까?
A(학생). 먼저 상대의 입장을 이해해야 한다고 봅니다. 이번 수업을 통해 상대에 대한 이해가 깊어졌습니다. 이것을 통해 해결해볼 수 있지

않을까 생각합니다.

5. 수업에 대한 성찰

과거에 대한 기억은 현재의 삶에 기반한다. 역사를 공부하는 이유는 현재보다 더 나은 미래를 만들기 위해 과거를 돌아보고 나와 내가 속한 공동체를 변화시키는 동력을 얻기 위함이다. 이 과정에서 역사적 사고력과 판단력이 길러진다고 생각한다.

'평화'는 갈등과 분쟁이 사라진 이상적인 '상태'가 아니라 갈등을 조정하고 분쟁을 예방하고 적대를 해결하는 '과정'이라고 했다. 마찬가지로 불평등과 갈등, 혐오를 유발하는 구조나 문화를 적극적으로 변화시키려는 노력도 평화를 위한 '과정'이라고 할 수 있다. 역사교육은 모든 종류의 다양성에 대한 존중을 발전시키는 필수적인 장이 되어야 하며, 여러 민족과 주체들 간의 관용, 상호 이해, 인권, 민주주의와 같은 근본적인 가치들을 장려하는 데 필수적인 역할을 해야 한다고 했다. 이러한 점에서 한일 간의 역사갈등 해소를 위해, 한일 간의 평화를 위해, 동아시아 지역의 평화공동체를 위해 한일 양국의 수업 교류가 지속적으로 실천되어야 한다. 이것은 청소년들이 내가 사는 지역과 국경을 넘어 더 나은 미래를 위해 적극적으로 관심을 갖고 참여하는 민주시민으로 성장하는 데 도움이 될 것이라고 생각한다.

이경훈(경기 보라고등학교)

4장

마음이 만드는 길,
길이 여는 마음

그간의 한일역사교육실천심포지엄은 한일 교사들이 양국을 오가며, 개최국 학생을 대상으로 수업을 하는 형식으로 진행해왔다. 학생들까지 물리적으로 이동하기는 어려움이 있었기 때문이다. 2020년, 코로나19로 이동이 어려워지면서 교사들도 오가기 힘들었다. 대면 만남을 갖기 어려운 상황 속에 한국에서는 새로운 만남의 방법이 일상화되었다. 화상을 이용한 수업, 모임, 회의 등이 활성화된 것이다. 화상회의의 경험이 쌓인 터라 전년도에 진행하지 못한 한일역사교육실천심포지엄 역시 화상을 이용하기로 했다. 화상회의라는 점에 착안하여 한일 양국 학생이 함께 참여하는 수업을 하는 것이 어떻겠냐는 의견이었다.

 2021년 10월 16일 오후. 한국 학생 8명, 일본 학생 15명이 모였다. 참관을 위해 참여한 한일 양국의 교사만 해도 30여 명. 심포지엄은 한일

교사 인사 및 안내, 한일 학생 소개, 일본 측 수업, 한국 측 수업, 한일 학생 감상 교류 및 종합 토론의 순서로 진행되었다.

1. 수업 1: 한 장의 티셔츠로 보는 역사인식

수업 배경

일본 호세이대학 제2중·고등학교 에이지마 아즈사 선생님의 수업은 '한국문화' 교육 경험과 고민을 바탕으로 구상한 수업이었다. 수업의 목적을 요약하면 다음과 같다.

2000년대 이후 한류 붐은 음악과 드라마 이외에도 폭넓은 분야에서 젊은 층을 사로잡으며 확대되고 있다. …… 그러나 엔터테인먼트로서 표면적인 부분만 '소비'할 뿐 한일관계의 정치적인 부분을 기피하며 마주 보려 하지 않는 모습도 보인다. 3월 1일이나 8월 15일에 3·1운동이나 독립기념일(광복절)을 축하하는 SNS 게시물을 올리는 한국 연예인도 많이 볼 수 있는데, 그에 대해 일본팬들이 자기가 좋아하는 아티스트가 '반일'이었다고 개탄하는 경우도 드물지 않다. 그런데 '반일'이라고 인식하고 있음에도 불구하고 그 본질이 무엇인가까지는 깊이 파고들지 않는다. 그 바탕에 깔린 역사인식의 차이를 알고, 어떻게 마주하면 좋을지에 대해서 생각하는 것을 목적으로, 이번 수업에서는 2018년 일본의 인터넷과 SNS상에서 분노를 샀던 '원폭 티셔츠'의 사례를 다루기로 한다.

수업 실천

수업은 ① 논란이 된 한국 아이돌그룹 BTS 멤버가 착용한 티셔츠의 사진과 이에 대해 일본인들이 온라인상에서 '분노'를 표현한 이유를 살펴보고, ② 세계적으로 유명한 한국 아이돌그룹 멤버가 이 티셔츠를 착용한 것에 대한 학생들의 생각을 나눈 후, ③ 'BTS=반일'이라 여기며 BTS에 대한 실망스러운 마음을 담은 SNS 글에 새로운 댓글을 다는 활동으로 전개되었다.

주요 질문 및 학생 답안은 다음과 같다.

○ **질문 1. 티셔츠에 그려진 것은 무엇인가요?**

○ **질문 2. 일본인들은 이 사진에 왜 '분노(인터넷상에서 분노를 일으킨 것)'했을까요?**

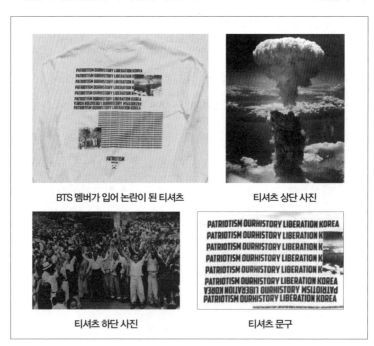

BTS 멤버가 입어 논란이 된 티셔츠 · 티셔츠 상단 사진

티셔츠 하단 사진 · 티셔츠 문구

· 일본 학생: 위에 있는 사진은 원폭투하 사진이다. 애국심, 우리 역사라는 글은 일본을 비판하는 글 같다. 아래 있는 사진은 한국 사람들 같은데 해방되고 일본이 전쟁에서 져서 기뻐하는 모습 같다.

· 한국 학생: 일본이 원자폭탄으로 인해 엄청난 피해를 입었기 때문에 이 사진에 분노했을 것으로 생각한다.

· 일본 학생: 위의 사진은 원폭 버섯구름이고, 아래는 일본 패전에 기뻐하는 한국 사람들이다. 이것이 논란이 된 것은 원폭투하 일본인에게 너무 슬픈 사실인데 세계적 아티스트가 이런 티셔츠를 입은 것이 원인이 되었다고 생각한다.

· 한국 학생: 아래는 한국인들이 해방을 기뻐하는 사진인데, 일본인들이 고통스러워하는 부분을 기뻐하는 것 같아서 일본에서 불편해한 것 같다.

○ **질문 3. (세계적으로 유명한 BTS 멤버가 이 티셔츠를 착용한 것에 대한) 내 기분의 위치를 화살표 상에 'O'으로 표시하고 그 이유를 써봅시다.**

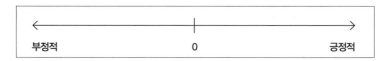

부정적　　　　　　　　　　　0　　　　　　　　　　　긍정적

· 한국 학생: 지민(논란이 된 티셔츠를 착용한 인물)이 세계적인 아티스트인데 이러한 티셔츠를 일본에서 입은 것은 다소 부정적이라 생각한다.

· 일본 학생: BTS는 일본에서 활동하고 있고 영향력이 있는데 그 영향력을 생각했어야 한다고 생각해서 부정적이라고 생각한다.

· 한국 학생: 슬픈 역사지만 더 기억해야 한다. 그러한 점에서 영향력

을 가진 지민이 이 티셔츠를 입은 것은 긍정적이라 생각하나, 독립운동 등의 노력으로 얻은 광복인데 단순히 원폭 때문에 한국이 독립을 했다고 생각할까 봐 이 부분은 다소 부정적이라 생각한다.

- 일본 학생: 한국인들의 해방, 애국심을 다룬 부분은 긍정적이라 생각한다. 그러나 원폭 사진은 일본의 아픈 역사를 다루고 있는 것이라 이 부분은 부정적이라 생각한다.(이 답변을 한 학생은 재일교포 4세이다.)

- 한국 학생: 한국 입장에서 (일제강점기는) 우리의 슬픈 역사이기 때문에 위와 같은 티셔츠를 입어서 과거를 기억하자는 의미가 될 것 같다. 원폭 사진은 일본의 입장에서 볼 때는 일본의 슬픈 역사이기 때문에 다소 부정적인 듯하다. 지민이 티셔츠를 입은 점은 그가 세계적인 공인이라는 점을 생각했을 때, 입어서는 안 되는 것 같다고 생각한다. 그런 점에서 이 사진에 대한 내 생각은 중립이라 할 수 있다.

- 일본 학생: 처음에는 티셔츠 자체를 부정적이라 생각했다. 그런데 일본이 식민지배했을 때 심한 대우를 했기 때문에 한국 입장에서는 식민지 역사가 슬픈 일이었을 것 같다. 일본 입장에서는 원폭 문제가 슬픈 역사이다. 공인인 지민이 입은 건 부정적이지만, 이 티셔츠가 가지고 있는 의미에 대한 한국의 입장은 이해할 수 있을 것 같다.

○ **질문 4. 다음은 가상의 SNS의 글입니다. 나라면 이 글에 어떤 댓글을 달았을까요?**

- 일본 학생: 일본인 입장에서 보면, (그 티셔츠를 보면서) 자신이 비판을 받는 것 같아서 좀 슬펐다. 그래서 이 SNS의 글의 생각을 이해(공감)할 수 있다.

> **ayumi** @aym1205btb · 2分 ⋮
>
> ジミン、日本でも活動してるのになんでこんなTシャツ着たんだろう。反日なのかな。ショックでかい😱
>
> ┌─────────────────────────────────────┐
> │ 지민.   │
> │ 일본에서도 활약하고 있는데 왜 이런 T셔츠를 입었지? 반일일까? 쇼크야. │
> └─────────────────────────────────────┘
>
> **mina ● 미나 🎌** @mina100anim · 1日 ⋮
>
> BTS推してたけどTwitter見てたら原爆Tシャツ着てて反日とか言われてる。推すのやめようかな…
>
> 💬 3   🔁 6   ♡ 36   ⌢ₒ
>
> ┌─────────────────────────────────────┐
> │ BTS 추천하는데.   │
> │ 트위터를 보니 원폭 T셔츠를 입고 있어 반일이라고 하네. 추천하는 것 관둘까?? │
> └─────────────────────────────────────┘

· 한국 학생: 지민도 일부러 '반일'을 표현하려고 이 티셔츠를 입은 것은 아닐 거야. 하지만 앞으로는 이런 일이 일어나지 않도록 충분히 알아보고 자신의 영향력을 충분히 생각하고 행동할 필요가 있다고 생각해.

· 한국 학생: 지민은 '반일'을 표현한 것이 아니고 양국의 슬픈 역사를 기억하자는 의미일 거야. 난 오히려 큰 영향력을 갖춘 공인임에도 논란을 감수하고 아픈 역사를 표현한 것이 대단하다고 생각해.

에이지마 선생님은 이 수업의 의미를 다음과 같이 갈무리하며 활동을 정리했다.

교사로서 이 사건을 접했을 때 슬픈 마음이 들었다. 여러분은 어떻게 생각할까 하는 궁금한 마음으로 이 수업을 준비했다. 그런 와중에 〈연루〉라는 글을 읽었다. 개인적으로 현대인들이 과거의 역사에 책임이 있을까의 여부에 관심이 있다. 예를 들어 일본군 '위안부' 문제, 원폭 문제 등을 우리가 어떻게 생각해야 할지 고민한다. 그래서 이 수업을 통해 과거의 역사가 우리에게 어떤 영향을 주는지, 우리는 이것을 어떻게 받아들여야 하는지에 관한 수업을 준비했다. 이 수업을 통해 서로 많은 이야기를 하는 시간이 되었기를 바란다.

2. 수업 2: 야마모토 센지는 우리에게 무엇을 남겼을까?

수업의 목적과 주제 설정

2010년대 중반부터 한국에서는 일본군 '위안부' 합의, 강제징용 판결, 독도 영유권, 무역 마찰 등으로 반일 정서가 고조되었다. 이는 일본 상품에 대한 불매운동으로 확산되었다. 일본에서는 한국인에 대한 혐오발언과 시위, 증오범죄가 계속해서 일어나고 있다. 세계적으로 코로나로 인한 혐오와 차별의 정서가 만연하고 있는 상황을 고려하더라도 한일 간 갈등의 골이 깊어지고 있는 상황을 어쩔 수 없는 현실로 두고 볼 수는 없다. 현재의 갈등은 미래의 희생과 대가로 돌아올 것이기 때문이다. 과거의 역사가 그것을 증명해준다.

야마모토 센지(이하 '야마센')는 계급과 민족을 넘어서 인간다운 삶, 평화와 평등이라는 인류 보편의 가치를 실현하려던 일본인이다. 치안유지법과 같이 인간을 억압하는 모든 제도와 행위에 단호히 저항하던 그의 이야기를 학생들과 함께 나누고 싶었다. 비록 한국과 일본이라는 서로 다른 국적을 가지고 있지만, 양국의 학생들이 미래를 위해 함께할 수 있다는 가능성의 실마리로서 그의 삶이 의미 있겠다고 생각했다. 또 자신이 처한 상황에서 옳은 일을 위해 무엇을 할 수 있는지를 학생들이 한번쯤 생각하는 계기를 만들 수 있으리라 기대했다.

야마센은 생물학자이면서 사회활동가, 정치인이었다. 짧은 생을 살았지만, 그의 활동은 다방면에 걸쳐 있다. 따라서 어디에 초점을 맞추냐에 따라 수업의 결이 많이 달라질 수밖에 없다. 모임에서 어떤 부분에 집중할 것인가 여러 번 회의를 거쳤고 그 결과 야마센이 개악을 저지하려 했던 치안유지법을 중심으로 수업을 구상했다.

치안유지법은 일본의 천황제와 자본주의 체제를 유지하는 수단이었다. 식민지 조선에서는 한국인들의 독립운동을 막는 수단으로 쓰였다. 또 한일 양국 민중을 전쟁의 고통에 몰아넣은 일본 정부의 행보에서 전쟁 수행을 위한 사전 단계로 치안유지법 제정이 있었다고 생각한다.

이 법이 시행되고 나서 일본에서 더는 전쟁에 반대하는 목소리를 낼 수 없었기 때문이다. 여러 면에서 치안유지법은 과거 한일 양국민의 삶에 지대한 영향을 미쳤다. 개인의 자유의사를 자유롭게 표현할 수 없도록 하는 법인 치안유지법은 민주사회를 사는 현대인들과도 관계가 있다. 민주주의에서는 개인의 생각을 자유롭게 표현하는 것, 그것을 보장하는 것이 중요하다. 만일 개인이 정당한 의사를 표현할 수 없다면, 민주주의가 제대로 발전해갈 수 없을 것이다.

일본에서 치안유지법이 보통선거법 통과에 대한 대응으로 제정되었다는 사실을 이해하는 것이 매우 중요하다. 치안유지법을 통해 일본 정부가 추구한 바가 무엇인지를 명확히 알 수 있기 때문이다. 또 민주사회로의 발전과정이 전혀 녹록지 않은 과정이었음을 인지하게 된다. 이러한 이유로 치안유지법이 제정된 배경, 즉 1920년대 전후 일본 민중의 사회운동이 활성화되고 이것이 보통선거법 제정 운동으로 확산되었음을 함께 이해할 수 있도록 읽기 자료를 구성했다.

야마센은 치안유지법 개정에 반대하다 죽음을 맞았다. 꽃을 통해 세상을 아름답게 하고 싶다는 소망을 지녔던 그는 자신의 삶을 통해 세상을 아름답게 만들려 애쓴 인물이다. 노동자·농민에게 산아조절 방법을 가르쳐 가난한 민중들이 다자녀 양육으로 빈곤해지는 상황을 막으려 했고, 노동자·농민 단체, 민중의 사회활동을 지원하면서 궁극적으로 그들의 삶이 향상될 수 있도록 도왔다. 노동자·농민, 사회주의자를 체포하고 고문하는 일본 공권력에 맞서고, 정부가 학생을 대상으로 군사교육을 시행하려는 것에 반대하다 치안유지법 위반 혐의로 체포되기도 했다. 때론 식민지 조선에서 건너온 한국인 유학생을 도왔다. 민중을 압박하는 모든 행위에 반대하면서 '제국주의 전쟁 반대', '식민지 절대 해방'을 주장했던 야마센. 치안유지법 개악을 막으려다 우익 성향의 인물에 의해 암살당하고 만 그의 행보는 사회적 약자들이 더 나은 삶을 사는 세상, 민주적이고 평화로운 사회를 만드는 일이었다.

과거 인물의 선택과 행위는 오늘날의 우리에게 어떤 교훈을 줄 수 있을까? 야마센은 죽고 없지만, 지금도 그와 같은 생각으로 행동하는 사람과 단체들이 있다. 2018년 한국 대법원의 강제징용 판결에 대해 지지 성명을 발표한 일본역사교육자협의회가 대표적이다. 이는 일본 내에서 상당히 용기가 필요한 일이었다. 이들은 또 다른 '야마센들'이라 할 수 있다 생각한다. 그리고 심포지엄에 참여한 모든 이들이 현재의 '야마센들'이다.

수업 목표

① 1925년 일본에서 제정된 치안유지법은 왜 어떤 목적에서 만들어졌는

지 알아본다.

② 야마모토 센지는 누구이고, 치안유지법에 왜 반대했는지 알아본다.

③ 오늘날에도 야마모토 센지와 같은 활동을 하는 사람들이 있음을 알고, 앞으로 우리가 역사의 흐름에서 어떤 선택과 행동을 해야 할지 고민해본다.

수업 실천

1) 수업 진행

화상으로 수업을 실시했고 학생과 교사가 수업에 집중할 수 있도록 참관 교사들은 비디오 기능을 모두 끈 채 수업을 진행했다. 학생들이 읽기 자료를 읽고 자신들의 생각을 발표한 후, 교사가 중심 내용을 정리했다. 통역까지 포함하여 수업을 진행해야 했던 터라 예정된 60분의 수업에서 약 5~10분가량 시간이 더 소요되었다.

수업이 종료된 후 수업에 대한 학생 소감을 들었다. 이어 교사-학생, 교사-교사 간 질의응답을 이어갔다.

2) 활동지 개요 및 활동 실제

① 치안유지법 위반으로 체포되어 감옥에서 죽음을 맞아야 했던 한국의 유명 시인 윤동주의 이야기로 시작했다.

② 치안유지법의 내용, 일본 민중의 사회운동과 보통선거법 제정 운동, 일본 정부가 치안유지법을 만들고 개정하려 한 이유를 자료로 제시했다.

③ 치안유지법에 대한 야마센의 생각, 그러한 생각의 배경이 되는 야마센의 삶을 서술하고 치안유지법 제·개정 이후 일본의 대외 침략이 강화

되었음을 안내했다.

④ 2018년 한국 대법원의 미쓰비시 징용 피해자에 대한 배상 판결과 이에 대한 일본역사교육자협의회의 지지 성명 발표를 소개했다.

위 자료에 따른 질의응답 내용은 다음과 같다.

○ **질문 1. 일본 정부는 왜 치안유지법을 만들었을까? 일본인들은 이에 어떻게 반응했을까?**[•]

· 한국 학생: 천황제와 사유재산제에 반대하는 움직임을 탄압하려는 법이다.

· 일본 학생: 노동자의 지위 향상을 위한 움직임이 있었기 때문이다.

· 일본 학생: 당시 '수평사'와 같이 평등한 세상을 만들려는 운동이 있었고, 당시 자신들의 의견을 반영하기 위해서 보통선거 운동이 있었다.

○ **질문 2. 야마모토 센지는 치안유지법을 왜 반대했는가?**

· 한국 학생: 치안유지법은 일본 권력자들이 추진하려는 전쟁을 비판하는 의견을 막고 권력을 유지하려는 악법이었기 때문에 이 법에 반대했다고 생각했다.

· 일본 학생: 치안유지법으로 지키려고 하는 천황제와 사유재산제는 자본가와 지주의 이익을 옹호하는 것이고, 천황제와 사유재산제에 반대하면서 노동자와 농민을 위해 싸우고 있는 일본 공산당의 활동을 경찰 권력을 이용해 탄압하는 것은 옳지 않다고 생각했기 때문이다.

● 일본인들의 반응을 묻는 질문에 대한 답은 없었다. 읽기 자료 본문이 아닌, 날개글에 해당 내용을 보충설명 형식으로 자료를 넣었기 때문이거나 의사소통이 잘 안 되었던 것으로 추측한다.

· 일본 학생: 치안유지법은 일본을 위해 싸우는 사람을 탄압하기 위한 법, 일본의 지주와 자본가를 우선시하는 법이기에 이 법에 반대했다고 생각한다.

○ **질문 3. 치안유지법은 일본 사람들의 생각과 행동에 결과적으로 어떤 영향을 주었을까? 왜 그렇게 생각하는가?**

· 일본 학생: 치안유지법의 영향으로 일반 서민들이 보통선거를 요구하게 되었다. 사회운동만으로는 자신들의 생각을 국가 정책에 반영하기 어렵다고 생각하게 되었기 때문이다.•

· 일본 학생: 치안유지법이 통과되면서 공산당 활동을 하던 사람들이 대대적으로 검거되거나 고문을 당하는 일이 일본에서 벌어지게 되었다는 글을 보니, 내가 이 당시에 살았던 일본인이라면 검거되고 싶지 않기 때문에 조용히 살았을 것이다.

· 한국 학생: 나도 일본 친구의 이야기와 같이 일본 정부에 반대하는 이야기를 하기에는 매우 조심스러웠을 것 같다. (법을) 악용해 탄압하기 때문에 생명의 위협을 느꼈을 것 같다.

○ **질문 4. 치안유지법 개정을 막고자 했던 야마모토 센지의 행동을 어떻게 평가하고 싶은가?**

• 학습지의 구성이 치안유지법의 내용을 먼저 제시하고, 치안유지법이 제정된 배경을 서술한 관계로 학생들이 이 부분에서 혼란이 있었던 것 같다. 학생들이 일본 민중의 사회활동 전개 및 보통선거권 요구-보통선거법 제정-치안유지법 제·개정-일본의 대외침략 확대로 이어지는 시간적 변화를 혼동하면서 오개념이 생겼다. 그렇기 때문에 자신이 당시 일본인이었다면, 치안유지법 통과 후 나의 생각과 행동이 어떻게 바뀌었을지 이야기해보자고 급히 질문을 바꾸었다.

- 일본 학생: 야마모토 센지의 행동은 아주 용기 있는 행동이라 생각한다. 당시에 자신과 같은 의견을 가진 사람이 많지 않았는데, 일반 사람들을 도구로 보고 전쟁을 하려는 세력에 반대했던 야마모토 센지의 행동이 무척 용기가 있었다고 생각한다.
- 한국 학생: 야마모토 센지의 행동은 무모했지만 대단했다고 생각한다. 그의 행동의 결과가 바로 나타나지는 않았지만, 이렇게 기록으로 남아 지금의 우리에게 교훈을 주기 때문이다.

수업시간이 많이 소요되어 마지막 마무리를 계획대로 하기에는 무리가 있었다. 수업 중 질문을 이해하지 못한 사례를 볼 때 어쩌면 학생들이 이 내용을 소화하기 어려울 수 있겠다는 판단도 들었다. 급히 마무리 방법을 바꾸었다. 그동안 비디오 기능을 끄고 화면상에 등장하지 않았던 참관 교사들에게 비디오 기능을 켜줄 것을 요청했다. 그러자 시작부터 계속 함께 자리를 지키고 있었던 모든 참여자가 화면에 등장했다. 화면 속 교사들이 다시는 인간을 억압하거나 도구로 보지 않는 세상, 전쟁이 반복되지 않는 세상을 만들기 위해 모인 이들이며 이 자리에 모인 이들 모두가 또 다른 야마모토 센지임을 강조하며 마무리했다.

한일 학생들의 수업 후 소감

수업을 마치고 학생들의 소감을 듣는 시간을 가졌다. 학생들의 답변은 다음과 같다.

- 한국 학생: 평상시 몰랐던 야마모토 센지를 알게 되어 좋았다. 또 일

본 친구들과 의견을 공유할 수 있어 새로웠다. 그리고 지민의 티셔츠에 대해 배웠을 때는 처음에는 입을 수도 있는 것 아닌가라는 생각이 들었는데, 다양한 의견을 들어보면서 일본의 입장과 감정을 이해할 수 있게 되었다. 앞으로 무분별한 비판을 하기보다는 서로의 역사를 배우고 알아가며 감정을 이해하려는 노력이 필요할 것 같다.

· 한국 학생: 원래 일본과 역사적 사건 때문에 안 좋은 감정만 있는 줄 알았는데, 이야기를 듣고 나누면서 서로 안 좋은 감정만 있는 것이 아니라, 좋은 감정들과 생각들도 많이 가지고 있다는 것을 알게 되었다. 의미 있는 경험이었다. 함께해서 즐거웠다.

· 한국 학생: 처음 한일교류수업을 한다 했을 때는 일본과 안 좋았던 과거가 떠올랐던 것이 사실이었다. 그래서 일본 친구들과 화상으로 만난다고 했을 때 일본 친구들이 우리를 안 좋게 생각하면 어쩌나 생각했다. 하지만 BTS 수업을 들을 때, 쉬는 시간 중 일본 친구들과 수다를 떨었을 때, 생각보다 우리나라의 문화가 일본에도 많이 들어가 있고 일본문화도 우리나라에 많이 들어와 있다는 사실을 알았다. 이번 기회를 통해서 그런 사실을 알 수 있어서 신기했고, 일본 친구들이 반응을 잘해줘서 행복했다.

· 한국 학생: 한일 양국의 역사가 서로에게 아픔이 되었을 수도 있지만, 에이지마 아즈사 선생님께서 말씀하신 것처럼 과거 속 감정에만 머무르지 않고 과거에 연루된 현재의 우리들이 더 나은 미래를 위해 교류하고 협력하며, 서로에 대한 이해를 넓혀가고 싶다.

· 일본 학생: 오늘은 호세이학교에서 한국어 수업을 듣거나 한국에 호의적인 학생들이 참여했다. 수업을 통해 한일 간의 새로운 사실을 배

울 수 있었고, 혹시 주변에 한일관계에 대해 좋지 않은 인상을 갖고 있는 친구들이 있더라도 이러한 교류를 함으로써 생각이 변할 수 있기 때문에, 우리들의 시대에는 좋은 한일관계를 만들어가기 위해 앞으로도 적극적으로 교류해가고 싶다.

· 일본 학생: 오늘 교류 모임을 통해서 일본과 한국 양국의 관점에서 역사를 생각하는 것이 아주 중요함을 배웠다. 교류의 기회가 있어 아주 기쁘다.(이 답변을 한 학생은 재일교포 4세이다—필자)

· 일본 학생: 여러 의견을 듣고 처음에 부정적인 의견도 있었으나 긍정적 의견도 들을 수 있어서 납득할 수 있는 부분이 많았다. 많은 교류를 통해 한일관계가 좋아졌으면 좋겠다.

· 일본 학생: 새로운 시대를 살아가고 있는 사람들이 한일관계에 있어 과거의 암울했던 시기를 잘 알고 객관적 시각을 가지고 좋은 관계를 잘 만들어가면 좋겠다. 역사를 바꿀 수 없지만, 역사를 잘 배우고 비극이 반복되지 않도록 하는 것이 중요하다고 생각한다. 지금 현재는 일본인들이 한국에 대해 관심을 많이 가지고 있어 앞으로 좋은 관계가 잘 만들어졌으면 좋겠다.

한국 학생들은 과거 일본의 식민지배를 받았다는 역사적 경험이라는 필터를 가지고 수업에 참여했다. 그 때문에 수업 이전에는 일본 학생들에 대한 걱정, 부정적 감정이 있었다. 그러나 일본 학생들이 원폭에 대해 가지고 있는 마음이 무엇인지 이해하면서 일본 학생에 대한 태도와 감정이 변화했다.

일본 학생들의 경우 한국 관련 수업을 선택하여 수강 중이거나 한국에 관한 관심과 호감이 많은 편인 학생들이 수업에 참여했다. 그렇지만 해방의 기쁨을 표출하고 있는 한국인들의 모습과 원폭 구름 사진이 함께 배치된 티셔츠가 일본인의 슬픔을 인정하지 않고 일본인을 비난하는 듯한 느낌에 불편한 마음을 가졌다. '일본인'이라는 정체성을 필터로 상황을 바라본 것이다. 그러면서도 한국 학생들의 이야기를 들으며 식민지배를 겪었던 한국인들의 고통을 이해해보려 했다.

양국 학생들의 소감을 통해 포착된 가장 중요한 부분은 학생들이 상호 간 교류, 이해의 폭 확대가 중요함을 인식했다는 점이다. 우선 BTS 멤버가 입은 티셔츠에 대해 수업과정에서 서로의 입장이 무엇인지 이해하면서 이러한 생각의 물꼬가 트였다. 쉬는 시간 중 학생들 간 사적 교류가 이루어진 점도 매우 주효했다. 자신이 알고 있는 상대국의 대중문화가 무엇인지, 상대방이 자신들의 문화에 대해 알고 있는 것이 무엇인지 이야기를 나누고 서로 유명 가수의 노래와 영화를 추천해주면서 학생들은 또래인 자신들이 서로 다르지 않다는 점을 느꼈다. 만남이 있었기에 각자가 마음속에 갖고 있던 필터를 내려놓을 수 있었던 것이다. 학생들도 이 점을 알았던 것 같다. 학생들은 교류를 통해 한국과 일본이 긍정적 관계를 만들어나가기를 기대했다. 그 과정에서 과거의 역사를 알고 서로의 시각차를 알아가는 일이 필요함을 어렴풋이 생각하기도 했다.

공개수업 후 참관인들의 질문, 학생과 교사의 답변

다음은 수업 후 교사-학생, 교사-교사 간의 질의응답 내용이다.

질문 1(한국 교사): 첫 번째 수업에서 나가사키 원폭 구름 사진이 티셔츠에 있었기 때문에 논란이 된 것이라 생각한다. 만일 원폭 사진이 아니라 미주리호에서 있었던 항복조인식 사진이나, 천황의 항복선언 방송을 듣고 있는 일본인들, 패전 후 도쿄거리를 걷고 있는 패전병 사진과 한국의 8월 15일 광복 사진이 같이 배치되었다면, 과연 이와 같은 논란이 되었을까? 패전과 광복을 같이 배치한 것이 문제였을지, 원폭과 광복을 같이 배치한 것이 문제였을지 의견을 듣고 싶다.

답변 1(일본 학생): 위의 사진이 원폭 사진이 아니라, 일본의 패전을 표현한 사진이라 하더라도 똑같이 속상하고 부정적인 감정이 들었을 것으로 생각한다.

질문 2(일본 교사): 아까 BTS의 티셔츠에 "OUR HISTORY"라고 쓰여 있는데, 여기서 "OUR", 즉 '우리'는 누구라 생각하는지 듣고 싶다.

답변 2(일본 학생): 저는 이 티셔츠의 사진의 '우리'가 한국과 일본 양국을 의미한다고 생각했는데, 친구들과 이야기하다 보니 한국의 역사인 것 같다.

답변 2(한국 학생): 저희가 이야기해보니, 지민이 한국인이고, 그래서 일본의 패전에 영향을 맞추기보다는 '빼앗긴 조국'이라는 의미에 집중해 티셔츠의 '우리'는 한국인이라 생각한다.

질의응답 과정에서 원폭에 대한 일본 측의 의견이 있었다. 그 내용은 다음과 같다.

원폭은 일본만의 문제는 아닌 것 같다. 패전 후 일본에서 원폭반대운동이 일어났는데, 이러한 움직임이 한국전쟁 당시 미국이 한국에 원폭을 사용하지 않은 하나의 원인이 되었다. 또 경남 합천에 가면 알 수 있듯이 일본뿐 아니라 한국에도 원폭으로 피해를 입은 사람들이 존재한다. 따라서 원폭의 문제가 어느 특정한 나라의 문제가 아니라 인류의 문제임을 생각할 수 있으면 좋겠다.

한국인 입장에서 원폭 문제는 다양한 감정과 생각을 갖게 하는 주제다. 원폭의 폭력성, 민간인의 희생(한국인의 희생 포함)을 생각할 때, 다시는 이러한 무기가 사용돼서는 안 된다는 점에 기본적으로 동의한다. 그러나 원폭은 때론 가해자였던 일본을 피해자로 치환하는 매개가 된다는 점에서 불편할 때도 있다.

개인적인 생각을 고백하자면 과거의 나는 후자의 감정에 더 방점을 찍고 있었다. 그러나 최근에는 조금 달라졌다.《마주 보는 한일사 Ⅲ》근현대사 편을 집필하면서 비키니섬의 비극을 읽고 알게 된 이후의 변화이다. 강대국의 핵무기 실험을 위한 희생양이 되었던 평범한 일본인 어부들의 이야기를 접하고 나니, 왜 일본인들이 핵에 대해 그토록 민감한 반응을 보이는지 이해할 수 있었다. 모두는 아니겠지만 적어도 한일교류모임을 함께하는 일본 선생님들이 핵에 대한 발언을 할 때 나는 과거만큼의 큰 불편함을 느끼지는 않는다. 나 역시 아이들처럼 교류를 통해 변화한 결과다.

마무리 과정에서 역사용어 사용에 대한 의견들도 오고 갔다. 그간 만나온 시간의 힘이 느껴지는 대화였다.

사회자의 입장을 이야기하면, 한국과 일본의 학생들이 만나서 이렇게 수업을 한다는 것이 한일역사교육교류모임 20년 역사에서 매우 중요한 일이었다고 생각한다. 호세이학교 학생들의 발표를 보면 '종전'이라는 말을 쓰지 않고 '패전'이라는 말을 썼는데, '종전'은 일본에서 우익들이 쓰는 용어이고 '패전'은 과거를 반성하는 의미를 담고 있다. 이는 호세이학교 학생들을 가르쳐온 에이지마 선생님의 힘으로 느껴졌고, 역사교사로서 단어 선택이 가지는 중요성을 느끼게 하는 대목이었다.

수업에 대한 성찰

2021년 11월 15일. 심포지엄 이후 첫 한일역사교육교류모임이 있었다. 심포지엄에 관한 의견이 오갔다. 여러 나라에서 온 학생들로 구성된 대안학교에서 역사를 가르치는 선생님은 다음과 같은 이야기를 했다.

코로나 상황에서 가족끼리 만나기도 어려운 시점인데, 한일 양국이 만나는 자리를 만드는 것 자체가 의미 있는 것 같다. 내가 근무하는 학교의 학생들은 한국을 잘 모르고, 언어도 서로 잘 통하지 않는다. 그렇지만 처음에 잘 몰라도 자꾸 이야기를 하고 듣는 것이 중요하다는 경험을 학교에서 하고 있다. 만나고, 이야기를 나누는 시간이 쌓여 상호 간 이해를 만들어낸다.

다른 교사는 심포지엄 직후 용인 보라고-교토국제고교 학생들과 온라인 교류를 진행한 경험을 나누었다. 아이들이 만남을 굉장히 즐거워했고 의미 있었다고 했다는 후문이다. 한일역사교육실천심포지움, 수업 경험 등을 볼 때 앞으로 동아리 시간 등을 활용한 학생 교류가 가능하겠다는 의견이 나왔다. 이렇게 한다면, 코로나로 시작된 온라인 교류였지만 한일 양국의 교사를 중심으로 한 만남에서 학생들을 중심으로 한 만남으로 보다 저변을 확대하는 기회가 될 것이다.

이번 교류 수업을 통해 한일 양국 갈등의 근원이 무엇인지까지는 파고들지 못했다는 한계도 있다. 차차 과거를 직시하는 기회를 넓혀가야 할 것이다. 또 야마모토 센지의 이야기를 통해 역사의 흐름에서 개인의 선택, 보편의 가치 추구, 연대를 생각하는 계기를 마련하려 했던 의도도 온전히 전달하지 못한 것 같다. 하지만 가랑비에 옷이 젖듯 자꾸 고민의 기회를 만들다 보면, 언젠가는 과거의 비극을 반복하지 않고 더 나은 미래를 위한 일상의 실천을 이루어낼 수 있지 않을까? 한일 양국의 학생이 함께 동아시아평화를 위한 청소년 선언문을 만들고 평화를 위한 행보를 어른들에게 당당히 요구하는 날이 오기를 꿈꿔본다.

우주연(서울 여의도여자고등학교)·에이지마 아즈사(永島梓, 호세이대학제2중·고등학교)

5장

동아시아 갈등의 원인과
화해의 길 찾기

1. 동아시아사 수업, 무엇을 할 것인가

한국과 일본을 오가며 편집회의를 하고 다양한 사람들을 만나 화해와 평화에 대한 수많은 고민을 나눈 지 어느덧 10년이 넘는 세월이 흘렀다. 그 시간 동안 나에게서 역사의 의미가 옛날이야기에서 사람들이 살아가는 이야기로 바뀌었다고 생각한다. 대학에서 역사교육을 전공하고 역사교사가 되어 5년을 넘게 가르쳤지만 처음으로 오사카에서 재일교포들을 만나고 일본 선생님들을 만나고 히로시마민족학교에서 학생들을 만나게 되면서 과연 내가 살아있는 역사를 가르치고 있었나 하는 의구심이 들었다. 책과 자료 속에서 진실을 찾고, 다양한 정보들을 모아 장황하게 옛날이야기를 늘어놓는 것으로 역사를 잘 가르치고 있다고 믿었던 것은 아닌가 돌아보게 된 것이다. 막연히 알던 역사를 실제로 살아낸 사람들과 만나고 이야기를 나누면서 부끄럽다는 생각도 했다. 무심코 재미있게 빗대어 한 이야기들이 부끄러웠고 아무렇지 않게 폭력과 복수, 전쟁을 정당화했는지도 모른다는 생각도 했다.

10년의 경험은 무엇보다 화해와 공존, 평화의 가치를 역사를 통해 가르치는 것이 얼마나 어려운 일인지 알려주었다. 그래서 어쩌면 동아시아사는 그 존재 자체로 중요한 의미가 있는 과목이라고 생각한다. 동아시아라는 범주 안에서 서로 부대끼며 살아가는 나라들의 시간 자체가 화해와 공존, 평화가 얼마나 소중한 것인지 생각해볼 수 있는 경험이 되기 때문이다.

그간 동아시아사를 가르치지 못한 것은 여러 사정이 있었으나 드디어 2019년에 운명처럼 동아시아사를 학생들과 함께 배우게 되었다. 나름 한일역사교육교류모임도 열심히 하고 답사도 다니면서 동아시아사를 가르칠 수 있는 준비가 잘 되었다고 생각했는데 그런 생각은 3월부터 처절하게 부서졌다. 한국사에서 당연하게 알고 있던 사실이나 사용하는 용어부터 다른 것이 너무 많았다. 세계사도 가르쳤는데 동아시아사가 뭐가 어려울까 했던 근거 없는 자신감은 일주일 만에 사라졌고 세계사와는 완전히 다른 차원의 문제가 기다리고 있었다. 동아시아사 수업에서 한국은 주인공이 아니라 커다란 세계 속 한 국가에 불과했다. 수업의 중심에는 언제나 한중일 삼국의 관계가 자리 잡고 있었다. 따라서 동아시아사를 이해하기 위해서는 국가 간 관계와 변화에 영향을 주는 다양한 변수를 파악해야 했다. 때로는 이미 알고 있는 한국사의 지식이 편견을 만들고 동아시아사를 제대로 바라보지 못하게 만들었다. 고대사부터 시작된 당황스러움과 무지함의 부끄러움은 아직도 여전히 가장 큰 숙제로 남아 있다.

그럼에도 불구하고 학생들과 한 가지는 해보자는 마음이 있었다. 바로 동아시아사 시간에만 할 수 있는 고민들을 나누는 것이다. 학생들이 한국사나 세계사 시간에 해보지 못했던 새로운 경험을 했으면 좋겠다고 생각했다. 초등학생을 대상으로 한 역사서가 베스트셀러가 되고 예능부터 드라마, 영화까지 역사라는 콘텐츠로 둘러싸여 성장한 학생들은 아무리 아니라고 해도 뼛속까지 민족주의 역사관에 익숙해져 있다. 그렇게 민족주의 역사관으로 무장한 학생들에게 동아시아의 관계사를 보여준다면 어떤 반응을 보일까? 한번도 한국사를 객체로 놓고 생각해본 적 없는 학생들이 과연 어떤 변화를 보여줄까? 잔잔한 호수에 돌을 던지는 심정이었지만, 학생들이 한 시간이라도 고민과 갈등을 경험해본다면 의미가 있지 않을까?

2. 교실 상황

인문계 고등학교 3학년 학생들은 대학입시라는 큰 시험을 앞두고 있기 때문에 자신이 선택해 시험을 보는 과목이 아니면 수업에 대한 집중도가 높지 못하다. 2019년, 우리 학교에서 동아시아사를 선택한 학생들은 상대적으로 학업에 대한 성취욕이 높지 않거나 성적이 낮은 학생들이 많았고 예체능 계열로 진학하고자 실기에 신경을 더 쓰는 학생들로 구성되어서 실제 교실에서 수업을 진행하는 일은 매우 어려웠다. 3개 학급 총 89명의 학생을 가르치는데 실제 동아시아사를 선택해 시험을 치를 학생은 10명 정도밖에 되지 않아 매우 좋지 않은 상황이었다. 그래서 주제 선정과 수업 방식에 대한 고민이 많았다. 동아시아사에 관심이 높지 않아도 누구에게나 흥미를 끌 만한 주제가 무엇이 있을까? 또 그 주제가 학생들로 하여금 동아시아 국가들의 관계나 미래에 대해 생각해볼 수 있는 기회를 제공할 수 있을까? 학생들이 자유롭게 다양한 의견을 개진할 수 있는 방법은 무엇일까?

다양한 학습지와 수업 관련 자료를 찾다가 발견한 것이 전국역사교사모임 선생님들이 만든 〈질문과 토론이 있는, 민족과 국가를 뛰어넘는 동아시아사 배움책〉이었다. 주제 중심의 다양한 질문을 학생들에게 던지고 학생들의 답에 기초해 토론을 이끄는 방식으로 구성된 동아시아사 학습지였다. 고등학교 3학년이라는 상황에서 모든 주제를 다루기는 어렵기 때문에 두 가지 정도의 주제를 골라 진행해보기로 했다. 주제가 학생들이 좋아하는 아이돌그룹과 관련된 사건이었고 동아시아 국가들의 관계를 생각해볼 수 있는 내용이어서 선택하게 되었다.

3. 교수-학습 과정

1학기 주제는 '동아시아사의 의미에 대해 생각해보는 주제'와 한국사에서 바라보는 관점과 완전히 다른 관점에서 토론해보기 위해 '임진왜란을 무엇이라고 불러야 할까?'로 정했다. 전자의 주제는 학생들의 사고를 열기 위해 학생들이 관심을 가질 만한 인기 아이돌그룹의 문제를 소재로 삼았다. 동아시아사를 선택했지만 그 이유가 대부분 친구들과 같은 반이 되기 위해서나 다른 선택과목이 더 어렵다고 느껴서였기 때문에, 동아시아사 자체에 관심과 흥미를 가지게 되는 계기가 될 수 있으리라 생각했다. 학습지 자료를 바탕으로 질문을 던지고 이에 대한 의견을 확장해가는 방법으로 수업을 진행했다. 학생들에게 던진 질문은 세 가지였다.

학생들이 답하는 방식은 두 단계로 구성했는데, 나의 생각과 그 이유를 먼저 답하고 나서, 친구들의 생각 중 인상적인 답변과 그 이유를 다시 답하는 방식이었다. 먼저 자료를 분석하여 자신의 생각을 정리하고 다음 시간에 주변 친구들과 모둠을 이루어 서로 생각을 이야기해보았다. 첫 시간은 꼼꼼하게 자료를 다 같이 읽고 세 가지 질문에 모두 응답하도록 했다. 두 번째 시간에는 모둠별로 서로의 생각을 나누고 의견 발표 시간을 가졌다. 반드시 3명 이상의 친구들 의견을 듣고 가장 인상적인 답변을 자신의 학습지에 적도록 했다. 입시에 대비해서 강의식 수업이 주로 이루어지다가 학생들이 오랜만에 자기 이야기를 할 시간이 주어진 탓인지 활기차게 진행되었다. 마지막 시간에는 자신의 생각을 수정하거나 친구의 의견 중 가장 인상적인 답변을 다시 생각해보는 활동을 한 후 세 가지 논술문제 중 하나를 골라 작성하는 활동으로 마무리 지었다. 논술 답안을 채점한 뒤 결과를 설명하고 학생 글에 대한 교사의 의견이나 질문을 개별적으로 전하는 피드백 활동을 전개했다.

1학기에는 자료를 읽고 생각을 나누고 글을 쓰는 것이 목표였다면 2학기에는 학생들의 생각을 자극할 수 있는 영화나 영상을 보고 관련 정보를 정리해보는 과정을 통해 글을 쓰는 수업을 계획했다. 고등학교 3학년 과목이 아니었다면 1학기에 영상을 이용한 수업을 하고 2학기에 텍스트를 읽는 수업을 구상했겠지만, 입시를 앞둔 고3 교실에서 2학기 수업은 진행이 매우 어렵기 때문에 부득이하게 반대로 구성했다. 2학기

| 마주 보는 역사수업 |

수업의 진행 역시 1학기와 같은 구조로 진행되었다. 다만 주요 제재가 텍스트에서 영상으로 바뀌었다는 차이점이 있다. 또 영상을 보고 다양한 국가들의 입장을 들어보면서 관련 정보를 정리하는 과정이 조금 더 다양한 질문들로 구성되었다.

처음에는 학생들이 집중력 있게 볼 수 있는 영화를 고민했으나 결국에는 다양한 나라의 패널들이 자신들의 입장을 자유롭게 이야기하는 예능 프로그램을 선택했다. 식민지배와 독립의 역사, 화해와 평화의 길을 모색해가는 나라들의 이야기를 다양하게 접할 수 있는 기회라고 여겼기 때문이다. 영상은 JTBC에서 방영된 예능 프로그램 〈비정상회담〉의 111회 '식민역사와 독립' 편이었다. 2016년 8월 15일 광복절 특집으로 방송된 프로그램이었다. 방송은 그 의도나 재미에 따라 왜곡되기도 하고 특정한 프레임에 갇힐 우려도 있다. 하지만 우리와 다른 사람들이 우리와 같은 경험을 했다는 것을 직접 들을 수 있는 프로그램이기에 동아시아사 시간이지만 다양한 외국의 사례를 다루는 방송을 고르게 되었다.

4. 질문에 대한 학생들의 생각

1학기

자료를 읽고 토론한 후, 논술 활동을 진행했다. 논술 활동에서는 세 가지 문제를 제시하고 그중 하나를 학생이 선택해 주어진 형식에 맞게 답을 작성하도록 했다. 이 지면에서는 첫 번째 질문과 세 번째 질문에 대한 학생들의 반응을 소개하려 한다.

1. 자신이 생각했을 때, 소속사인 JYP 측에서 쯔위에게 '사과 영상'을 찍게 한 조치가 적절했다고 생각하나요?

· 적절했다. 쯔위는 연예인이기 때문에 대중은 빠른 피드백을 원하고 있었다. 설령 타이완 측에서 비판을 할지언정 사과 없이 무대응으로 일관했다면 중국과 타이완의 대립은 더 크고 오래갔을 것이라고 생각한다.

· 적절했다고 생각한다. 중국과 타이완은 서로 예민한 관계이고 애매한 태도를 취할 경우 수많은 중국 팬이 떠날 수 있다. 대중의 인기를 필요로 하는 아이돌그룹이 이를 무시하는 것은 다른 멤버들이나 회사에 모두 피해를 끼치게 되는 것이다.

· 적절하지 않다. 대만은 엄연한 국가다. 쯔위가 자신의 나라 국기를 드는 것은 당연하고 중국인 네티즌이 비난한 건 그들이 과민반응한 것이라고 생각한다.

· 적절하지 않다. 현재 중국과 타이완이 정통성을 주장하는 상황이긴 하지만 타이완에서 태어난 쯔위가 타이완 국기를 들고 있는 것을 두고 쯔위의 생각과 판단은 무시한 채 연예인이라는 이유로 회사 측에 불리하지 않기 위해 조치를 취한 것은 잘못됐다고 생각한다.

· 적절하지 않다. 동아시아 각 국가들은 각자의 입장에서 바라보는 역사적 맥락이 있다. 같은 행동을 바라보는 시각이 다 다르다. 따라서 역사와 관련된 일에는 신중해야 한다. 타이완 국기를 흔든 행위도 국가 간 오해와 갈등을 불러일으켰다. 그런데 소속사 측에서 넓은 중국 시장을 노리고, 상업적인 목적으로 타이완의 입장을 무시한 채 중국

을 옹호하는 입장을 표명하게 한 것이다.

　학생들의 의견을 몇 가지로 정리해보면, 첫 번째 질문의 경우 적절하다는 의견은 주로 동아시아에서 인기를 얻고 있는 아이돌인 만큼 그에 대한 책임과 의무가 있다는 생각이 많았다. 이 경우 국가나 민족보다는 주어진 사회적 지위나 누리고 있는 인기에 대해 상응하는 책임감을 강조하는 입장을 드러냈다. 또 다른 입장으로 대만과 중국의 역사적, 정치적 특수한 관계를 고려하지 않고 방송에서 문제가 될 만한 행동을 한 것은 사과해야 한다는 입장도 있었다. 한국에서만 활동하는 것이 아니라면 그 행위가 야기하는 국민적 감정에 대해 고려하지 않은 것이 잘못이라는 입장이었다. 반면 적절하지 않다는 입장은 몇 가지 기준으로 근거가 사뭇 달랐다. 일단 질문 자체가 소속사 조치의 적절성에 대한 것이었기에, 타이완 국기를 방송에서 흔든 것보다는 소속사가 신중하지 못하게 방송에 출현시키고 그 책임을 어린 소녀에게 전가했다는 입장이 있었고, 진심 어린 사과가 아니라 중국이라는 큰 시장을 잃지 않기 위한 상업적 결정이었다는 점에서 문제가 있다는 학생도 있었다. 타이완 출신이 타이완 국기를 흔든 것이 문제가 아니라 아시아에서 활동하면서 그런 민감한 문제에 대해 고려하지 않은 소속사나 방송사가 문제라는 관점도 많았다. 중국과 대만의 관계를 잘 알지 못했던 학생들이기에 의견을 얘기하는 과정에서 우리나라와 북한처럼 분단국가로 인식하기도 하고 타이완 국기를 흔든 것이 왜 중국인들을 자극한 것인지 이해하지 못하기도 했으나, 토론을 진행하면서 점차 문제점을 인지하게 되었다.

　세 번째 질문은 재미있는 반응이 많이 나왔다.

3. 동아시아사 과목에서 '임진왜란'을 어떻게 부르는 게 좋을지 생각해봅시다.

· 임진왜란이라는 말을 그대로 사용했으면 좋겠다. 오랜 기간 동안 임
  진왜란이라는 말을 사용해왔으며 일본과의 전쟁으로 임진왜란을 표
  현하는 것이 우리나라의 인식이기 때문에 중립적인 용어보다 나라
  의 인식을 드러낼 수 있는 용어인 임진왜란을 써야 한다고 생각함.

· 임진왜란이라고 부르는 게 낫다고 생각한다. 나라마다 자신들에게
  유리한 쪽으로 부르는데 한 용어로 통일하지 않는 이상 그대로 부르
  는 게 좋다고 생각한다.

· 임진왜란도 그대로 불러야 한다. 그 당시에 우리나라가 임진왜란을
  어떻게 생각했는지, 일본을 어떻게 바라보았는지 잘 알기 위해서는
  그대로 부르는 것이 옳다고 생각한다. 또한 그 당시에 그 전쟁을 '임
  진왜란'이라고 명명했는데도 그대로 부르지 않는다면 있는 그대로
  역사를 기록하는 것이 아니기 때문이다.

· 임진전쟁이라 불러야 한다. 동아시아 역사에서 정의를 하기 위해서
  는 모든 국가의 입장이 반영되어야 하는데 '임진왜란' 같은 경우는
  일본을 낮추어 말하는 표현이 들어가 있기 때문이다.

· '왜'라는 일본 비하의 말이 포함되어 있고, 동아시아에서 두루 불리
  기 위해서는 임진전쟁이 맞다고 생각한다.

· '왜란'이라는 표현은 비하적 표현이 포함되어 있고 한 나라의 입장
  만 반영된 용어이다. 중국, 서양 등 다른 국가를 보면 모두 이 전쟁을
  생각하는 인식이 다르고 입장도 다르기에 중립적인 용어를 사용하
  는 게 적절하다고 생각한다.

| 마주 보는 역사수업 |

- 임진왜란은 일본 사람들을 비하하는 표현인데 이런 표현으로 교과서에 실어 아이들을 가르치는 것은 옳지 않다고 생각한다.
- '왜란'은 우리와 일본만 생각한 것이고, '전쟁'은 여러 국가를 다 고려하여 쓰는 것이기 때문이다.

사실 처음에는 역사가 입장에서 역사를 쓸 때의 고민을 경험해보자는 의도였는데 의외의 결과를 얻었다. 동아시아사 과목에서 '임진왜란'을 어떻게 부르는 것이 좋은지 고민해보라는 질문에 대해 학생들은 크게 세 가지 방향으로 대답했다. 가장 많은 비율을 차지한 것은 바로 '임진전쟁'이라고 불러야 한다는 것이었다. 이유는 '왜'라는 표현에는 일본을 혐오하거나 낮춰 부르는 의미가 들어 있으며 동아시아사 과목은 동아시아 국가들의 입장을 객관적으로 반영해야 하기 때문이라는 것이었다. 참고로 두 번째 질문 때 일본이 과거사 문제에 많은 책임이 있음을 강조하면서도 교과서에서 일본에 대해 혐오하거나 비하하는 표현을 써서는 안 된다고 주장하는 학생들이 있었다. 두 번째로 많은 비중을 차지한 것은 완전히 새로운 표현이거나 북한의 표현이 적절하다는 의견이었다. 일본의 침략을 강조하거나 '난'이라는 표현보다 정확하게 조선, 명나라, 일본이 함께 벌인 전쟁의 의미를 강조해야 한다는 뜻으로 다양한 의견이 나왔다. 각 국가별로 자신의 입장만을 강조한 용어보다는 일어난 사실을 정확하게 보여줘야 한다는 의견도 많았다. 임진왜란이라는 표현을 그대로 사용해야 한다는 의견은 주로 한국사와의 혼란, 임진왜란을 겪은 조상들의 입장 존중 등을 근거로 들었다. 하지만 그 비율은 앞선 두 의견보다 비중이 많이 낮았다. 색다른 이름들은 "히데요시의 조선 침략", "조·명·일 삼국전쟁", "임진조국전쟁", "1592 동아시아전쟁" 등 다양하게 나왔다.

세 가지 논술 활동 질문 가운데 학생들은 주로 1번 문제를 선택해 답안을 작성했다. 사실 토론에 비해서 학생들의 글쓰기는 기대에 미치지 못했다. 토론과정에서 활발하게 주고받았던 의견을 자신의 생각으로 정리해 논리적으로 글을 쓰는 일이 학생들에게 분명 쉽지는 않았으리라 생각한다. 그런데 학생들의 글 가운데 "처음 생각했던 입장이 친구들의 의견을 듣고 많이 바뀌었다"라는 답이 꽤 있었다. 학생들이 토론하고 자기 생각을 글로 정리하는 과정에서 기존의 생각을 다른 방향으로 전환하는 경험을 한 것은 매우 의미 있는 일이다. 이런 측면에서 논술 활동은 알찬 시간이었다고 평가하고 싶다.

2학기

애초에 개학하자마자 수행평가를 진행하려고 했기 때문에 3년 전 방영된 프로그램을 겸사겸사 보여줄 수 있었다. 그리고 한참 한일관계가 악화되고 있는 시점이어서 학생들의 관심도 더 끌 수 있었다. 학생들이 프로그램에 출연한 다양한 외국인의 이야기에 귀를 기울이면서 동아시아 국가들의 어려운 관계를 어떻게 풀어가면 좋을지 아이디어를 내도록 했다. 동영상 시청 집중도는 좋았으나 수행평가를 열심히 하려는 의지가 크지 않아서 그런지 전반적으로 학습지 완성도가 많이 떨어졌다. 다만 가장 인상적인 패널을 꼽는 질문에서는 다양한 의견이 나왔다. 일본인 패널이 수많은 공격을 받았음에도 사과하는 모습을 보인 점이라든가 독일과 폴란드가 함께 역사교과서를 펴낸 일에 대해 깊은 인상을 받기도 하고 한국인 특별 게스트가 다양한 역사적 사실을 바탕으로 여러 나라의 상황을 잘 알고 있는 것에 대해서도 신기해했다. 근대 역사에서 중국과 일본의 갈등이 우리 못지 않다는 사실에 대해 새롭게 알게 된 학생들도 있었다.

· 가장 인상적인 패널은 독일의 닉이다. 지배를 했던 것에 대해 부끄럽게 여기고 계속해서 사과하는 모습이 인상 깊었다. 그리고 독일과 폴란드의 교과서 체제는 정말 좋다고 생각하는데 서로의 역사적 오해가 없게끔 같은 교과서로 교육을 하는 부분이 좋은 것 같다.

· 일본의 오오기 히토시는 중국과 한국에게 많은 눈치를 받았지만 미안해하는 태도를 유지하며 토론에 참여한 게 인상 깊었다. 또 일본인들이 우리나라의 아픈 역사를 방관하려는 태도는 일본의 국민성 그 자체에 있는 게 아니라 제대로 배우지 못한 역사교육 때문이라는 것을 잘 알게 해주었기 때문에 일본에 대한 오해가 어느 정도 풀렸다. 이 사람이 마지막에 진심으로 사과한 것처럼 일본이 사죄하는 날이 멀지 않았으면 좋겠다.

· 오오기는 피지배국들에게 진심으로 사과를 하며 자신의 나라에 부족한 것이 무엇인지 말을 잘하는 것 같다.

· 리비아의 아미라는 자기가 하고 싶은 말을 잘 정리해서 한 번에 말을 하고 사실을 근거로 반박을 잘했다. 문제점을 포인트별로 잘 잡아서 이야기했다.

· 우리나라와 비슷하게 어떤 나라의 식민지였고 독재자가 있었다는 점에서 동질감이 느껴졌고 자신의 의견을 분명하게 제시하여 좋았다.

- 미국과 프랑스의 대표는 자신의 의견을 잘 전달하고 자신의 국가가 한 행동을 설명한 후 반성할 줄 알고 잘못된 문화를 가졌다는 의식하에 토론을 진행했다. 다른 사람들은 자신의 나라가 그래도 잘한 게 있다는 생각을 갖고 있지만 프랑스와 미국 대표는 반성하는 태도를 바탕으로 옳고 그름을 판단하고 있다.
- 일본이 중국에 가서 난징대학살을 저지르고 우리나라 때와 마찬가지로 사과를 하지 않으며 역사교육을 제대로 하지 않아 이를 제대로 모르고 있다는 것이 놀랍다. 결국 역사교육의 문제라는 생각이 든다.

5. 글을 마치며

2019년은 여러 가지로 분주한 해였다. 하지만 수업에 대한 욕심으로 덜컥 벌인 일이 수습이 되지 않는 느낌이었다. 무엇보다 스스로 동아시아사에 대한 이해와 준비가 너무 부족했던 것이 아닌가 싶다. 시간이 갈수록 깊어지기만 하는 동아시아 역사갈등에 대해 학생들이 보다 깊이 있게 이해할 수 있고 함께 해결해가기 위한 방안을 찾아보자고 한 것이 수업의 시작이었다. 얼마나 잘 이뤄졌는지 솔직히 자신은 없다. 개인적으로 숙련된 역사교사라 자임해왔는데, 동아시아사에서 완전히 초보가 되어 분투했던 기록이라 생각한다. 큰 목소리로 나만 옳다고 외치는 동아시아 국가들의 국제관계가 학생들에게 감정적으로만 전이되는 상황이 안타깝기도 하고, 이럴수록 동아시아사가 해야 할 역할이 분명함에도 수업 구성이 치밀하지 못해 제 역할을 다하지 못한 것 같아 안타깝다. 하지만 일본이나 중국이라는 추상적 국가가 학생들에게 국가와 사회,

국민, 문화, 개인 등 다양한 의미로 다가갔으면 하는 바람은 조금 이루어졌다고 자평한다. 학생들이 서로의 의견을 나누면서 자신의 주장을 다듬어가는 과정을 조금 더 치밀하게 거들어준다면 한 걸음 더 나아갈 수 있다는 힌트를 얻었다. 교실에 "NO, 아베"라는 스티커를 붙인 아이들에게 어떻게 접근해가야 하는지 더 고민을 해봐야겠다.

이경주(경기 덕풍중학교)

6부
수업 방법을 배우다

박범희는 〈우리학교〉라는 다큐멘터리 영화를 통해 한국인 학생들에게 재일조선인을 생각하게 하는 수업을 실천했다. 학생들은 〈우리학교〉를 시청하고, 교사가 제시한 다양한 문제에 대한 질문에 답하는 감상문을 제출했다. 학생들은 재일조선인의 현실을 이해하고, 차별받는 그들의 마음에 공감하며, 자기 주변의 소수자와 사회적 약자를 생각할 수 있었다.

자국의 역사를 학습하든, 세계사를 학습하든 교사와 학생 모두가 자국 중심의 이야기를 펼쳐나가는 것이 일반적이다. 하지만 이런 자국 중심적 역사인식은 당시 상황을 입체적으로 이해하는 데 방해가 되기도 한다. 대표적인 것이 개항 이후 급변하는 동아시아 세 나라의 역사이다. 와타나베 데쓰로의 〈제2차 동학농민전쟁을 배우다〉 수업 실천은 바로 청일전쟁과 동학농민전쟁에서 일본군과 한국 민중의 이야기를 새로운 관점으로 풀어나갔다는 점에서 흥미롭다. 학생들의 반응이나 느낌을 듣고 나서, 막상 역사를 가르칠 때 정보를 전달해주기 바빠 학생들의 솔직한 심정이나 감상에 귀 기울이지 못한 점을 되돌아보게 한다.

모든 수업은 좋은 질문이 있어야 의미 있는 배움이 일어난다. 대부분 교사가 답이 정해져 있는 질문을 던지고 학생들은 대답하는 강의식 수업에서는 사실 좋은 질문이 나오기 어렵다. 학생들이 상상하기 어렵거나 당시 상황을 온전히 이해하기 어려운 시대를 수업할 때는 학생들의 순수한 질문이 매우 중요한 의미를 갖는다. 권오청의 〈6·25전쟁을 주제로 한 도서관 활용 역사탐구 학습〉의 수업 실천은 한국전쟁에 대해 학생들이 직접 질문을 만들고 이에 대답하면서 많은 지식을 가진 교사의 강의보다 매우 다채로운 이야기를 담게 되었다.

미쓰하시 히로오의 〈한국의 중학생과 함께하는 '도요토미 히데요시의 조선 침략' 수업〉은 한국의 중학생에게 도요토미 히데요시의 조선 침략을 수업한 기록이다. 항왜장수 사야카를 다루면서, 일본인인 사야카가 조선 측에 서서 일본과 싸웠던 사실을 어떻게 평가할 것인지 토론을 실시했다. 그런 다음 학생들의 발언과 감상을 분석하고, 한국 역사교육의 과제로 역사수업에서 국가의 틀로 역사를 바라보려 하는 '국가의 논리'를 길러내는 것은 아닌지 직시할 필요가 있다고 했다.

요네야마 히로부미의 〈조사·발표학습으로 배우는 3·1운동〉은 학생들과 함께 3·1운동을 조사한 후 이를 토론하고 발표한 수업이다. 학생들을 3~4명의 여러 모둠으로 나누고, 주제에 대해 학생들이 다양한 자료를 조사하여 분석하고 이를 요약집으로 만들어 발표한다. 학생은 적극적 수업 활동을 통해 역사탐구의 방식을 익히며, 자신의 인식을 강화하고자 한다. 이런 가운데 3·1운동의 전체상을 조망하고 내재화할 수 있었다.

1장

〈우리학교〉를 통해서 알게 된 재일조선인

〈우리학교〉라는 다큐멘터리 영화를 보고 감상문을 제출하는 수업을 진행했다. 〈우리학교〉는 일본 홋카이도에 있는 재일조선인 학교인 홋카이도조선초중고급학교의 일상을 담아낸 다큐멘터리 영화로서, 2007년 극장 개봉을 했다. 한국사 교과서에 재일조선인의 존재는 등장하지 않는다. 그러나 일본에서 정당한 대우를 받지 못하면서도 민족의 언어와 전통을 지켜가며 살아가는 그들의 존재를 통해 한국현대사를 되돌아보고 싶었다.

1. 수업 배경

이 수업을 한 2014년 당시 한국사 수업은 2학년 10개반에서 주당 3시간씩 진행되었다. 나는 이과 5개반을 맡았다. 이과의 경우 한국사 과목의 성적(내신 성적이나 대학수학능력시험 성적 모두)이 대학입시와 거의 관련이 없기 때문에 학생들의 관심도가 낮다. 이러한 학생들에게 한국사를 가르친다는 것은 쉽지 않은 일이다. 따라서 수업시간마다 해당 단원의 내용이 우리의 삶과 어떤 관계가 있는지, 또 어떤 의미가 있는지에 대해 이야기하며 학생들의 관심을 끌 수 있도록 노력했다.

2. 수업 실천

한국사 수행평가 – 재일조선인 문제

2014년 2학기에 재일조선인과 관련된 〈우리학교〉 다큐멘터리를 시청하고 학습지를 작성하는 수행평가를 실시했다. 한국사 교과서에 그 내용이 나오지 않지만, 한국 현대사에서 재일조선인의 존재는 식민지시대의 아픔과 분단체제가 일상생활에 얼마나 큰 영향을 미치는지를 깨닫게 한다. 다큐멘터리 〈우리학교〉를 통해 학생들이 재일조선인의 존재를 알게 되고, 분단의 아픔을 느낄 수 있길 바랐다.

다큐멘터리 〈우리학교〉는 3시간 시청을 했는데, 1학기 기말 시험을 끝내고 1시간 내지 2시간, 2학기 수업 시작할 때 1시간 내지 2시간을 시청했다. 기말 시험을 끝낸 이후 성적 확인을 하거나, 방학이 끝난 직후 수업 진도를 나가기 어려운 시기라서 이렇게 진행한 것이다. 다큐를 시청하면서 중간중간 재일조선인과 관련된 이야기를 학생들에게 해주었다. 각 반마다 3시간 시청이 끝난 후 학습지를 작성하게 했다.

다큐멘터리의 개요

조선인으로서의 자존감을 잊지 않기 위해 재일조선인 1세들이 직접 세운 민족학교인 조선학교는 '조선학교'. '우리학교'라고도 불리는 조선인들의 민족 교육체로, 일본에서 정식 교육기관으로 인정받지 못한다. 일본에서 나고 자랐지만 '조선인으로서의 나'를 지키기 위해 일본 학교가 아닌 '조선학교', '우리학교'라는 선택을 한 재일조선인 학부모와 아이들. 졸업 후 대학 진학을 위해 다시 자격 시험을 치러야 하고, 때로는 일본 우익단체들의 협박에 상처를 받기도 하지만 조선인으로서의 자존감을 가지고 꿋꿋하게 살아가는 이 아이들은 국적에 앞서 '조선인이라는 긍지'를 먼저 가슴에 새긴다.

일본에서 조선민족의 말과 글을 배울 수 있는 유일한 교육체인 우리학교. 이곳의 아이들이 학교에 입학해서 가장 먼저 배우는 말은 바로 "고맙습니다"이다. 하지만 우리학교 아이들이 학교에서 우리말보다 먼저 배우는 가르침은 바로 서로를 알아주고 사랑을 주고받는 방법, 즉 '함께 살아간다는 것'의 귀중함이다.

부모와 떨어져 기숙사 생활을 해야 하는 어린 학생들을 위해 언니, 오빠, 부모가 되어 손수 케이크를 만들어주거나, 함께 놀아주고 품에 안아 재워주는 등 한결같은 모습으로 아이들의 든든한 벗이 되어주는 선생님들은 우리학교가 특별한 또 하나의 이유다. "아이들이 사랑하는 학교를 만들기 위해서는 우리들 자신부터 조선학교를 가슴 깊이 진심으로 사랑해야 한다"고 생각하는 선생님들은 우리학교를 벗어나 홀로서기를 해야 하는 졸업생들을 바라보며, 아이들이 맞이해야 할 험난한 세상을 알기에 가슴이 더욱 먹먹해진다. 졸업식에서 "어려움이 있을 땐 사양 없이 우리학교를 찾아오라"고 하는 조선학교 선생님들의 마지막 한마디는 그래서 더욱 눈물겹다.

학생 응답

1) 가장 기억에 남는 장면 또는 인물을 쓰시오. 또 그 이유는?

총 142명의 학생 중 47명의 학생이 조국(북한) 방문 수학여행을, 27명의 학생이 졸업식 장면을, 19명의 학생이 리호미 국어선생님을 꼽았다.

북한은 한국 학생들이 가볼 수 없는 곳이기 때문이기도 하지만, 재일 조선인 학생들이 조국을 보고 많은 감동을 받은 곳이라고 생각했기 때문이다. 왜 많은 감동을 받았을까? 한 학생은 이렇게 설명한다. "일본에서는 재일조선인이라는 이유로 차별받으며 좋지 않은 시선을 받지만 조국(북한)을 방문했을 때에는 그렇지 않았다 그곳에서는 학생들이 마음대로 조선 저고리를 입어도 되고, 큰 소리로 노래를 불러도 되며, 주변이 모두 같은 조선인이어서 행복해하는 모습이 감동을 주었다." 그러나 북한 방문 수학여행을 보고 한국을 떠올린 학생도 있었다. 그 학생은 "만약 이 아이들이 한국에 왔으면, 한국 사람들이 북한 사람들처럼 이 학생들에게 잘 해줬을까? 우리나라 사람들의 시선에 상처받지 않았을까?"라고 생각했다.

졸업식 장면은 한국의 일반적인 졸업식 광경과 달랐기 때문에 학생들에게 인상이 깊었을 것이다. 한국에서는 졸업식이 졸업장이나 상장을 받고 인사말 정도 듣는 요식적인 행사로 바뀐 지 오래다. 가족이나 친구들과 함께 사진을 찍으면서 고교 3년간의 과정을 끝낸 기념을 하는 것이 일반적이다. "22명의 졸업생이 마지막에 울면서 각각 한마디씩 하는 장면이 인상 깊었다. 내가 이제껏 졸업식을 경험하면서 울기까지 한 적은 없는 것 같은데, 영화에서 졸업생들이 뜨겁게 눈물 흘리며 울먹이는 장면을 보며 '진심으로 학교를 좋아하고 아꼈겠구나' 하는 생각이 들었다. 일본이라는 척박한 환경 속에서도 꿋꿋하게 버티며 12년간 학교를 다니고 드디어 결실을 맺는 모습이 감동적이었다. 그들이 졸업하는 모습을 보면서 다시 한 번 그들의 학교 생활, 삶 그리고 일본의 조선사람을 생각해보게 되었다." 졸업식 모습이 한국과 다르다는 것을 지적하면서 일본에서 차별을 받으며 살아가는 재일조선인의 존재를 새삼 느꼈다고 한다. 이러한 생각의 연장으로 졸업 이후에 그들의 삶을 걱정하는 감상도 있었다. "학생들이 이제 학교라는 울타리 밖으로 나가 많은 고난, 역경을 겪어야 하기 때문에 가슴 아프고 슬펐다."

세 번째로 많이 나온 것이 리호미 국어 선생님이었다. 암 투병을 하다가 51세에 돌아가신 분인데, 학생들이 걱정할까봐 알리지 않고 암 투병을 했다는 사실이 인상 깊기도 했지만 그분 역시 고향이 남한인데 통일이 되지 않아 고향 땅을 밟아보지 못했다는 재일조선인의 아픔을 갖고 있었다는 점에서 많은 학생이 기억에 남는다고 썼다.

학생들에게 인상 깊었던 부분은 전체적으로 한반도의 분단 문제나 재일조선인들이 일본에서 받는 차별과 관련 있는 내용이었다. 우리학교 학생들의 조국 방문, 졸업식이 그렇게 울음바다가 되었던 것, 리호미 선생이 돌아가신 이야기 모두 그러했다.

2) 영화 속의 인물들이 통일을 바라고 있는 이유는 무엇이라고 생각합니까?

| 마주 보는 역사수업 |

대체로 현재 조선이라는 기호로만 존재하는 국적, 즉 무국적의 처지에서 벗어날 수 있고, 이에 따라 일본사회에서 받는 차별대우도 사라질 것이라는 답이 많았다. "그들에게 있어서 고향은 조선, 즉 분단되지 않은 우리나라이다. 그들이 그렇게 일부러 힘들게 민족성을 유지하는 것도 그 때문이라고 본다. 그들이 돌아올 수 있는 나라는 통일된 우리나라이기 때문에 통일을 당연히 바라고 있다고 생각한다." "물론 외국 땅에서 차별받고 사는 것이 싫기 때문일지도 모르지만, 내 생각엔 정말 순수하게 자신이 받는 불이익 때문이 아니라, 자신의 조국을 위해 바라는 것일지도 모른다고 생각한다."

3) 영화에서 북한 사람들의 모습에 대하여 "순수하다", "곱다"라고 조선학교 학생들이 표현하고 있는데, 이에 대한 여러분의 생각은 어떤지 쓰시오.

이 질문은 학생들이 북한에 대해서 어떤 생각을 갖고 있는지 궁금해서 한 것이었다. 수업을 듣는 학생들이 중고등학교에 다닐 때는 남북화해보다는 남북대결의 경향이 강해지던 시기라서 부정적으로 대답하지 않을까 하는 생각을 갖고 있었다. 대체로 학생들은 북한의 지도층에 대해서는 비판적이지만 일반 국민들에 대해서는 애정을 가지고 바라보고 있었다. 재일조선인 학생들이 북한에 대해 좋게 이야기하는 것은 일본에서 차별대우를 받았기 때문이라고 이해했다. "북한 사람들이라고 모두가 외부인들에 대해 공격적이고 적대적이라고는 생각하지 않는다. 근본적으로는 모두가 같은 민족이기 때문에 서로 어울리기도 쉬웠을 것이다. 그렇게 어울리던 중 북한 사람들의 모습에서 자신들의 모습이 존재한다는 것을 발견했을 것이고 그것을 '순수하다, 곱다'라고 표현한 것 같다."

그러나 북한 사람들이 재일조선인을 환대하는 것을 퍼포먼스라고 비판하는 학생도 있었다. "내가 (마음이) 꼬여 있는지는 모르지만 나는 일종의 북쪽의 퍼포먼스라고 생각한다. 재일조선인의 힘은 미약하지만 '이런 착한 사업을 하는 북한은 착해요'를 선전할 수 있기 때문에 잘해주는 것은 아닐까? 나의 이 삐딱한 관점을 무시한다 해도 나는 조선학교 아이들에게 평양 이외의 북한 상황을 알고 있는가 하고 물어보고 싶다. 설사 '순수하다, 곱다'라고 하더라도 탈북하는 인원이 증가하는 것은 단순한 우연이 아닐 것이다."

반면 북한에 대한 우리의 인식에 조금 유보하는 학생도 있었다. "어쩌면 우리에게 색안경이 씌워져 있었던 게 아닐까 하는 생각이 들었다. '북한'이라는 말로 떠오르는 첫 번째 이미지는 부정적인 내용의 선전이지, 우리와 같은 말을 쓰는 동포들이 아니었다. 그 동포들의 모습이 조선학교 학생들의 표현처럼 순수하고 곱게 보여 한민족이라는 생각이 들었다." "북한의 모습이 비춰지는 것을 보며 한편으로는 내가 너무 편향된 정보만 듣고 북한에 대해 좋지 않은 편견을 가지고 있었구나 하는 생각이 들었다. 중간중간에 정말 악의가 없고 순수해 보이는 북한 사람들의 모습이 비춰졌기 때문이다. 그러나 또 다른 한편으로는 계속 북한의 가난하고 참혹한 이면에 대한 생각이 들었다."

북한과의 관계는 좀 더 자주 만나고 정보가 활발하게 교류되어야 올바른 인식이 정립될 수 있을 것이다. 그래야 우리학교 학생들이 갔던 북한에서의 모습이 더욱 사실적으로 다가올 수 있으리라 생각한다.

4) 〈우리학교〉에서 나타나는 교사와 학생의 관계에 있어서 한국과 다른 점이 있다면 무엇이 있을까?

대체로 한국에서는 교사와 학생의 관계가 수직적인데 조선학교에서는 수평적이며 가족적이라는 대답이 많았다. 〈우리학교〉의 가족적인 모습을 매우 긍정적으로 바라보고 있는 반면, 입시 위주의 지식 전달에 집중하는 한국의 상황을 부정적으로 보고 있었다. "한국에서 교사와 학생의 관계는 획일화되어 있다. 현실적으로 고등학교가 좋은 대학을 가기 위해 단순히 거쳐 가는 곳이 되어버린 만큼 굉장히 수직적이고 서로 주고받는 정보가 한계가 있다. 반면 〈우리학교〉에서 학생과 교사의 관계는 굉장히 수평적이다. 한 학년과 반에 학생 수가 굉장히 적은 만큼 학생들과 선생님이 굉장히 친하고, 또 학부모들의 지원 아래 이루어지는 학교여서 그런지 굉장히 서로에 대해 잘 알고, 서로서로 도와가려는 경향이 강했다." "가장 큰 차이는 교사와 학생 간의 유대감 차이인 것 같다. 우리나라는 교사와 학생 간의 사랑이나 신뢰를 잘 느끼는 경우가 별로 없는데 〈우리학교〉의 학생들과 선생님들은 함께 어려운 상황들을 극복해내고 또 한 학교에서 12년간 지내서 학생과 선생님의 관계가 우리나라보다 훨씬 더 좋은 것 같다는 생각이 들었다."

이러한 감상을 통해 학생들이 과중한 입시 부담으로 삭막해져 가는 한국의 고등학교 생활에서 벗어나 좀 더 인간적인 관계를 맺고 싶어 한다는 마음을 읽을 수 있었다.

5) 〔자문자답〕 영화를 보면서 의문이 떠오른 것이 있다면 무엇이든지 쓰고 그것에 대한 자기 생각을 써보세요.

앞의 질문들은 대부분 교사인 내가 궁금해한 것들인데, 혹시 학생들이 궁금한 것들은 어떤 것들이 있는지 알고 싶어서 던진 질문이다. 대체로 북한과 관련된 내용들이 많았다. 왜 재일조선인들은 북한을 조국이라고 할까? 왜 북한으로 수학여행을 갔을까? 답은 남한은 재일조선인에 대해 인정하지 않고 버리는 '기민(棄民)정책'으로 일관했지만, 북한은 지속적으로 지원을 해주었기 때문이라는 것이었다. 그리고 기호로서의 국적인 조선 국적을 고집하는 것에 대해서는 이렇게 답을 달았다. "갖은 어려움을 겪으면서도 왜 그들은 국적을 바꾸지 않고 조선인으로 살아갈까 하는 생각을 해봤다. '조국의 통일을 기다리고 있다면 남한으로 국적을 바꾸고 보다 편히 살면서 통일을 기다리는 것도 한 방법이 될 수 있을텐데'라는 생각도 해봤지만, 남북의 통일은 아직 먼 이야기일뿐더러, 그들이 남한에 온다고 해서 지금보다 편할 것이라는 보장도 없다. 또한 그들은 통일조국의 땅을 당당하게 밟는다는 소망이 있기 때문에 분단국가에 들어오는 것이 조금 답답하고 꺼려질 수도 있을 것이다."

좀 성격이 다른 질문들도 있었다. "너무 이상주의적인 생각일지 모르지만 '왜 항상 이해받지 못하고, 고통받는 사람이 나오는가?'이다. 간단하지 않고 어렵다는 것은 안다. 모두가 행복해진다는 것이 절대로 쉽지 않을 것이다. 하지만 같은 인간으로서 이해하고 피해를 주지 않는 것 정도는 할 수 있지 않을까? 조선학교를 부정적으로 보는 일본인들을 보면서 정말 답답하고 유치하고 수준 낮고 시대에 뒤떨어진다고 생각했다. 나도 그렇고 많은 사람이 조금이라도 이해하는 마음을 가져야 한다고 생각한다." 독특한 질문도 있었다. "한국에 일본인들이 만든 일본인들만 다니는 학교가 있다. 어떤 대우를 받을까? 일반 학교와 다름없는 대우를 받는 것이 당연하다고 생각한다. 학생에게 출신지가 문제가 되어서는 안 된다고 생각하기 때문에." 마지막 두 학생의 질문과 답을 보면 학생들의 인식이 재일조선인 문제에 대해 개별적인 차별의 문제에서 보편적인 이해의 차원으로 발전하고 있음을 알 수 있다.

6) [한 걸음 더] 타자에 대한 상상력

우리는 이 영화를 통해 재일조선인 문제에 대해 배웠습니다. 일본인들 가운데는 재일조선인을 이해하고 돕는 사람들도 일부 있었지만 그렇지 않은 사람들도 있었습니다. 이러한 문제가 지금 한국에 사는 우리에게는 없을까요? 있다면 어떤 것이 있을까요? 그것에 대한 자기 생각을 써보세요.

재일조선인으로 다양한 활동을 하고 있는 서경식 선생은 《역사의 증인 재일조선인》에서 다음과 같은 말을 했습니다. "이 책을 통해 제가 말하고자 하는 것은 단지 재일조선인을 차별하지 말라는 것만은 아닙니다. 더욱 중요한 것은, 타자에 대한 상상력이 없어지는 것은 자기 자신에 대한 상상력도 없어지는 것이라는 사실입니다. 저는 일본 독자들에게 이렇게 호소했습니다. '서로 다른 사람들이 다름을 인정하면서 더불어 사는 사회가 실현된다면, 일본은 재일조선인뿐만 아니라, 일본인들에게도 살기 좋은 사회가 될 것입니다.' 이 호소는 한국사회를 더 나은 곳으로 만들고자 하는 한국 독자들에게도 그대로 유효할 것입니다."

재일조선인이 일본에서 부당하게 차별받는 모습을 통해서 일본에 대한 비난만 할 것이 아니라, 이를 통해 자신을 되돌아보며 '이와 비슷한 일이 우리 곁에는 없을까?'라는 좀 더 보편적인 문제의식의 단계로 나아갔으면 하는 마음에서 낸 문제였다. 많은 학생들이 한국사회에서 나타나는 외국인 노동자에 대한 차별대우에 대해서 이야기했다. 이외에도 장애인 문제나 왕따 문제 등도 나왔다.

"지금 한국에서도 타자에 대한 상상력이 부족하여 일어나는 문제들이 있다. 장애인들에 대한 차별이 그중 하나이고, 또 학교에서 빈번히 일어나는 따돌림 또한 그 예인 것 같다. 자신이 아닌 타자의 입장에서 좀 더 생각하고 행동한다면 이러한 문제도 해결되고 더 나아가서 재일조선인들에 대한 생각도 나아져 그들이 좀 더 양질의 삶을 살 수 있게 될 것이다. 타자에 대한 상상력이 풍부해지려면 먼저 나부터 달라져야 한다고 생각하기 때문에 나부터 다른 사람의 입장에서 생각하는 능력을 키우도록 노력해야겠다."

"우리나라 사람이 더하면 더했지 덜 하지는 않은 것 같다. 우선 우리나라 사람들은 자신과 다른 사람들을 인정하는 데 매우 인색한 것 같다. 뉴스를 보면 왕따 문제가 심각한 사회문제로 대두되고 있고, 그 문제가 학교에서뿐만 아니라 군대, 기업에서도 일어나고 있다. 이렇게 자국민들에게도 차별이 심한 우리가 재일동포를 잘 챙겨주지는 않을 것 같다. 서로 살기 좋은 사회가 되려면 이러한 인식 자체가 바뀌어야 할 것이다."

3. 수업을 되돌아보며

〈우리학교〉 다큐멘터리를 통해 재일조선인 수업을 진행한 몇 년 동안 이명박 정부에서 박근혜 정부로 바뀌면서 남북관계에서 훨씬 더 냉전적인 사고가 일반화되었다. 그에 따라 학생들의 인식도 보수적으로 변해 가는 모습을 볼 수 있었다. 재일조선인 수업을 통해 학생들이 재일조선인의 존재를 알고, 식민지, 분단의 아픈 역사가 지금 우리에게까지 이르고 있음을 느끼게 하고 싶었다. 그러나 학생들의 인식이 더욱 보수화된다면 학교에서 이런 종류의 다큐를 보여주기 어려운 상황이 올 수도 있다. 특히 북한 문제는 항상 마음에 걸리는 부분이다. 다큐에서도 북한을 조국이라고 한다든지, 북한으로 수학여행을 간다든지 하는 내용들이 현재 한국에서 매카시즘적인 공격의 단어가 된 '종북'이란 딱지로 비난받을 수 있기 때문이다. 슬픈 현실이다.

하지만 학생들의 반응은 좀 달랐다. 기존에 알고 있던 북한에 대한 지식과 관념으로 재일조선인들이 북한을 좋게 생각하는 것을 비판하는 학생들도 있었지만, 자신이 지금까지 생각하고 있었던 것이 편견일 수도 있겠다는 '성찰'을 하는 학생들도 있었다. 또한 일본에 대한 생각도 같은 동포인 재일조선인을 차별하는 나쁜 사람들이라는 인식만 있는 것은 아니었다. 〈우리학교〉에는 재일조선인을 협박하는 일본 사람들도 나오지만, 재일조선인을 위해 다양하게 노력하는 일본 사람들도 등장하기 때문이다. 일본인이면서 유일하게 우리학교 체육선생님인 축구부 코치 후지모리 선생님, 우리학교를 위해 시민단체 활동을 하는 스즈키 선생님 등이 그렇다. 이러한 모습을 보면서 학생들은 일본에도 다양한 스펙트럼의 사람들이 살아가고 있다는 것을 느꼈다. 한국과 일본의 평화를 추구하는 사람들끼리 더욱 연대해야 함도 느꼈을 것이다.

마지막으로 학생들의 감상문에서 느낄 수 있었던 것은 '아픔에 대한 공감'이었다. 재일조선인 문제를 〈우리학교〉를 통해 처음 접하고 쓴 감상문에서, 그동안 그들에 대해 몰랐다는 것을 자책하고, 그들을 도와줄 수 있는 방법은 없는지를 생각하는 모습을 보면서, 나는 재일조선인의 고통에 공감하는 아름다운 마음을 볼 수 있었다.

이와 같이 자신이 그동안 알고 있었던 사실들이 편견일 수도 있겠다는 '성찰하는 마음'과 타인의 아픔에 공감할 수 있는 마음에서 어두운 시대의 희망을 볼 수 있었고, 그래서 가르친다는 것에서 행복을 느낄 수 있었다.

박범희(서울 중앙고등학교)

2장

제2차 동학농민전쟁을 배우다

―청일전쟁은 일본 대 청나라의 전쟁이었을까

1. 시작하며

일본 고등학생이 배우는 역사교과서에서 청일전쟁을 다룬 부분에 조선이 등장하는 것은 개전 단계의 풍도해전에서 전쟁의 귀추가 결정된 평양전투까지이다. 그 후 조선에서 무슨 일이 있었는지를 보여주는 교과서는 매우 적다. 조선 정부에 대해 반정부운동을 전개한 동학농민군은 교과서에 나오는 대로 청군과 일본군이 한반도에 상륙했을 때 조선 정부와 타협하고 해산했다. 그러나 다시 민중운동이 일어나고 동학농민군이 일본군에 의해 진압되고 학살당한 내용은 교과서에 나오지 않는다.

이번 수업 실천에서는 청일전쟁 중에 일어난 제2차 동학농민전쟁을 다루었다. 그것은 청일전쟁을 일본과 청나라 간의 전쟁으로만 보지 않고 조선이 전쟁터가 된 것뿐만 아니라 대규모 학살이 일어났다는 것을

조르주 비고의 그림엽서. 19세기. 청과 일본이 조선을 짓밟고 있고, 러시아가 멀리서 기회를 엿보는 그림으로 당시 상황을 풍자했다.

배우고, 그것을 통해 청일전쟁의 본질에 다가서기 위함이다. 프랑스 화가 조르주 비고의 그림에서는 일본과 청이라는 국가 간의 전쟁이라는 인식에 머물 수밖에 없다. 제국주의적 관점이 아니라 민중사적 관점에서 청일전쟁을 다룸으로써 국가 중심적 논리의 상대화도 시도해본다. 본 원고는 고교 2학년 일본사 수업시간에 실시한 내용이다.

2. 수업의 전개

수업의 구성

- 1차시: 제2차 동학농민전쟁에 관한 글을 읽고, 의문점을 제기한다.
- 2차시: 일본군이 동학농민을 학살한 것에 대해 학급 친구들이 제시한

　　　　　　　　　　　　　　| 마주 보는 역사수업 |

질문에 답하고 새로운 질문을 제시한다.

- 3차시: 이전 시간에 제시된 질문 중 동학농민의 대응에 관한 질문에
  답한다.

청일전쟁과 동학(1차시)

수업에서 청일전쟁을 다룰 것을 알리고 나서 청일전쟁이 어디에서 일어
났는지 학생들에게 물었다. 학생들은 "청", "조선", "어떤 반도"라고 답했
다. "중일전쟁과는 뭐가 다르지?"라고 말한 학생도 있었다. 이에 대해 어
떤 학생이 "연도가 달라. 1937년"이라고 하면서 루거우차오 사건 등을
소개했다. 청일전쟁 이야기로 돌아가서 누구와 싸웠는지를 물었다. "중
국"이라는 답이 나와 칠판에 사망자 수를 적었다. 일본인 1만 3,488명,
중국인 약 3만 명, 조선인 약 3~5만 명, 타이완인 약 1만 4,000명. 그리고
왜 이렇게 사람들이 많이 죽었을지 물었다. 타이완에 대해서는 어떤 학
생이 교과서의 기술을 보고 식민지화를 할 때 탄압이 있었다고 학급 친
구에게 알려주었다. 조선의 사망자에 대해서는 "싸움에 휘말렸다", "전
쟁의 무대였기 때문이다", "학살당했다", "전사했다", "포로가 되어 죽임
을 당했다"라는 의견이 나왔다.

'갑오농민전쟁'이라는 명칭을 알고 있는 학생도 있었다. 갑오농민
전쟁이 한번 끝났음에도 불구하고 재차 동학농민이 봉기한 것을 연표
로 소개하고, 그때 일본군에 의한 학살이 있었다는 자료를 나누어 주었
다. 자료는 이노우에 가쓰오의 〈일본군 최초의 제노사이드 작전〉(《동학
농민전쟁과 일본》, 모시는 사람들, 2014 수록)이었다. 이것은 가와카미 소로
쿠 병참총감이 인천병참감부에 "동학당에 대한 처치는 가차 없이 처리

할 필요가 있음. 이후 모조리 살육해야 함"이라고 명령한 것과 그 구체적인 실행의 모습을 보여준 자료이다. "우두머리로 여겨지는 자, 2명"을 체포하여 취조하고 우두머리가 아니라고 판단되어 살해한 것, 전쟁 종반에도 생포한 동학농민을 고문하고 태워 죽인 것, 총검으로 찔러 죽인 것, 그것을 "본 조선인"들이 "엄청나게 놀랐다"라고 쓰여 있다. 제1차 동학농민전쟁과 동학에 대해서는 미쓰하시 히로오의 《한국·조선의 역사 Q&A(これならわかる韓国·朝鮮の歴史Q&A)》(大月書店, 2002)를 참고자료로 준비했다. 이 자료에는 동학농민전쟁은 원래 농민에게 무거운 세금을 부과한 관리들에 대한 무력봉기에서 시작되었다는 것과 조선 정부가 군대를 파견하여 동학군에 대한 진압을 시도했다는 것이 쓰여 있다. 동학에 대한 설명은 기독교(서학)에 대항하는 종교단체였다는 것, 당시 봉건적 신분제도를 부정하는 사상이 있었다는 것, 외국의 침략에 저항을 내걸었다는 것, 압제에 고통받는 민중의 염원과 일치한 동학이 정부의 거듭되는 탄압에도 급속하게 확산되었다는 것이 쓰여 있다.

학생들은 〈일본군 최초의 제노사이드 작전〉을 읽고 많은 질문을 했다. 왜 "모조리 살육"할 필요가 있었는지 의문을 가진 학생이 상당히 많았다. 예를 들어 아래와 같이 쓴 학생들이 있었다.

· 일본은 이후 조선을 점령하려고 많은 동학군을 학살했다지만, 원래 점령이 목적이었다면 왜 동학군을 이용하여 조선을 약하게 하려고 하지 않았을까? 또 일본군은 왜 이렇게까지 철저하게 살육하려고 했을까? 농민이 일으킨 전쟁임에도 불구하고 형벌의 방식이 왜 이렇게 잔혹할까?(사야노)

· 일본의 원래 목적은 청과의 전쟁이었는데 왜 조선의 동학농민을 살육하라고 명령을 내렸을까? 왜 "모조리 살육"할 필요가 있었을까? 이에 대해 의문을 가진 사람은 없었을까?(마쓰바라)

동학농민 학살(2차시)

1차시에 학생들이 쓴 질문 가운데 "전부 죽이라는 명령이 나왔는데 왜 생포한 사람들이 있었을까? 모두 죽이라는 명령이 있었는데 왜 죽일 때마다 일일이 상관의 승인을 받았을까?"라는 질문을 뽑아서 학급 모두가 함께 생각해보았다.

학생 대다수가 학살에 관한 질문을 했다. 그리고 전쟁의 의미를 따져 묻는 질문으로 "왜 일본은 조선까지 군대를 보냈을까?", "왜 일본과 청의 전쟁인데도 불구하고 전쟁터는 조선이었을까?"라는 질문이 있었다. 동학농민군에 대한 일본군의 대응방식을 깊이 생각해보면서 청일전쟁이 일본과 청의 전쟁에 그치지 않고 조선에 대한 침략 문제였다는 점으로 자연스럽게 초점이 옮겨갈 수 있다고 생각해서 학살에 관련한 질문을 먼저 뽑았다.

학생들은 1차시에 배부한 자료와 교과서, 역사부도를 보면서 답을 생각했다. 그리고 학생 몇 명을 지명해서 발언을 들어보았다.

· 사람을 죽이는 데 주저함을 느꼈기 때문이다.(린카)
· 일본은 정보가 필요했다. 일본은 동학농민이 자국의 정보를 제공하고 죽음을 면하려고 할 것이라고 기대했다.(이나가키)
· 모두 죽인다는 것은 너무 잔혹하다. 그것을 곰곰이 생각해보지 않은

사람도 있을 것이기 때문에 '정말 죽이고 싶어서 죽이는 것은 아니지만 상관의 명령을 받아서 어쩔 수 없이'라는 형식이 필요했다.(미우치)

이와 같은 답을 듣고 새롭게 생각난 질문을 쓰게 했다. 미우치 학생은 "오히려 반란에 참여하지 않은 조선인의 신뢰를 얻는 것이 일본군에게는 이익이 아니었을까? 생포한 사람이 정보를 줄 것을 기대한다고 해도 조선 정부에 반란을 일으킨 사람이 중요한 정보를 가지고 있었을까?"라는 질문을 제출했다. 이나가키 학생의 의견에 대한 반문이었다. 이나가키 학생은 미우치 학생의 의문에 적절한 답을 하지 못했고, 자기 가설에 타당성이 부족했음을 느꼈을 것이다.

계속해서 "동학농민이 처형된 것을 본 조선인이 있다는 것은 무슨 뜻일까? 동학농민만 죽였다는 뜻일까?"라고 의문을 제기한 미노시마 학생의 질문을 놓고 같은 방식으로 학급 모두에게 답을 생각해보게 했다.

· (처형된 동학농민을 본) 조선인은 아마 동학에 속하지 않은 조선인이라고 생각한다. 당시 일본은 영국의 지지를 기대했다. 그리고 영국도 대립하고 있던 러시아의 남하를 경계하고 있었기 때문에 일본에 접근했다. 이와 같은 상황에서 영국과 일본이 관계를 맺고 있었기 때문에 서학에 대항하는 동학농민을 처형하는 것으로 영국과의 관계를 개선하려고 하지 않았을까 생각한다.(미나미사키)
· 무엇 때문에 조선인의 신뢰가 필요했을까?(린카)

이에 대해 금방 답이 나오지 않았고 다음 차시에서 답이 제출되었다.

| 마주 보는 역사수업 |

· 일본군은 예전부터 조선을 점령하려고 생각했기 때문에 동학농민군을 진압한다는 구실로 때를 맞춰 조선에 상륙했다. 조선의 신뢰를 얻으려 했다는 것보다 조선 정부를 움직이지 못하게 하려고 했다는 것이 타당하다고 생각한다.(미노시마)

영국과의 관계를 중시했던 미나미사키 학생의 의견을 듣고 미노시마 학생은 동학 이외의 조선과의 관계에 주목했다. 그러나 린카 학생의 의문에 대해서 미노시마 학생은 조선 정부와의 관계를 고려했다.

수업이 끝날 때 학생들에게 새롭게 생각난 질문을 쓰게 하고 다음 시간으로 이어갔다.

동학농민은 일본군과 싸워서 승리할 것이라고 생각했을까(3차시)

1차시에 쓰게 했던 질문에서 학생의 관심은 대체로 일본군이었고 새롭게 제출한 질문도 대부분 일본·일본군을 주어로 한 것이었다. 3차시에서는 동학농민의 입장에서 제2차 동학농민전쟁을 생각해보게 했으나 다음과 같은 질문 2개밖에 나오지 않았다.

· 동학농민은 일본군과의 전쟁에서 승리할 것이라고 생각했을까?(오무로)
· 동학 사람들은 일본과 청을 적으로 대해서 피해도 컸는데 그렇게까지 해서 새로운 나라를 만들 필요가 정말 있었을까?(사토)

사토 학생은 《한국·조선의 역사 Q&A》에 "농민들 중에는 일족의 번

영만을 염원하는 사람들도 있었고, 전봉준 세력도 대원군과 연계하여 민씨 정권을 타도하는 것만을 생각하고, 정부 그 자체를 타도하여 새로운 나라를 만들려고 하지는 않았다"라는 부분을 기초로 새로운 나라를 만들려는 사람도 있다고 가정하고 의문을 제기했다. 사토 학생은 "동학 사람들은 폭정을 견디기 어려워 반란을 일으켰다. 현 정부를 개선하는 것은 대단히 어려운 일이고 당시 관리 등이 그대로 남아 있는 상태에서는 아무것도 변화하지 않을 것이다. 현 정부를 존속시키는 것보다도 완전히 새로운 정부와 나라를 만드는 것이 낫다고 생각하지 않았을까?"라고 생각했다.

학생들에게 2개의 질문에 대한 답을 쓰게 했다. 다 쓴 후 임의로 학생을 지명하여 발표하게 했다.

○ **오무로 학생의 질문 "동학농민은 일본군과의 전쟁에서 승리할 것이라고 생각했을까?"에 대한 답**

· 승리할지 패배할지의 문제가 아니라, 조국이 일본에 욕보이게 된 것을 방관할 수만은 없었고, 자신들이 일어나지 않으면 안 된다고 생각했기 때문이다.(이케야마)

· 원래 모든 동학농민들이 새로운 나라를 만들려고 생각한 건 아니다. 지도자인 전봉준 세력도 당시의 민씨 정권만을 타도하려고 했다. 아마도 새로운 나라를 만들기 위해 가혹한 탄압을 견뎌낸 것이 아니라, 유럽 등의 침략으로부터 자국을 지키기 위해, 무거운 세금으로 고통받는 백성들을 당시의 민씨 정권으로부터 구하기 위해, 저항의 의미로 싸웠을 것으로 생각한다.(마쓰바라)

- 무거운 세금을 부과받기도 하고, 신분제도에 견디기도 어려웠고, 부정을 일삼는 관리들에 질려버렸기 때문에, 자신들이 새로운 나라를 만들고, 불평등을 없애고 싶어 했다. 혹시 전쟁에 승리하지 못하더라도 행동에 옮기지 않으면 아무런 변화도 일어나지 않고 더욱 무거운 세금으로 고통받을 것을 우려했기 때문에 조선 정부의 개선을 기대했다.(린카)
- 설령 새로운 나라를 만들지 못했더라도 일본군이 동학농민에 대해서 자행한 살육 사실이 후세에 전해지면 좋았을 것이다. 동학농민은 지금까지 폭정으로부터 해방되려고만 하고 새로운 국가를 만들려고 생각하지 않았다. 동학이 '보국안민(輔國安民)'이라는 슬로건을 내걸었기 때문에 농민들이 외국의 침략에 저항했다.(미야우라)
- 일본군이 근대적인 무기를 갖고 있어서 질 것을 알고 있었으면서도 어떻게든지 일본의 조선 점령을 막고 싶었기 때문이다.(오카베)

동학농민의 입장에 서보는 것은 생각보다 어려운 일이었다.

새로운 국가를 만들 필요가 있었을까(3차시)

수업시간 중에 발표를 하지 못했지만 "동학 사람들은 일본과 청을 적으로 대해서 피해도 컸는데 그렇게까지 해서 새로운 나라를 만들 필요가 정말 있었을까?"라는 질문에 답한 내용은 다음과 같다.

- 일본이 "모조리 살육" 명령을 하달할 정도로 동학농민의 저항은 격렬했다. 그만큼 동학농민은 침략을 저지하려고 했다. 그리고 일본군

이 처참할 정도로 살육을 지속해도 동학농민은 목숨을 걸고 저항했
다. 이러한 일은 원래 동학농민의 목적이 새로운 나라를 만들려는 것
이 아니라 침략에 대한 저항이었음을 보여주는 것은 아닐까?(데시마)

데시마 학생은《한국·조선의 역사 Q&A》의 내용을 이용해서 답했다.
사토 학생의 질문에 대해서 데시마 학생처럼 답한 학생이 많았다. 대다수
는 질문을 받고 이와 같이 교과서와 자료를 근거로 삼아 답을 생각했다.
질문에 대한 답으로 종교를 거론한 학생들도 있었다.

· 원래 동학이라는 종교단체는 19세기 말 유럽 등지의 침략에 대항하
  는 것으로 생겨났기 때문에 사람들은 처음부터 '동학' 그 자체가 아니
  라 동학의 가르침에 좌우되지 않았을까? 모든 것의 발단은 당시 사람
  들의 마음에서 일치한 '동학'에서 시작된 것은 아니었을까?(히로모토)

3차시에 발표한 미야우라 학생의 의견 중에 '보국안민'에 관한 내용
이 있었기 때문에 이를 언급한 학생이 많았다. 그러나 동학을 종교단체
로 다루고 종교신앙에 의한 것이라고 주장을 펼친 학생은 이 학생 외에
3명밖에 없었다. 종교 문제를 좀 더 거론해보려 했지만 그렇게 하지는
않았다.
'보국안민'을 언급했던 미야우라 학생의 의견을 받아서 다음과 같이
답한 학생이 있었다.

· '백성을 편하게 한다'라는 점에서는 전쟁은 할 수 없다.(스고우치)

- 보국안민에 '백성을 편하게 한다'라는 것이 포함되어 있음에도 불구하고 사람들이 전투에 휘말려 더 고통스러워지는 건 아닐까 하고 생각하지는 않았을까? '백성을 편하게 한다'라는 말은 어떤 의미로 받아들여야 할까?(미나미사키)

이념을 단어 그대로 받아들이게 되면 전쟁은 할 수 없다고 한 스고우치 학생의 의견이 간명하고 정확했다. 또 미나미사키 학생은 '보국안민'이라는 말이 문자 그대로 수용되어서는 안 된다고 생각했다. 이념과 현실 간의 괴리를 의문점으로 가진 학생이 많았다. 이러한 괴리는 왜 일어나는 것일까? 이런 점들을 따져가며 논의가 이뤄지면서 학생들의 인식이 더욱 깊어졌음을 알 수 있었다. 이번 수업이 제구실을 했다는 입증이었다.

새로운 문제를 제기하는 의견도 있었다.

- 우선 동학농민은 새로운 나라를 만들려고 한 것이 아니라 그 당시 정부의 책임자를 바꾸어서 자신들이 아니라 다른 사람들이라도 생활이 나아지면 좋겠다고 생각했다. 원래 일본과의 전쟁을 위해 봉기한 것이 아니라 관리의 부정과 싸우기 위해 봉기했기 때문에 승리와 패배는 고려하지 않았다고 생각한다. '우리가 봉기하지 않으면'이라든가, '슬로건이 있으니 따른다'라든가, '점령을 막고 싶었다', '고통받는 백성을 구하고 싶다'라는 생각을 했다면 동학농민이라는 단체만이 아니라 왜 국민 전체가 봉기하지는 않았을까?(하마구치)

처음에 관리의 부정에 대한 규탄으로부터 시작했는데 어째서 일본군에게 학살당하는 사태까지 이르렀는지, 왜 동학농민만 봉기하고 국민 전체의 운동이 되지 못했는지 하는 두 가지 의문점이 내포되어 있다. 두 가지 모두 학생들의 견해가 달랐고, 서로 답을 주고받으면서 생각이 깊어졌고 자기 논리를 단단하게 만들었다.

나라면 동학농민전쟁에 참여했을까(3차시)

수업을 마치기 전 "내가 조선의 농민이라면 동학농민전쟁에 참여했을까?"라는 질문을 과제로 내주면서 수업을 마쳤다.

과제 결과 참여 15명, 불참 12명, 두 가지 모두 쓴 학생 2명(결석 2명)이 나왔다. 참여의 이유는 "현실을 바꾸고 싶다", "외국에 지배받고 싶지 않다", "모두가 참여했기 때문에", "동학에 대한 믿음으로 참여" 등이었다. 불참의 이유로는 "일본과 청에 승리할 수 없기 때문에", "종속되어도 상관없다", "무력 이외의 방법을 생각해본다"라는 세 가지 정도가 나왔다.

미우치 학생은 "참여한다. 실제로는 참여하고 싶지 않지만 참여하는 다른 농민들의 의견에 반대할 수 없어서 죽을 것을 각오하고 절반 정도는 체념하고 참여하지 않을까?"라고 답했다. 다른 동료들의 의견에 반대할 수 없다는 것이 어떤 의미인지 이후의 수업에서 이어나간다면 흥미로우리라 생각했다. 이이지마 학생은 "그 당시에 승리의 가능성이 없다면 참여하더라도 헛되이 목숨을 잃고 끝나는" 것이기 때문에 참여하지 않겠다고 답했다. 사토와 오무로 학생의 질문에 대해서는, "동학사람들은 원래 목적이 새로운 나라를 만드는 것이 아니라 조선의 제도를 보국안민을 바탕으로 바꾸는 것이었고, 원래의 적은 조선 정부였기 때문에 일본과 청의 개입은 예상하지 못했던 것은 아닐까? 일본에 승리할 수 없다고 생각해도 조선이 일본에 점령되는 것은 조선이 더욱 나빠지는 것이라고 생각했기 때문에 저항했다"라고 답했다. 이이지마 학생처럼 조선 정부에는 저항하지만 일본과 청에는 저항하지 않겠다는 의견이 많았다. 새로운 나라를 만들기 위해 싸운 것이 아니라는 생각에 기초한 결론으로 보인다.

3. 마치며

청일전쟁을 일본과 청의 전쟁으로만 보는 것이 아니라 조선의 민중을 포함해서 일본군의 행동을 생각해보게 했다. 학생들은 학급 친구들의 질문에 답할 때 교과서와 자료를 보고 자기 의견을 정립했다. 일본군의 관점으로 생각하던 학생이 친구들의 질문에 답하는 과정에서 동학농민의 입장으로 청일전쟁의 의미를 생각하기 시작했다. 그렇지만 2차시에 나온 답을 보면, 동학농민의 입장에 서는 것은 의도적으로 장치를 마련해서 가정해야 했기 때문에 3차시에 동학농민의 입장에서 본 질문을 소개하고 그에 대한 답을 생각해보게 했다. 이렇게 하여 일본 국민 시점의 상대화를 시도해보았다.

한편 청일전쟁의 전체 모습 가운데 조선 민중을 어떤 위치에 놓을지에 대해서 충분하게 다루지 못했다. 전쟁의 결과로서 민중에게 어떤 일이 일어났는지 생각해볼 수 있었지만 청일전쟁에서 제2차 동학농민전쟁이 의미하는 것까지 다루지 못했다. 그럼에도 불구하고 수업 후에 제2차 동학농민전쟁을 다음과 같이 정리한 학생이 있었다.

· 정부의 가혹한 탄압→농민 봉기→농민의 마음과 동학의 의지가 일치→개별 농민들의 염원이 각기 다름에도 불구하고 조선 정부와 청일의 침략에 대한 저항은 계속되었다→일본군이 조선을 점령하려는 것을 알고 10월 추수 이후 재차 봉기했다. 이렇게 보면 일본군이 조선을 점령하려고 했던 것이 제2차 동학농민전쟁의 원인?(후지나카)

제2차 동학농민전쟁의 원인에 대하여 생각해보게 하고 싶었지만, 청일전쟁과의 연결고리를 만드는 계기가 없었던 것 같다.

이번 수업 실천의 효과로 전시 민중학살이라는 문제를 아시아·태평양전쟁으로만 국한시키지 않고 청일전쟁으로까지 확장해서 생각해보게 한 것을 거론하고 싶다. 전쟁에서 가해의 문제를 반복해서 다룸으로써 전쟁의 본질에 다가서고 평화를 희구하는 마음으로 이어지지 않았을까?

이 부분에 관해서 제2차 동학농민전쟁이 교과서에 게재되어 있지 않다는 것이 문제라는 학생과 현재의 한일관계에 대해서 언급하는 학생들도 많았다. 상당히 많은 학교에서 사용하고 있는 야마카와출판사의《상설 일본사》(2012년)에는 청일전쟁 관련 지도가 게재되어 있다. 그러나 전쟁 당시 일본군의 진로는 화살표로 표시되어 있으나 제2차 동학농민전쟁과 관련된 전황을 나타내는 화살표는 없다. 물론 본문에서도 제2차 동학농민전쟁은 다루지 않고 제1차 동학농민전쟁 내용밖에 없다.

수업 후 학생의 감상에서 "의외로 일본에서도 사실을 은폐한 교과서로 교육이 이루어지고 있다고 생각하니 조금 슬퍼졌다"(히로모토)라고 했고, 이밖에도 교과서에 게재되지 않은 것을 문제 삼은 학생들이 많았다. "의외로 일본에서도"라는 말의 이면에는 일본 교과서는 객관적이어야 한다는 생각이 있는 것 같다.

3차시 마지막에 "내가 조선의 농민이라면 동학농민전쟁에 참여했을까?"라는 질문을 제시했다. 이에 대한 학생들의 답과 이번 수업 실천을 통해 나온 학생들의 답을 읽어보면서 역사가 당시의 시점뿐만 아니라 현재 자신에게도 어떤 의미를 갖는지 자연스럽게 생각을 이끌어냈음을 알 수 있었다. 학생들이 조선 민중의 입장에 공감하고 깊이 생각한 결과라고 생각된다. 청일전쟁을 일본과 청의 전쟁이라고 인식하는 데 머물렀다면 이와 같은 생각에 이르지 못했을 것이다.

마지막으로 전쟁 중 민중에게 무슨 일이 일어났는지, 수업 후의 감상에서 "일본이라는 국가의 이익을 위해 개인의 생명을 하찮게 여긴 시대였다고 생각한다"라고 미노시마 학생이 쓴 것이 인상 깊었다. 미노시마 학생은 2차시에 친구들에게 질문을 받고 생각한 결과, 동학농민·그 이외의 농민·조선 정부·일본군 등을 구분해서 다루었다. '개인'이 일본군 사병도 지칭하는 것인지는 중요한 점이기 때문에 이 문제는 한 단원의 수업으로 해결하기 부족하다. 반복해서 권력과 민중의 관계를 지속적으로 다루는 것이 필요하다고 하겠다.

와타나베 데쓰로(渡辺哲朗, 니혼대학 나라시노고등학교)

3장

6·25전쟁을 주제로 한
도서관 활용 역사탐구 학습

1. 들어가며

2015년은 한반도 분단 70주년을 맞이하는 해였다. 남과 북 사이는 때로는 부드러운 분위기가 연출되기도 했으나 여전히 긴장상태가 계속되고 있었다.

한국 학생들에게 '우리나라' 지도를 그려보도록 하면 한 학급에서 한두 명을 제외하고는 학생 대다수가 한반도 지도를 그린다.(한두 명은 남측의 지도만 그린다.) '우리나라'의 지도로 한반도를 떠올리는 이유를 묻자 많은 학생이 "같은 민족이어서", "오랜 기간 같은 역사를 공유해서", "학교에서 그렇게 배워왔기 때문에"라고 답했다. 그렇다면 오랜 기간 같은 역사를 공유한 한민족 사이에 적대감과 상처를 남긴 6·25전쟁(한국전쟁)을 어떻게 이해할지 생각해보기 위해 이 수업을 준비했다. 도서관 활용

수업 방법은 송곡여자고등학교 역사교사인 유병윤 선생님의 방법을 참고하였다.

2. 수업의 설계

수업 주제 및 방법

6·25전쟁이 한국인들에게 어떠한 의미였는지, 세계사적으로는 어떠한 사건이었는지 탐구하는 것을 수업의 주제로 잡았다. 처음에는 '냉전 속의 열전, 세계사적 관점에서 6·25전쟁'으로 주제를 정했으나, 중학교 3학년 2학기에 가서야 세계사 영역에서 냉전이 다루어지므로 학생들이 주제를 이해하는 데 어려움을 겪었다. 따라서 6·25전쟁과 관련하여 학생들이 자신의 관심 분야와 수준에 맞는 주제를 직접 정하도록 했다

학생들은 SNS를 통해 주고받는 짧은 글에 익숙하여 긴 글을 읽고 자신의 생각을 정리하는 경험이 부족해 보였다. 또한 궁금한 것이 있으면 인터넷 검색을 통하여 쉽게 알아내고 깊이 고민하지 않는 경우가 많았다. 수행평가로 보고서를 작성해야 하는 경우 인터넷의 글을 짜깁기하는 경우가 대부분이었다. 책을 읽고 나서 관련 분야 책을 찾아서 읽는 경험이 학생들이 흥미 있는 분야에 대해 깊이 이해할 수 있게 하고, 스스로 지식을 구성하는 데 도움을 줄 것으로 기대하여 도서관을 활용한 역사탐구 수업을 진행하게 되었다.

수업의 과정

차시	활동	활동 장소
수업 공지 (3월)	○ 5~6월에 진행할 도서관을 활용한 역사탐구 학습에 대한 소개 ○ 자율적으로 6·25전쟁과 관련한 책 읽기 ○ 6명씩 모둠 구성	교실
1차시 (5월 4째 주)	○ 6·25전쟁(한국전쟁)과 관련한 수업 진행 – 분단의 과정 – 6·25전쟁의 배경, 전개, 결과 및 영향	교실
2차시 (5월 4째 주)	○ 사서 선생님으로부터 듣는 자료 검색 방법(10분) – 도서관에서 소장 자료 검색 방법 – 신문기사, 논문 검색 방법 ○ 6·25전쟁 관련 책을 찾고 주제 정하기(35분)	도서관
3차시 (5월 5째 주)	○ 관련 영상 시청(20분) – 영화 〈국제시장〉을 통해 보는 흥남철수작전, 이산가족의 모습 ○ 자료 검색하고 메모장에 기록하기(25분)	도서관
4차시 (5월 5째 주)	○ 자료 검색하고 메모장에 기록하기(25분) ○ 발표계획안 작성하기(20분)	도서관
5차시 (6월 1째 주)	○ 조별로 발표하기(각 조당 5~7분) ○ 발표를 듣고 질문하고 답하기(각 조당 2~3분)	교실

3. 학생의 반응

학생들이 선정한 주제

모든 학생이 《마주 보는 한일사 Ⅲ》 16장을 읽고, 6·25전쟁과 관련한 기초 지식을 파악할 수 있도록 했다. 기본적으로 학생들이 관심 있는 주제를 정할 수 있도록 했고, 주제를 정하기 어려워하는 경우 《마주 보는 한일사》 16장의 소주제(한민족인데 어떻게 하겠느냐 / 뒤집어진 세상에서 산다는 것은 / 안타까운 죽음과 아물지 않는 상처 / 승자도 패자도 없이 중지된 전쟁 / 남북한만의 전쟁은 아니었다) 중 하나를 택하여 조사하도록 했다.

가장 많은 학생이 선택한 주제는 6·25전쟁 당시 평범한 사람들의 삶이었다. 6·25전쟁의 피해 상황, 6·25전쟁이 각국에 미친 영향, 6·25전쟁 때 남 측을 도운 나라, 6·25전쟁 중 주요 전투, 학도병에 대한 주제를 선택한 학생들도 많았다. 6·25전쟁 중 주요 전투로는 대부분 인천상륙작전에 대해 다루었다. 6·25전쟁 당시 평범한 사람들의 삶에 대해 조사하기 위해《그 많던 싱아는 누가 다 먹었을까》,《몽실언니》등과 같은 소설을 참고하거나〈태극기 휘날리며〉,〈국제시장〉같은 영화를 참고하기도 했다. 학도병을 주제로 한 경우 '이우근의 편지'를 많이 활용했으며 영화〈포화 속으로〉의 한 장면을 다루기도 했다. 재일학도병에 관해 언급한 경우도 있었다.

역사교과서 자세히 읽기, 소설《광장》과 연계하여 이해하는 전쟁 포로 송환 문제, 전사자 유해 발굴작업, 자본주의와 공산주의의 대립과정 속에서 한국전쟁 이해하기, 남한과 북한의 생활 비교하기, 전쟁 이후 생겨난 용어, 6·25전쟁 당시 사람들이 먹었던 음식, 삐라에 대해 다룬 학생들도 있었다. 중국인들은 6·25전쟁을 어떻게 이해하고 있는지 조사하기 위해 학교의 유일한 원어민 교사인 중국어 선생님을 인터뷰하기도 했다. 이념 갈등 속에서 벌어진 한국전쟁을 주제로 한 모둠은 냉전의 시작에서부터 한국전쟁, 베트남전쟁, 쿠바 위기까지 자본주의와 공산주의의 대립 전반을 다루었다.

"할머니가 빨갱이라는 용어를 두려워하게 된 배경은?", "부산에서 밀면을 먹게 된 배경은?", "전쟁 중에 수제비를 많이 먹게 된 이유는?" "정전협상에 관한 이야기가 1951년에 시작되었으나 실제 휴전협정이 1953년에 맺어진 이유는?"과 같은 질문에서 출발하여 주제를 선정하기도 했다.

대부분 6·25전쟁이라는 용어를 사용했으나, 주제에 따라 6·25전쟁과 한국전쟁이라는 표현을 구분하여 사용하는 경우도 있었다.

발표는 대체로 PPT를 활용했고, 신문이나 프레지, 뉴스, UCC를 제작한 경우도 있었다.

다른 학생들의 발표를 듣고 질문한 내용의 일부

다른 모둠의 발표를 듣고 사진 자료의 상황에 대한 구체적인 설명을 요구하거나 도표, 그래프에 관련된 질문, 자료의 신뢰성 여부에 대한 질문이 이어졌다. 발표 내용과 관련한 자세한 설명을 요구하기도 했으며 전체적인 주제에 대한 의문을 제기하기도 했다.

- 김일성이 스탈린에게 남침 개시를 요구했을 때 스탈린이 반대한 이유는 무엇인가?
- 상륙작전 장소로 인천이 결정된 이유는 무엇인가?
- 학도병들이 포항을 사수해야 했던 이유는 무엇인가?
- 전쟁영웅이란 어떠한 사람들인가? 전쟁에서 상대방을 많이 죽인 사람인가?
- 남한을 도운 재일학도병에 대한 부분을 다루었는데 북한을 도와준 경우는 없었는가?
- 냉전이 없었다면 한국전쟁은 벌어지지 않았을까?

학습에 대한 학생들의 소감

도서관을 활용한 역사탐구 학습을 통해 대략적으로만 알고 있던 6·25전쟁의 세부적이고 구체적인 내용에 대해서 알 수 있게 되었다는 반응이 가장 많았다. 또 각 모둠별로 다른 내용을 다루었기 때문에 다양한 주제와 관점을 살펴볼 수 있어서 좋았다고 했다.

- 이 활동 전에는 6·25전쟁의 대략적인 전개과정과 이산가족 문제 등이 남아 있다고만 알고 있었다. 그러나 발표 주제였던 '한국전쟁 포로'에 대한 많은 정보를 수집하고 정리하는 과정에서 포로 송환 문제뿐만 아니라 6·25전쟁의 과정이나 결과에 대해서도 잘 알게 되었다. 포로 송환 문제를 조사하면서 최인훈의 《광장》이라는 소설을 읽었고, 전문연구서 《판문점 체제의 기원》, 다른 신문기사와 논문 자료들도 찾아 읽었다. 발표 자료를 준비하는 과정에서 방대한 자료를 짧고 명확하게 정리하는 데 노력했다.

- 이번 수행평가로 저는 전쟁기념관에 가보았습니다. 책으로는 찾기 힘들어 가보았는데 상당히 많은 정보를 얻게 되었고 좋은 경험이 되었습니다. 그리고 이렇게 알아보면서 6·25전쟁에 대해 잘 알게 되었습니다. 처음에 PPT를 만들 때는 막막하고 무엇을 할지 생각도 많이 했지만 주제를 잡고 그 주제에 대해 자세히 알아가니 상당히 재미있었습니다.

- 이번 수행평가를 통해 전쟁 포로에 대해 잘 알게 되었다. 나는 거제도 포로수용소에 대해 조사했는데, 포로수용소 규모가 꽤 커서 놀랐다. 그리고 포로수용소 안에서 포로들끼리 의견이 나뉘고 폭동사건

이 일어났다고 알게 되어서 신기했다. 그리고 포로들이 북한, 남한이 아닌 제3국에 간 경우도 있다고 알게 돼서 신기하고 많은 걸 알게 된 시간이었다. 한국전쟁 포로의 가족들이 서로를 위로하고 격려하기 위해 만든 웹사이트도 알게 되었다.

· 6·25전쟁에 대해 무기, 활약한 사람 등 새로운 사실을 알 수 있어 참신했던 것 같다. 원인과 전개과정뿐만 아니라 당시 평범한 사람들의 삶, 무기 등 6·25전쟁을 다방면의 각도로 이해할 수 있어서 좋았다.

· 우리 조는 단순히 피해 상황만 조사했는데 다른 조는 주제도 다양하고 6·25전쟁에 대한 관점이 다양했던 것 같다.

'우리나라' 지도를 그릴 때 한반도를 그리는 학생들이 6·25전쟁에 대해서는 남한의 입장에서 바라보는 경우가 많다는 인상을 받았다. 전투를 조사할 때는 남한이 승리한 전투를 주로 다루었고, 남한을 도와준 나라를 중심으로 조사했다. 학생들이 접할 수 있는 자료의 한계이기도 하고 남한의 학생들이니 당연한 일이겠지만 다양한 입장과 각도에서 질문을 던져보았으면 하는 아쉬움이 있었다.

· 인천상륙작전이 얼마나 힘들고 성공률이 낮았는지 알게 되었고 맥아더 장군의 지도 아래 뛰어난 전술로 적은 전사자, 부상자가 발생한 대단한 작전이란 것을 알게 되었다.

· 우리나라 국군과 북한 인민군의 사망자 수를 비교한 것이 있었는데 우리나라가 훨씬 적은 숫자여서 자랑스러웠다.

· 그냥 남한과 북한의 전쟁이라 생각했는데 조사하면서 알게 된 내용

| 마주 보는 역사수업 |

은 날 바보로 만든 것 같다. 좀 뒤늦게 이렇게 알아본 것도 후회되고 학도병 분들에게 진심으로 감사히 느끼고 있다.

· 내가 알지 못했던 우리나라를 도와준 국가, 전쟁 과정과 결과와 의미 등에 대해 더 자세히 알 수 있게 되었다. 또한 우리나라를 도와준 국가에 감사했고, 나중에 그 국가가 어려울 때 도움이 될 수 있도록 노력해야겠다.

당시 사람들의 생활에 대해 조사하고 전쟁의 피해에 안타까움을 표현하기도 했다. 동족 간에 벌어진 이 전쟁은 사망, 상해, 토지 및 건물 파괴뿐 아니라 이산가족의 아픔을 남겼고 남북 간의 적대감을 키웠다. 아직 전쟁은 끝나지 않았고 다시 벌어질지 모르는 전쟁에 대해 경계하는 모습을 보이는 경우도 있었다. 평화로운 남북관계를 위해 통일이 필요함을 이야기하기도 했다.

· 발표 내용을 봤을 때 이제 남한과 북한이 완전한 적으로 느껴진다는 내용이 있었는데 많이 안타까웠다.

· 6·25전쟁 때 서민들의 삶을 보면서 억울함, 서러움, 공포감 등을 느낄 수 있었고, 다른 조원들의 발표 내용을 보면서 6·25전쟁에 대해 더 자세히 알 수 있었다. 서민들의 삶에 대한 자료를 찾는 과정에서 정보가 잘 찾아지지 않아 그 부분에서 고비가 있었지만 조원들과 함께해서 잘 끝낼 수 있었다.

· 우리가 조사했던 것은 학도병의 피해 규모와 그 당시 학도병들의 심경이었다. 그때 내가 살았다면 어떻게 했을지도 생각해봐야겠다.

· 우리 남한의 삶은 알고 있었지만 북한의 삶은 알기 어려웠는데 책을 읽고 조사하면서 북한의 의식주 생활을 알 수 있어서 보람 있었다. 그리고 6·25전쟁으로 인해 많은 민간인과 군인들이 죽었다는 결과가 참담했고 그렇게 수많은 건물이 폭파되고 사람들이 죽은 결과로 휴전선을 그어 남과 북을 갈랐다는 것이 안타까웠다.

· 당시 민간인의 피해가 생각보다 심했다. 또한 애국심으로 민간인도 많이 참전한 것을 알았다. 또한 전쟁이 일어나면 가장 많이 피해 보는 것도 민간인인 것을 알았다.

· 6·25전쟁이 지난 지 약 65년이 되었고 우리 대한민국이 안정을 찾아서 이 전쟁이 정전되었다고 생각하고 있었는데 삐라가 아직도 살포되고 있고 그 내용이 살벌하다는 것을 깨닫고 진짜 이 전쟁이 휴전이구나 정전이 아니구나라는 것을 알게 되었습니다. 그리고 할아버지나 할머니께 "이승만 대통령은 어땠어요?"라고 질문드렸을 때 할아버지, 할머니는 "괜찮았지"라고 하셨지만 이번 조사를 통해 그 뒷면에는 정부가 저지른 만행도 많다는 것을 깨닫게 되었습니다.

· 같은 민족끼리 치열하고 잔인하게 죽여가며 싸웠다는 것이 너무 마음 아프고 슬펐다. 어서 빨리 통일이 되면 좋겠고 전쟁이 끝난 것도 아닌 휴전 상태라 마음 졸이고 살아가야 한다는 게 너무 안타깝다. 다시는 절대로 이런 전쟁이 일어나서는 안 된다고 생각했고 하루 빨리 통일이 돼서 헤어진 이산가족도 찾고 북이 고향이신 분들도 돌아가시기 전에 고향에 가시면 좋겠다. 그리고 전쟁이나 무력을 사용한 통일이 아닌 평화적으로 대화로 통일해서 어떠한 안타까운 희생도 따르지 않으면 좋겠다.

| 마주 보는 역사수업 |

한국전쟁을 세계사적인 관점에서 이해하려는 노력도 엿보였다. 냉전이 벌어지지 않았다면 이러한 고통이 발생하지 않았을 것이라는 의견도 나왔다.

- 6·25전쟁이 다른 나라의 문제로 인해 일어난 전쟁이었으며 선진국 간의 갈등 때문에 우리나라가 너무나 큰 피해를 입었다는 것을 알게 되었다. 이제 6·25전쟁의 피해를 북한만 원망해서는 안 되겠다.
- 전쟁 이후 우리나라에서는 유엔이 북한의 남침으로부터 우리를 구해주었다는 인식으로 유엔 창설일(10월 24일)을 공휴일로 정하기도 했다. 유엔을 상대로 한 외교가 중시되면서 남북문제조차도 남북대화보다는 유엔을 통하는 방식을 선호하기도 했다. 지금은 어떻게 하는 것이 좋을지 생각해봐야겠다.
- 전쟁으로 인한 실질적인 막대한 피해를 더욱 자세히 느낄 수 있었다. 일본이 제2차 세계대전으로 복구하기 어려운 피해를 입었지만 6·25전쟁으로 막대한 경제성장을 이루었다는 사실이 신기하고 놀라웠다.
- '한국전쟁'이라고 불리는 이 사건이 사실은 세계 각국이 참여한 큰 전쟁이었다는 것, 그리고 그 영향이 지금까지도 계속되고 있다는 것을 깨달았다.
- 당시 정확히 어느 나라가 어떤 이유로 간섭을 했는지 알 수 있었고, 우리가 그 나라에게 어떤 영향을 주었는지 여러 책을 찾아 읽다 보니 평소 알던 내용보다 더 자세하고 거짓 없이 알게 되었습니다.

4. 나오며

전반적으로 학생들은 도서관에서 자료를 찾고 모둠원들과 토론하는 과정을 흥미로워했다. 책에 나온 문장을 자세하게 이해하기 위해 여러 책과 영상 자료를 찾아 나섰고 자료에서 필요한 부분을 촬영해서 발표할 때 활용하기도 했다. 이러한 과정을 통해 학생들이 할 수 있는 수준에서 스스로 지식을 구성해가는 과정을 체험해볼 수 있었다. 하지만 도서관에 주제와 관련된 책이 부족하여 관련 도서를 구입하기도 했지만, 자료 검색에 어려움을 호소하기도 했다. 인터넷 검색에 익숙해 책을 열어보고 그 책의 참고문헌을 통해 또 다른 책을 찾아나가는 과정을 힘들어하기도 했다. 신뢰할 수 있는 자료로 자세하게 내용을 이해할 수 있다는 점에 공감하고 인터넷의 자료와 책의 내용을 적절히 통합하려고 노력했다.

대부분이 과제 수행을 위해 한국십진분류법(KDC)에 따라 도서관에 비치된 810번대(한국문학), 910번대(아시아사)에서만 자료를 찾았다. 남북의 사회를 비교할 때는 330번대(사회학)에서, 전쟁의 과정에 대해 알아볼 때는 390번대(국방, 군사학)에서, 전사자 유해 발굴작업에 대해 조사할 때는 470번대(생물과학)에서, 6·25전쟁을 다룬 예술을 찾을 때는 600번대(예술)에서 자료를 찾아보면 어떠했을까? 학생들 입장에서 매우 어려운 작업이 되겠지만 사전에 자료 찾는 과정을 자세하게 설계하여 보여주면 몇몇 학생들은 시도해볼 수 있지 않을까 싶다.

처음에 6·25전쟁이라는 주제를 정하면서 학생들이 특정 입장만을 대변하지는 않을지, 특정 사상의 우수성을 강조하지는 않을지, 또 수업 방법의 특성상 학생들의 활동과 능력치에 많이 의존하게 되어 수업이 원하는 방향으로 진행되지 못할까봐 우려했었다. 학생들이 자유롭게 관심

| 마주 보는 역사수업 |

있는 주제를 선택하고 중간에 변경할 수 있도록 하여 예측하지 못한 참신한 주제가 등장하기도 했으나, 어떤 반에서는 학도병의 이야기가, 어떤 반에서는 전쟁 피해와 관련된 이야기가 반복되었다. 수업이 교사가 설정한 목표에 맞게 진행될 수 있도록 주제를 다듬고, 다른 모둠과 겹치지 않게 다양한 탐구학습 주제를 선정하게 했다면 다각도로 이해하는 데 도움이 되었을 것 같다.

과제로 내준 자료 조사 및 발표 내용을 중심으로 수행평가의 평가 기준을 삼아서, 학생들이 질문하고 토론하는 시간을 충분히 확보하지 못한 점이 아쉬움으로 남는다. 기본적인 내용 이해와 관련한 질문도 있었으나 생각보다 날카로운 질문을 하는 경우도 많았다. 자료를 있는 그대로 소개하는 발표도 있었는데 시간이 충분히 주어졌다면 단계적인 문답을 통해 보다 깊이 있고 비판적인 이해가 가능했을 것으로 보인다.

6·25전쟁은 아직 끝나지 않았으며 1950년대와는 다르지만 냉전도 현재 진행 중이다. 이 과제를 통하여 현재 남북관계와 주변국 간의 외교 갈등에 대하여 관심을 갖고 문제 해결 방안을 생각해보는 기회가 되었길 바란다.

권오청(서울 가재울고등학교)

4장

한국의 중학생과 함께하는
'도요토미 히데요시의 조선 침략' 수업
—항왜장 사야카의 행동을 통해

1. 들어가며

2003년 12월 6일, 대구 칠곡중학교에서 도요토미 히데요시의 조선 침략에 대해 수업을 할 기회가 생겼다. 3학년 2반 39명, 여학생 학급 수업이다. 학교 인근에 향교라 불리는 조선왕조 시대의 유교 학교의 건물이 보존되어 있어, 아이들은 이곳을 청소하는 활동을 하거나, 역사탐방 시간에 방문하는 등 일상적으로 이 장소를 접한다. 사야카의 위패가 있는 녹동서원도 역사탐방 시간에 방문하는 등 역사학습이 친숙한 학교였다. 덧붙여, 수업은 모두 한국어로 진행했다.

2. 수업의 목적

이 수업에서는 일본이 조선을 침략했다는 누구나 알고 있는 사실 외에, 유교 문화에 탄복하여 조선군 편에 선 일본 무장이 있었다는 사실을 제시하고 학생들이 스스로 생각하게 했다. 학생들은 스스로 생각하면서 수업을 자신의 것으로 만들 수 있고, 그 속에서 자신의 역사인식을 깊이 있게 만들 수 있다. 나는 이 수업을 통해 직접 한국 학생들의 의견을 듣고, 어떠한 역사인식을 갖고 있는지 알고 싶었다. 원래대로라면 이 수업의 주제는 '도요토미 히데요시의 조선 침략'이라고 해야 하지만, 한국 학생들이 '임진왜란'이라 배우고 있으므로, 수업에서는 '임진왜란'으로 표현했다. 다만 이 부분은 한국과 일본에서 이 전쟁을 어떻게 불러야 할지 검토가 필요하다. 왜냐하면 '왜란'이란 용어는 조선왕조의 표현법이기도 하고, 전쟁의 본질을 잘 나타낸다고 생각하지 않기 때문이다.

3. 실제 수업

교사: 여러분, 안녕하세요. 미쓰하시라고 합니다.(일본어로 '미쓰하시 히로오'라고 이름을 판서했다.) 이제부터 수업을 시작하겠습니다. 여러분은 한국인의 성이 몇 개나 있는지 알고 있습니까?

학생: ? / 100개.

교사: 학자에 따라 차이가 있지만 대략 200개입니다. 그럼, 일본인의 성은 몇 개나 될까요?

학생: 100개. / 50개.

교사: 100만이라고 합니다.

학생: 오~. / 엄청난데?!

교사: 예를 들면 칠판에 쓰여 있는 '미쓰하시'라고 하는 성도 '미쓰하시'와 '미하시'라고 읽는 방법이 2개 있습니다. 게다가 일본의 경우 결혼하면 부부 중 한쪽의 성으로 바뀝니다. 여러분의 나라 한국에서는 성이 바뀌지 않죠?

학생: 네.

교사: 그럼, 한국에서 가장 많은 성은 뭘까요?

학생들: 이씨요.

교사: 그렇습니다. 이씨에는 이순신 장군이 있군요.(판서한다.)

학생: 아니에요. 이순신 장군님이죠.(교사가 판서를 고친다.) / 거북선. / 한산도 대첩.

교사: 잘 알고 있네요. 또 이씨말고 가장 많은 성은?

학생: '김'이요.

교사: 그럼, 김대중이나 김충선이라는 사람을 알고 있나요?('김충선'만 판서한다.)

학생: 김대중은 알아요. 전 대통령이죠. / 김충선은 몰라요.

교사: 그 다음엔 '박'이라는 성이 많지요. 예를 들면 박정희 등이 있습니다. 게다가 곽씨 성도 있지요. 예를 들면 곽재우, 이 사람은 어떤 사람입니까?('곽재우'를 판서한다.)

학생: 의병장이요.

교사: 의병은 뭐죠?

학생: 임진왜란 때 일본군과 싸운 민중의 군대입니다.

교사: 그렇군요. 그러면 이순신 장군과 곽재우라는 두 분이 나왔으니, 오늘 수업 주제는 뭘로 하면 좋겠습니까?

학생들: (일제히) 임진왜란.(판서한다.)

교사: 이 시기 전쟁에서 누구 아는 일본 사람이 있나요?

학생: 도요토미 히데요시.

교사: 어떤 사람이죠?

학생: 전쟁을 명령한 사람이요.

교사: 이 전쟁은 몇 년에 시작했고, 몇 년에 끝났습니까?

학생: 1592년에서 1598년이요.

교사: 그러면, 그림 〈부산진순절도〉를 봅시다. 일본군의 특징은 무엇인가요?

학생: 칼을 모두 두 자루씩 갖고 있어요. / 조총을 가지고 있는 사람도 있어요. / 배를 타고 엄청나게 밀어붙인 것 같아요.

교사: 조선군의 특징은?

학생: 화살이요. / 필사적으로 지키고 있어요.

교사: 다들 잘 파악했어요. 이 반은 머리가 좋은 사람만 있나봐요?

학생들: (입을 맞추어 가지런히) 맞아요!

교사: 칼은, 당시 일본군이 이런 모습이었다는 것보다 칼을 몇 자루나 갖고 있었던 것, 그리고 그것이 조선에서는 볼 수 없던 것이었음을 보여주는 의미가 있습니다. 그럼 이것은 뭘까요?(화승총 모조품을 보여준다.)

학생: 조총이다. / 굉장해.

교사: 사용법을 설명하겠습니다. 먼저 철포 입구로 화약을 넣습니다.

그리고 총알을 넣습니다. 그러면 이 화승에 불을 붙이고, 목표를 겨냥해 방아쇠를 당기면 '빵' 입니다.(몇몇 학생에게 화승총 모조품을 들어보게 했다.)

교사: 일본군이 들고 있던 조총을 조선에 전한 사람이 있습니다. 나눠준 인쇄물 〈사야카란?〉을 읽어봅시다.

사야카란?

"일본에서 온 김충선 장군은 …… 공이 일본에 있을 때의 성은 사씨(沙氏), 이름은 야카(也可)이며 김충선이라는 이름은 귀화한 뒤에 우리 왕조로부터 받은 이름이다."

"이유 없이 전쟁을 일으키는 것은 하늘을 거스르는 죄이므로 이 기회를 보아 돌아서야겠다고 생각하여 선봉이 되는 것을 꺼리지 않았다. 우리나라에 상륙해서 보니 마치 뱀과 돼지(처럼 무척이나 포악한 인간)가 서로 싸우는 중에도 예의 풍속과 문화의 아름다움을 엿볼 수 있었으므로, 진심으로 이곳 또한 중국이나 다름없다며 귀화의 뜻을 품고……."

"조총과 화포는 당시 일본군이 가지고 있던 유일한 무기로, 우리나라가 초기에 패전을 반복했던 것은 이러한 총포를 갖지 않았기 때문이었다. 공이 그때부터 총포 만드는 법을 가르치자 …… 이로써 일본군이 갖고 있던 특수무기를 갖게 되어 마침내 실지를 회복한 것은 실로 공의 힘이 컸다."(《모하당문집(慕夏堂文集)》)

* 《모하당문집》은 1798년에 출간되었다. 김충선이 죽고(1642년) 난 뒤, 150년 이상이 지난 때였다.

교사: 사야카라는 사람을 아나요?

학생: 예, 알고 있어요. 조선에 귀화해서 일본군과 싸웠습니다.

교사: 잘 아네요. 대단합니다. 어떻게 알고 있을까?

학생: 저는 역사탐방반에 소속되어 있어 실제로 사야카의 후손들이 살고 있는 마을에 가서 자손의 이야기를 들은 적도 있습니다.

교사: 그런가요? 그럼 사야카(김충선)가 조선에 귀화한 이유가 무엇인지, 여러분은 말할 수 있습니까?

학생: "이유 없이 전쟁을 일으키는 것은 하늘을 거스르는 죄"라고 생각했기 때문이에요.

교사: "우리나라에 상륙해서 보니 …… 예의 풍속과 문화의 아름다움을 엿볼 수 있었으므로, …… 중국이나 다름없다며 귀화"했다는 이야기에서 중국은 무엇을 의미할까요?

학생: 명나라.

교사: 여러분 학교 옆에는 향교가 있지요. 무엇을 배우는 곳입니까?

학생: 유교요.

교사: 그렇습니다. 이 경우의 "중국"은 문명, 즉 유교가 삶의 중심이 되었다는 의미겠지요. 그럼 사야카는 조선에 귀화해서 무엇을 했나요?

학생: 사야카는 조총과 화포 만드는 법을 가르쳤어요. 그래서 조선이 일본을 이길 수 있었어요.

교사: 그럼 여러분은 사야카가 이러한 행동을 한 것에 대해서 어떻게 생각하나요?

지금 프린트를 나눠줄게요. 이것은 사야카의 행동에 대한 일본 중학생의 의견입니다. A, B, C의 세 가지 다른 의견이 있습니다. 찬성, 반대의 의견을 하나씩 고르고, 그 이유를 써주세요. 15만 명이라고도, 16만 명이라고도 하는 당시 일본군의 절반은 농민이었고, 그중에는 전쟁이 싫어서 도망치는 사람도 많았던 것 같습니다. 그리고 사야카처럼 조선에 투항한 일본인이 무려 1만 명이나 있었다고《조선왕조실록》에 적혀 있습니다. 또한 당시 무장들은 주군에게 충성을 맹세하기보다는 일족의 번영을 가장 바라고 있었습니다. 이것을 염두에 두고 생각해주세요.

사야카가 조선 편에 서서 일본군과 싸운 것에 대해 어떻게 생각합니까?

A. 사야카는 일본인이니까, 아무리 도요토미 히데요시를 싫어한다 해도 반드시 일본 편에 서야 한다. 아무리 싫다고 해도 일본인이니까, 일본인의 긍지를 가지고 이 전쟁에서 이겨야만 한다고 생각한다.

B. 일본은 매우 황폐해서 일본군이 이겼다고 해도 일본에 돌아가면 또 히데요시가 무거운 세금을 거두어 가난한 생활을 하게 된다. 게다가 전쟁에 언제 다시 휘말려들어 죽게 될지도 모르기 때문에, 평화롭고 전쟁이 없는 조선 편에 섰다. 조선 편에 서서 일본군과 싸운 것은 조선 측으로부터 중요하게 여겨질 것이라고 생각했기 때문이다.

C. 일본은 전쟁이 너무 많이 일어나서 일본 병사들도 정말로 질려버려서 배신했다. 그리고 사야카는 히데요시에게 멸망당한 장군의 부하로 히데요시에게 원한이 있었으니까, 이 기회에 도망치려고 계획하고 있었다. 게다가 세금도 무거웠다. 히데요시가 토지조사사업을 하거나 무사를 제외한 사람들에게서 무기를 몰수하는 가타나가리(刀狩り)를 실시하여 농민과 무사를 구별했다. 따라서 농민들은 전쟁에 나가지 않아도 되었지만 히데요시가 너무 강해서 전쟁에 끌려나가도 자신의 의견을 말할 수 없었다.

여기서 학생들은 프린트를 보면서 자신의 의견을 쓰기 시작했다. 10분 후 의견을 물어보았다. 먼저 박혜미 학생이 손을 들었다.

A에 반대한다. 사야카는 일본인이지만, 우리나라의 예의 풍속과 문화를 조선 사람보다도 사랑했고 중국문화와 다르지 않다고 생각했다. 김충선이 조선에 와서 일본군과 싸운 것이 잘못이라고는 생각되지 않는다. 또한 일본인이지만 김충선처럼 조선 사람 못지않게 조선의 문화를 사랑하는 사람도 있었다고는 하나, (히데요시가) 15만~20만이나 되는 사람들을 끌고 조선에 온 것에 대한 반항의 행동은 대단한 것이었다고 여겨진다. 내가 찬성한 것은 C이다. 일본에서는 전쟁이 많이 일어났으니까 일본 병사들도 정말로 질려버린 것 같다. 그리고 김충선이 조선에 와서 일본군과 싸운 것은, 힘이 강한 히데요시에 대한 반항이었다고 보이기 때문이다.

사야카가 조선의 문화를 사랑한 것과 히데요시에게 반항한 것을 《모하당문집》에서 읽어낸 박혜미 학생은 사야카의 삶을 긍정한다. 그 논거로 병사들이 전쟁에 질려버린 것을 강조하며 당시의 일본사회를 분석한 후에 사야카의 행동에서 의의를 발견한 C의 의견을 지지했다. 이런 박혜미 학생에게 김혜림 학생이 반박했다.

전 A의 의견에 찬성이에요. 아무리 히데요시가 싫어도 일본은 자기 조국이죠. 자기 조국이 아무리 싫어도 그 나라의 국민이라면 당연히 자기 나라를 위해 싸워야만 한다고 생각해요. 그래서 저는 사야카가 히데요시를 싫어해서 한국에 귀화해(조선 편에 서서) 전쟁을 도운 것을 현명하다고는 생각하지 않아요. 또 사야카는 분명 자신이 부유해지기 위해 조선 편에 붙은 것이겠지요. 사야카가 한국을 좋아했기 때문에 귀화했다고 하는 것은 제 생각에는 진실이 아닌 것 같습니다.

사야카는 일본인이므로 그의 선택이 현명하지 않았다고 하는 김혜림 학생은 "진심으로 이곳 또한 중국이나 다름없다며 귀화의 뜻을 품고"라는 《모하당문집》의 기술이 '문집'의 유교적 이데올로기로 꾸며진 기술이라고 비판했다. 학생의 '국가의 논리'(국가의 입장에서 역사를 보는 논리)로부터 보면 사야카의 행동은 부정되어야 할 것이었다. 이 입장에서는 '조국'을 배신하는 행위는 있어서는 안 되었다. 비록 그것이 잘못된 침략 전쟁을 일으킨 나라라도 말이다. 한편 이하정 학생은 박혜미 학생과는 다른 관점에서 사야카의 행동을 지지했다.

저는 C의 의견에 찬성입니다. 15만~20만 정도의 병사 중 정식 병사는 절반도 되지 않았고, 나머지는 농민이었기 때문입니다. 전쟁만으로 질려버린 것인지는 잘 알 수 없지만, 분명한 것은 수많은 농민이 히데요시를 원망하고 있었다는 점입니다. 한반도에 쳐들어와 식량을 구하기 위해, 열심히 살고 있던 일본 농민들을 강제로 한반도에 끌고 온 것은 히데요시의 억압과 일본의 당시 사정에 영향을 받은 것이겠지요.

이하정 학생은 일본의 계급 모순에 주목했다. 히데요시를 비롯한 지배층과 농민의 모순이다. 농민이 볼 때는 아무 의미도 없는 조선 침략에 왜 나서야만 하는가 할 수 있기 때문에, 사야카의 행동은 당연하다고 한 것이다. 여기서 종이 울리고 45분 수업이 끝났다.

4. 수업을 마치고 – 다음 수업을 기대하며

그럼, 한국 아이들은 이 수업을 어떻게 바라보았을까? 학생들에게 부탁하여 짧은 감상을 받았다. 그중에서 몇 개를 골라보았다.

- 김충선(사야카)을 자세히 알게 되었다. 임진왜란 때 우리나라를 좋아해서 조선을 도왔고 조선에 살게 되었다는 것이다. 하지만 김충선을 너무 중요하게 다루면 우리나라를 침략한 일본의 의도를 흐지부지하게 만든다고 생각한다.

- 일본인 선생님과 수업한다고 생각해서 긴장했던 나는 우선 선생님의 유창한 한국어에 놀랐다. 그리고 선생님과 수업하면서 김충선이라는 일본인을 이해할 수 있었다. 특히 수업 중에 조총을 보여주셨는데, 그림이 아닌 실제 조총을 만지면서 옛 전쟁을 상상할 수 있었던 것 같다. 처음에는 (선생님이) 외국인이라고 긴장했던 기분이 수업을 하면서 거의 사라져 갔다.

- 왜란에 대해 많이 알게 되어 좋았다. 그리고 역사를 다양한 입장에서 생각하는 것이 중요하다고 생각했다.

- 임진왜란에 대해 우리나라뿐만 아니라, 일본에서도 공부하고 있다는 사실을 알게 되었다. 임진왜란 때 조선에 오고 그 자손이 지금도 대구에 살고 있다는 김충선에 대해서도 알게 되었다. 신선하고도 재

미있는 이런 수업을 또 하고 싶다.

· 조선을 침략한 일본인만 있었던 것이 아니라, 조선을 좋아한 일본인이 있었다는 사실을 알게 되었다.

"임진왜란에 대해 …… 일본에서도 공부하고 있다는 사실을 알게 되었다"라는 의견이 소중하게 여겨졌다. 역사학습을 통해 친구의 의견을 듣거나 하는 일이 즐겁다는 것을 학생들이 알아주었으면 한다. 그리고 주목해야 할 것은 첫 번째 감상이다. 김충선을 지나치게 높이 평가하면 히데요시가 일으킨 전쟁의 침략성이 보이지 않게 되어버린다는 의견이다. 이러한 의견이 수업 때 많이 나오면 수업이 더 깊어질 것 같다. 수업을 마치고 아이들이 적은 의견을 살펴보니 A의 의견에 찬성이 39명 중 10명, 반대가 25명(그중 B에 찬성이 7명, C에 찬성이 18명), 기타 2명, 무응답 2명이었다. A의 의견은 일본이나 한국이라는 국가의 틀 안에서 역사를 보려고 하는 '국가의 논리'이다. 그 의견에 찬성하는 아이가 10명 있었다는 것은 무엇을 의미하는 것일까? 일본의 경우는 40명 정도의 반에서 2~3명만이 A의 의견에 찬성할 뿐이었다. 물론 인원수로 문제를 삼을 수 없지만, 이 비율은 무시할 수 없다. 한국 역사교육의 과제가 여기에서 보인다. 비록 침략군일지라도 일본인이라면 일본의 입장에 서야 한다는 역사의식을 만들어내는 것은 아닌지 직시하지 않으면 안 된다. 그렇다면 왜 이런 반응이 나왔을까? 한국과 일본의 중학생이 각각 역사를 자신과의 관계에서 파악하고, 자신의 삶 속에서 알아낸 지식과 경험을 바탕으로 이해하려고 한 것을 들 수 있다. 역사의 학습 속에서 아이들이 자신의 인식을 심화시키는 것에 수업의 목적을 두었기 때문에, 수업의 주요 발문도 "왜 사야카는 조선 편에 서서 일본군과 싸웠는가?"가 아니라, "사야카의 행동을 어떻게 생각하느냐?"라고 했다. 그러니까 한국과 일본의 중학생은 《모하당문집》의 내용을 그대로 수용한 것이 아니라, 문집을 하나의 사료로서 비판적으로 대하며 자기들의 시각으로 읽으며 역사 인식을 도출한 것이다.

그렇게 생각하면 왜 한국의 중학생 다수가 A의 의견에 찬성했는지 이해할 수 있다. 남북분단이라는 현실을 보면, 통일을 과제로 삼은 한국사회에 살고 있는 학생들이 내셔널리즘을 강하게 의식하는 것은 당연하다고 할 수 있다. 다음은 그러한 사실 자체를 아이들이 어떻게 생각할 것인가 하는 수업이 구상되어야 한다. 그것은 내셔널리즘에 푹 빠져 있는 한국의 현실, 그리고 민주주의를 추구해온 역사라는 두 가지 흐름에 아이들로 하여금 어떻게 마주하게 할까 하는 수업이기도 하다. '때로는 괴리되고 때로는 교차하는 이 두 가지 흐름을 아이들이 어떻게 인식하게 할 것인가'라는 관점에서 수업을 구상해야 한다.

이런 관점을 세우면 다음 수업의 과제도 명확해진다. 먼저, 아이들이 판단의 근거를 따져볼 수 있도록 이번 수업에서 나온 의견을 두고 서로 토론하는 시간이 필요하다. 첫 번째 감상 "김충선을 너무 중요하게 다루면, 우리나라를 침략한 일본의 의도를 흐지부지하게 만든다고 생각한다"와 같은 대표적인 의견을 둘러싸고 충분히 시간을 들여 서로의 의견을 비판하며 자기 인식을 심화시키는 수업이다.

그렇게 충분히 서로를 이해한 다음 '사야카의 그 후'를 바라보도록 하면 좋겠다. 사야카는 확실히 조선에 '귀화'했다. 그러나 그가 조선 백성의 편에 선 것은 아니다. 어디까지나 조선왕조에 '귀화'했던 것이다. 그래서 일본군이 한성까지 쫓아왔을 때 백성들을 버리고 도망친 선조로부터 김충선이라는 이름을 하사받았다고도 할 수 있다. 이런 김충선이란 이름에 어떤 의미가 있는지를 생각해보아도 좋을 것이다. '충의가 깊고, 선한 가신'이라는 뜻일까? 수업 중에 '이몽학의 난' 등 민란을 진압하는 사야카의 행동을 소개하고 그에 대해 생각하게 하면 좋겠다.

한편 이러한 수업은 학생들이 자유롭게 발언할 수 있다고 자신하지 못하면 성립되지 않는다. 수업 중에 학생들은 매우 즐거워 보였다. 웃음이 끊이지 않았다. 즉 이 학급 학생들의 신뢰관계가 이미 형성되어 있음을 알 수 있었다. 이것은 중요한 부분이다. 우리는 학급마다 집단적으로 인식이 높아져야, 학생 한 사람 한 사람의 인식도 높아진다는 사실을 알고 있다. 친구나 학급이라는 관계를 구축하려고 하는 학생들이 있기 때문에 이러한 수업이 가능한 것이다. 학생들을 뿔뿔이 떼어놓는 시험으로는 학생들의 역사인식은 깊어지지 않는다.

미쓰하시 히로오(三橋広夫, 슈쿠토쿠대학)

| 마주 보는 역사수업 |

5장

조사·발표학습으로 배우는
3·1운동

1. 들어가며

3·1운동 90주년을 맞이한 2009년 2월, 나는 일본의 한 고등학교 1학년
《세계사 A》수업에서 3·1운동을 테마로 모둠 발표학습을 하기로 했다.
내가 이 수업 실천을 계획한 목적은 두 가지였다.

첫 번째는 학생들이 자기 관점을 가지고 역사와 만나고, 다양한 자료
의 분석과 해석을 통해서 역사 사실을 이해하며, 그 내용을 발표하는 학
습활동을 통해서 학생들의 역사적 사고력을 키워가기 위해서이다. 일본
고등학교 역사수업에서는 교사가 설명과 판서를 반복하면서 학생들에게
역사지식을 전달하는 수업이 일반적이다. 그러나 이런 수업 형태로는 복
잡하고 다원화·글로벌화되는 세계가 요구하는 과제에 대응할 수 없다.
지금 우리 사회는 학생들에게 자신의 힘으로 역사나 세계를 이해하고 스
스로 역사인식과 세계 인식을 만들어갈 수 있는 능력을 요구하고 있다.

따라서 조사하는 능력, 자료를 비판적으로 분석하고 해석하는 능력, 조사한 내용을 정리해서 표현하는 능력, 발표하고 토론하는 능력 등을 익히는 것이 필요하다. 이번 수업에서는 개인 발표가 아니라 모둠 발표를 하는 방법을 취했다. 모둠 단위의 학습활동을 통해서 공동으로 일을 도모해보고 함께 문제를 해결하는 능력을 신장시킬 수 있고, 또 일주일에 2시간밖에 되지 않아 부족한 수업 시수에 맞추기 위해서였다. 첫 번째 목적은 수업을 실천하는 방식에 대한 것이다.

두 번째는 3·1운동 학습을 통해서 일본의 식민지 지배 실태를 아는 것, 한국 민중의 독립과 해방을 위한 투쟁의 의의를 사실을 토대로 이해하는 것, 그 사건을 기점으로 동시대 동아시아 세계의 움직임을 파악하는 것이다. 두 번째 목적은 학생들의 세계사 인식을 풍요롭게 하고 싶은 바람을 담았으며, 수업의 내용에 대한 목적이 되겠다.

2. 발표학습

수업 진행의 방식

이번 수업 실천은 3·1운동 내용 정리 및 다음 차시에 진행할 발표학습 준비에 1시간, 1차 발표학습에 2시간, 2차 발표학습에 1시간을 할당하여 총 4시간의 구성으로, 내가 맡고 있는 6개 반에서 진행했다. 우선 1차시 첫머리에 각 반마다 제비뽑기로 4명 또는 3명으로 구성된 10개 모둠을 만들었다.

다음으로 〈3·1독립운동 모둠 발표학습에 대하여〉라는 학습지를 배부하고, 수업의 목적, 방법에 대해 설명했다. 수업의 목적은 ① 모든 학생이 조사하는 능력, 정리하는 능력, 발표하는 능력을 키워갈 것, ② 조사, 정리, 발표하는 학습을 통해서 각자의 세계사 인식을 강화해갈 것, ③ 모둠 단위로 조사하고 정리하고 발표하는 학습을 통해서 함께 문제를 해결하는 능력을 키워나가는 데 있으며, 주제는 3·1운동, 학습방법은 3·1운동을 5개의 소주제로 나누어 각 모둠이 각각의 내용을 조사하여 그 결과를 요약문으로 정리해 2회씩 발표한다는 개요를 설명했다.

이후 교과서의 내용을 간략히 정리한 학습지를 사용하여 1910년 한국병합부터 3·1운동의 원인, 전개과정에 대해 설명하며 3·1운동의 흐름을 제시했다.

그리고 마지막으로 모둠의 리더를 결정하게 한 후 ① 3·1운동의 원인·전개·영향, ② 유관순, ③ 제암교회(제암리) 사건, ④ 국외로 확산한 3·1운동(간도, 연해주, 중국, 미국 등), ⑤ 일본과의 관계(도쿄의 2·8선언에서 비롯된 3·1운동, 일본인은 3·1운동을 어떻게 보았는가?)라는 소주제 5개 중에서 발표 주제를 1개 뽑게 했다.

그렇게 각 반 10개의 모둠이 만들어지고, 그중 2개 모둠씩 5개의 소주제를 나눠 맡아 조사·발표하기로 했다. 같은 주제를 2개 모둠이 발표하기로 한 의도는 같은 주제여도 조사한 내용에 차이가 생겨나고, 그 차이를 통해서 해당 주제에 관한 학생들의 이해가 깊어질 것으로 예상했기 때문이다.

또한 선택한 주제를 더 깊이 있게 이해할 목적으로 모든 모둠이 2번씩 발표하기로 했다. 구체적으로 말하자면 각 모둠이 요약문을 정리해서 발표하고, 그 후 사회를 보는 학생이 질문을 받는다. 또 모든 학생에게 '발표학습 질문·감상 용지'를 나눠주어 자신들 이외의 다른 9개 모둠의 발표에 대해 질문·감상을 쓰게 한다. 이를 수업 후 모아서 발표한 모둠 리더에게 전달하고, 질문 1개 이상을 선택해 다시 조사하고 요약문을 작성하여 2차 발표를 하기로 했다.

이렇게 발표를 들은 학생들의 감상이나 질문을 적극적으로 활용해 발표 모둠뿐만이 아니라 학급 전체가 발표학습에 동참하게 했고, 각 주제에 대한 학급 전체의 이해를 심화시키고자 했다.

3·1운동 발표학습의 내용

1차 발표학습에 앞서 총 6개 반 60개 모둠이 요약문을 완성했다. 요약문 원고를 인쇄해 요약문집을 만들어 각 반에 배포했다. 여기서 발표학습의 두 가지 사례를 소개한다. 우선 제암교회 사건을 다룬 1학년 3반 F모둠의 요약문이다.

제암교회 사건

1학년 3반 F 모둠

(1) 당시의 상황
· 3월 하순 이 지방에서는 관공서를 파괴하고 방화하는 등 소요가 발생했다. 특히 화수, 사강 두 지역에서는 순사를 학살하고 그 사체를 능욕했다.
· 발안의 장날이었던 3월 31일, 장터에서 약 1,000명의 폭도가 태극기를 앞세우고 가두 시위를 하며 일본인 가옥에 돌을 던지고 일본인을 폭행했고, 마침내 백주에 초등학교를 방화하고는 큰 소리로 노래하는 등의 폭동을 일으켰다.

(2) 사건의 개요
· 아리타 중위는 제암리의 천도교도 및 기독교도가 소요를 주동했다는 것을 듣고, 소요를 진압하고 주동자를 검거하기 위해 출동했다.
· 제암리에 도착하자 순사보를 시켜 천도교도 및 기독교도 20여 명을 교회에 집합시켰다.

| 마주 보는 역사수업 |

- 그리고 지난번의 소요 및 차후의 계획과 용의를 두세 차례 묻는 사이에 1명이 도망치려고 하여 이를 막으려 하니 다른 사람과 함께 대항하여 즉시 이를 베어버렸다. 이것이 원인이 되어 조선인들이 폭동을 일으켰으므로 군인들이 거의 전원을 사살하기에 이르렀다.

(3) 사건의 진상(?)
- 《한국독립운동지혈사》에는 이렇게 씌어 있다.
- 4월 15일 오후, 일본군의 어느 중위가 지휘하는 부대가 제암리에 출동. 주민들에게 사태를 논하고 훈계한다는 명목으로 기독교도와 천도교도 20여 명을 교회에 집합시켰다. 그리고 창문을 꽉 닫고는, 일제사격을 개시했다.
- 이 사건은 일본인이 사실상 은폐한 것이었다. 사건을 은폐한 사실은 당시 한반도에 주둔한 일본군 최고 지휘관인 조선군사령관의 일기에서 확인되었다.

3반의 F모둠은 이러한 요약문 내용을 바탕으로 제암교회 사건에 관한 발표를 하고, 일본 측이 주장하는 '사건의 개요'와 《한국독립운동지혈사》에서 서술한 '사건의 진상'에 대해 이야기했는데, 이 사건에 대한 이해가 충분하지 않아 사건의 전체상을 정확하게 전달하는 것은 역부족이었다.

다음은 유관순을 다룬 1학년 4반 J모둠의 요약문이다.

유관순

1학년 4반 J모둠

-프롤로그-
이 요약문은 한국의 잔 다르크라고 불리는 유관순에 대한 발표에 덧붙인 우리 J모둠의 작업물이다.

(1) 유관순은 어떤 사람?
- 유관순은 일제강점기 조선에서 독립운동을 하던 여성운동가이다.
- 3·1운동 중 체포되어 혹독한 고문에 의해 17세의 나이로 옥중에서 죽었다.
- 어린 시절에는 줄넘기를 잘하기로 유명했다.

(2) 그녀가 태어나고 자란 시대, 3·1운동에 이르기까지

· 그녀가 태어나고 자란 시기라고 하면, 1910년에 한국병합이 이루어졌고, 일본 헌병
들이 한국 민중을 위협하고 있을 무렵이다.

· 아버지는 진보적 사상의 소유자로 '흥호학교'라는 사립학교를 설립하지만, 많은 빚
을 지고 가계가 어려워져, 집에는 연일 일본인 고리대금업자가 몰려왔다.

· 유관순은 지방을 순회하던 기독교 선교사에게 재능을 인정받고 경비를 지원받아 서
울의 이화학당 보통과 3학년에 편입하게 되었다. 13살 때의 일이었다.

· 이로 미루어 유관순이 일본에 좋지 않은 인상을 가졌을 것이라고 쉽게 상상할 수 있다.

· 여기서 그녀의 인생에 큰 변화

· 1919년 고종이 승하했다는 신문의 호외가 온 동네에 뿌려졌다. 고종이 일본인에게
독살당했다는 소문이 돌면서 한국 민중이 마침내 들고 일어난다.

· 인간으로서의 존엄과 민족의 자립과 국가의 독립을 목표로 일본에 맞섰다. 이것이
3·1 독립운동이다!

(3) 시위 가담, 고향 천안에서의 호소

· 마침내 3·1독립운동이 시작되었다. 여기서부터 그녀의 본격적인 움직임이 시작된다.

· 3·1운동을 겪은 유관순은 동급생끼리 용돈을 모아 한국 국기를 준비하여, 데모에
참가하려고 했다.

· 그러나 학교 측에 의해 금지되었다.

· 유관순은 고향 천안으로 돌아가 독립운동을 하는 것을 목표로 했다.

· 고향의 유력자를 설득해 아우내 장터에서 운동의 봉화를 올렸다. 그때 약관 16세였다.

· 그녀는 아우내 장터에 모인 수천의 군중에게 소녀답지 않은 당당한 연설을 했다.

· "대한 독립 만세!" 군중은 그녀의 호소에 감동했다.

· 사람들의 독립에 대한 의기는 정점에 이르러, 평화적 시위행진을 벌였다. 이에 대하
여 일본군 헌병대는 총구로 응수했다. 헌병대의 발포로 사람들의 비명이 터져 나왔
고, 그 일대는 온통 피바다가 되었다. 이른바 '아우내 사건'이다.

· 그러나 사람들은 기죽지 않았다.

(4) 부모의 죽음, 연일 계속되는 가혹한 고문

· 아버지는 헌병대의 발포로 사망. 그 한을 풀려고 시위대의 선두에 섰던 어머니까지
도 참살당하고 말았다.

· 결국 그녀는 시위의 주모자로 체포되어 감옥에 유치되어 연일 고문을 수반한 조사
를 받는다.

- 그러나 "주모자는 나다!"라며 그녀는 굴복하지 않았다.
- "너희는 부모를 죽이고 억울한 동포를 죽이고 있다. 그 큰 죄는 반드시 하느님께서 판결하실 거다. 나는 대한의 사람이고, 일본인의 재판을 받을 이유가 없다. 너희들에게 나를 심판할 권리는 없다!"(참고. 고바야시 게이지, 《관광 코스에 없는 한국》)
- 고문은 매일매일 계속되었다. 이윽고 영양실조와 열악한 환경과 거듭되는 고문으로 인해 1920년 10월 12일, 유관순은 숨을 거뒀다.

—에필로그—

이것이 유관순의 일생이다. 조국 해방과 세계평화를 위해 투옥됐던 '한국의 잔 다르크'는 1962년 정부에게 공적을 인정받고 건국훈장을 수여받고 독립열사라고 불리게 되었다. 자신의 신념을 끝까지 간직한 그녀가 마지막으로 남긴 말은 "일본은 반드시 망한다"였다고 한다. 우리는 무엇을 느껴야만 하는가? 과거 일본이 저질러온 행위를 숙지하고, 한국에 아무런 편견을 갖지 않고, 서로의 평화와 발전을 바라는 일이 16세의 고교생에게 가능한 일일 것이다. 여기까지 읽어주어 고맙다. 이상으로 이 요약문을 완결한다.(J모둠 대표 오타 게이토)

3. 발표학습 성과

생각하는 기술·방법에 관한 성과

2차 발표학습에서는 각 모둠이 최소한 하나의 질문에 답하는 형태로 다시 요약문 원고를 작성하고, 1시간의 수업시간 내에 10개 모둠이 모두 발표했다. 2차 발표학습 때도 전원에게 '발표학습 파트 2 질문·감상 용지'를 배포하여 모든 모둠의 발표에 대해 질문·감상을 기입하도록 하고, '작업과제 Ⅱ'라는 기입란을 마련해 2차 발표학습(조사 작업, 요약문 작성을 포함)에서 학습한 것, 이해가 깊어진 것을 쓰게 했다.

먼저 '작업과제 Ⅱ'에 학생들이 적어낸 내용을 보고 사고 방법, 생각하는 기술 등에서 어떤 성과가 있었는지 살펴보겠다.

이번에 처음으로 요약문을 작성한 것에 대해서 학생들은 "생각했던 것보다 쓸 만한 자료가 없어서 곤란했지만, 스스로 다양한 방법으로 조직이나 인물을 조사하고 정리함으로써 3·1운동을 깊이 배울 수 있었고 시대 배경을 이해할 수 있었다. 다시 하고 싶다"라거나, "수업을 듣고 수동적으로 받아들이지 않고, 직접 요약문을 만들고 발표함으로써 한층 이해가 깊어질 수 있었다"라고 썼다. 학생들의 소감을 보면, 자신들이 스스로 조사하여 그 내용을 요약문으로 정리하는 학습이 학습대상에 대한 이해를 심화하는 데 효과가 있었음을 알 수 있다.

2차 요약문을 만들어 발표한 것에 대해서는 "1차 요약문을 만들 때, 스스로도 잘 알지 못하고 만들었지만, 발표한 내용에 대해 질문을 받고 다시 조사할 기회를 가지게 되어 너무 좋았다"라든가 "1차 요약문 만들기에서는 단지 의미를 잘 모르는 말을 늘어놓았을 뿐이었다. 하지만 2차 요약문 만들기에서는 의미를 몰랐던 말들을 자세히 알아봄으로써, 첫 번째로 조사한 것의 의미를 더 잘 알 수 있었다", "1, 2차 요약문을 만들면서 깊은 내용이나 어려운 내용도 조사하여 잘 알 수 있었던 깊이 있는 수업이었다"라고 소감을 밝혔다. 형식적으로 1회만 발표를 하고 끝내는 것이 아니라, 제기된 질문에 답하기 위한 2차 조사와 요약문 작성을 실시한 것이 1차 요약문의 점검과 반성을 수반하면서 해당 주제에 관한 모둠의 이해를 심화시켰다고 할 수 있겠다.

다음으로 동일 주제를 2개 모둠이 겹치게 발표하는 방식에서도 성과가 있었다. "우리는 J모둠과 같은 제암교회 사건을 조사했습니다. J모둠의 발표는 우리 모둠과 제법 차이가 있었습니다. 우리는 조사한 후에 일본군의 일방적인 학살이었다고 발표했습니다만, J모둠은 한국 측과 일본 측 쌍방으로부터 사건을 다루고 있고……"라는 소감이 보여주듯이 동일 주제를 각각 조사하고 발표한 내용의 차이가 학생들의 탐구심을 북돋고 이해를 돕는 단서가 되었기 때문이다.

이 밖에도 요약문에 당시 일본 신문에서 3·1운동을 보도한 기사를 인용한 학생은 "1차 요약문 만들기에서는 당시 신문 등 자료 수집에 어려움을 겪었지만, 당시 언론에 대해서 쓰여져 있는 자료와 신문기사의 제목이 일치해서 매우 진실성이 있었습니다"라고 이야기했는데, 이 학생은 사료를 근거로 과거의 역사 사실을 검증하는 역사학의 방법을 경험한 것이라고 할 수 있다.

내용 이해에 관한 성과

학생들이 3·1운동을 어떻게 이해했는가 하는 역사인식과 수업 내용 이해의 성과에 대하여 구체적인 사례를 들어 소개하겠다.

이번 발표학습에서 다양한 배움의 장면을 볼 수 있었지만 각 반 학생들의 관심이 높았던 주제 중 하나는 제암교회 사건이다. 이 주제를 맡은 1학년 3반 F모둠의 발표 사례를 소개하겠다.

F모둠은 발표 때 사건의 경위, 일본 공식 문서에 기재된 사건의 개요, 일본 공식 문서 내용과 다르게 사건을 기술한 한국 측 자료《한국독립운동지혈사》, 훗날 발견된 우쓰노미야 다로 조선군 사령관의 일기에 기록된 내용으로 일본군이 주민 학살과 교회 방화라는 사실을 은폐하고 있었던 일 등을 앞에 제시한 요약문으로 설명했다.

F모둠의 발표 내용에 대해 "왜 기독교인이 모이게 됐을까?", "얼마나 많은 사람이 학살됐을까?", "왜 일본군은 은폐하려 했을까?", "왜 일본의

공식 문서와 한국 측 자료의 기술이 다를까?", "사건의 진상은 무엇이었을까?" 등 여러 질문이 쏟아졌다.

학생들은 일본의 공식 문서, 한국 측 자료, 우쓰노미야 다로의 일기라는 서로 다른 자료와 내용이 혼재되어 사건의 실상을 이해하기 어려워했고, 서로 모순되는 내용을 접하면서 사건의 진상을 알고 싶어 했다.

이렇게 질문을 받고 F모둠은 "왜 일본의 공식 문서와 한국 측 자료의 기술이 다를까?"를 주제로 선정해 2차 발표를 준비하기로 했다. F모둠은 '3·1독립운동 사건부-제암리 교회 사건'이라는 제목으로 B4용지 2쪽의 자료를 손으로 직접 쓰고 그림, 말풍선, 사진 등을 실은 독특한 요약문을 만들어 2차 발표를 했다. F모둠은 요약문에 작성한 순서대로 일본의 공식 문서로부터 사건의 흐름을 설명했다. 또 사건 후 하세가와 요시미치 당시 조선 총독이 "아리타 검거반의 행위는 명백히 범죄이지만, 군대의 위신을 떨어뜨리고 외국에 나쁜 인상을 주게 되니 은폐하겠다"라고 하라 다카시 총리에게 보고한 사실, 그러나 다음 날 주서울미국총영사가 현지조사를 하면서 진상이 밝혀져, 일본군의 학살·방화 사실이 전 세계에 보도된 것, 한편 일본군 상층부에서 "사실을 사실로 처분하면 가장 간단하지만 학살·방화를 자인하는 것이 되어 제국의 입장에 심히 불이익"이 된다고 판단하여 사실을 은폐하기로 결정하고, 4월 19일 아리타 중위를 30일간의 중근신 처분하여 사태의 수습을 도모했던 것이 후일 우쓰노미야 다로 사령관의 일기에서 밝혀졌다고 설명했다.

이어 F모둠은 한국 측 자료 《한국독립운동지혈사》를 검토했다. 책 내용 중에 교회 안에 있던 부인이 안고 있던 유아를 창밖으로 내보내며 "나는 지금 죽어도 되지만, 이 아이는 살려주세요"라고 말했지만 일본

군인이 유아를 찔러 죽였다는 대목에 주목했다. 그리고 F모둠은 일본의 공식 문서도, 영국 신문《모닝 애드버타이저》에서도 교회 안에 있었던 사람은 전원 남성이었다고 기록했기 때문에《한국독립운동지혈사》에 기록된 부인과 유아의 존재는 있을 수 없다고 추론했다. 이어서 F모둠은《한국독립운동지혈사》에 왜 허위라고 의심되는 내용이 기술되었는지 따져 묻고 박은식에 대해서 조사한 내용을 보고했다. 이들은 요약문에 "박은식은 조선의 역사가이다.《한국독립운동지혈사》는 민족의식 고취를 목적으로 쓰여졌다. 그렇기 때문에 수치나 사실관계의 검증이 철저하지 않아 오류가 지적되고 있다. 즉 이 책은 사실을 정확하게 기록하기 위해서가 아니라 독립운동에 대한 민족의 사기를 북돋기 위한 것이었다"라고 정리했다.

이상 F모둠의 발표는 일본의 공식 문서, 우쓰노미야 다로의 일기,《한국독립운동지혈사》라는 자료 세 가지의 서로 다른 기술을 비교하면서 제암교회 사건의 진상을 밝히려 한 내용이었고, 듣는 학생들에게 국가나 입장에 따라 역사인식이 다른 이유, 역사 사실 검증의 중요성 등을 일깨우는 시간이 되었다.

F모둠의 발표를 듣고 작성한 '발표학습 질문·감상용지'를 살펴보면, "제암교회 사건은 잔혹하고 섬뜩한, 너무 심한 사건이었다. 그럼에도 일본은 은폐하려 했고,《한국독립운동지혈사》에는 독립운동의 의기를 높이기 위한 과장이 보였다. 일본은 죄 없는 주민을 죽인 제암교회 사건의 사실을 확실하게 인정하고 두 번 다시 이와 같은 사건을 일으키지 않기 위해 교훈으로 삼는 것이 중요하다고 생각했다", "역사에는 여러 가지 견해가 있으며, 여러 관점에서 생각하는 것이 정말로 역사를 배우게 되

는 것임을 알았다", "일본은 사실을 은폐하고, 또 한국 자료에도 과장이 있는 것으로 나타났다. 이런 점들을 통해 교과서에 쓰여 있는 사실을 그대로 받아들이는 것이 아니라, 스스로 잘 생각할 필요가 있다고 생각했다" 등의 소감이 나왔다.

이번 발표학습을 되돌아보면 한정된 시간에 학생들이 충분한 조사학습을 할 수 있었는지, 문헌보다 인터넷을 이용한 조사가 많았는데 미디어 리터러시가 잘 이뤄지고 있는지, 문헌을 독해하는 조사학습을 더 중시해야 하는 건 아닌지, 질의와 토의를 더 활발하게 할 수 있는 방법은 없었는지, 학급 전원이 모둠별로 발표학습을 통해 얻은 학습성과를 공유할 방법은 없었는지 등 반성할 점이 적지 않다.

그러나 학생들은 바쁜 와중에도 함께 조사하고 학습하며 요약문 작성을 완수했고, 모든 모둠이 무사히 2회 발표를 할 수 있었다. 2개 모둠이 같은 주제의 발표를 한 것은 같은 주제를 다룬 다른 모둠의 발표에서 다양한 자극과 시사를 얻는 기회가 되었다. 또 1차 발표 때 나온 질문에 답하는 형태로 각 모둠이 2차 발표를 진행한 것은 교사가 부여한 과제가 아니라 친구들이 궁금해한 질문에 답해야 한다는 의미가 되어, 학생들의 의욕을 자극하여 좋은 동기 부여가 되었고 해당 주제에 대한 학생들의 이해를 더 심화하게 되었다.

이번 3·1운동을 5개의 소주제로 나누어 조사학습, 발표학습을 진행한 것에서 학생들은 조사 방법, 요약문 작성 방법 등 학습을 익히는 방법 차원의 성과는 물론이거니와 3·1운동의 세부에 걸친 사실 인식, 한국과 일본이라는 양 국가의 입장 차이, 군대와 민간의 입장 차이에 따른 역사인식 차이, 역사상의 인물에 대한 평가 등 역사의 본질에 관련된 많은 것을 배울 수 있었다.

4. 마치며

"학생은 무한한 가능성을 내포하고 있다." 이것이 이번 발표학습을 마친 나의 소감이다. 학생들은 한정된 시간 동안 각각의 주제에 대해 조사하고, 그 내용을 요약문으로 정리해 발표학습을 하는 데 힘썼다. 그 결과 스스로 조사하는 것의 중요성, 요약문으로 정리해 다른 사람에게 전한다는 것의 중요성을 잘 알게 됐을 것이다.

시시각각으로 변하는 현대 세계에서는 자신의 힘으로 자료와 정보를 읽고 해석하며 그 의미를 이해하고 판단하며 스스로 행동으로 옮기는 것이 점점 더 요구되고 있다. 이러한 시대적 과제에 부응하기 위해서, 학생이 스스로 배우는 힘, 행동하는 힘을 기르는 수업을 만들 수 있도록, 학생들과 함께 노력해가고 싶다.

요네야마 히로후미(米山宏史, 호세이대학중·고등학교)

에필로그

한일 역사교육자 교류의
의의와 방향
—21세기 역사를 통한 상호 이해의 디딤돌

세계화시대, 지구촌 주민 간의 교류와 상호 관련성은 점점 확대되고 있지만, 국가 간 대립과 충돌은 상존하고 있다. 국가 간 역사인식을 둘러싼 힘겨루기 역시 반복되고 있다. 이것이 세계화시대 우리 현실이다. 이러한 현실에서 역사인식의 공유를 통한 상호 이해 및 공존을 향한 노력은 미완이며, 현재진행형이다. 한일 역사교육자 교류의 시대적 역할과 의미가 여기에 있다.

한일역사교육교류모임처럼 공동의 역사인식을 위한 노력이 일찍부터 진행된 곳이 유럽이다. 유럽의 역사인식 공유 노력은 주로 교과서 개선 작업을 핵심으로 하고 있다. 제2차 세계대전 직후 각국의 교과서 서술을 둘러싼 협의가 본격화되면서 첫 단계로 관련 당사국 간의 쌍무적 교과서 협의를 통해 양국 관계 서술에 대한 상호주의적 '권고안'을 작성했다. 협의과정은 '교과서 분석 평가 → 협의안, 권고안 작성 → 권고안 전파 → 권고안 반영 유무 정도 확인'의 과정으로 진행되었다. 독일-프 랑스 교과서 협의의 경우, 양국의 교육제도, 교육과정, 시험제도, 교사양 성과정에 대한 면밀한 분석에서 출발한다. 이러한 기초작업을 바탕으로 서로 상대방 교과서를 분석하여 보고서를 제출하는 방식이었다.

한일 역사교육자의 교류 및 역사인식 공유 작업에 좀 더 직접적인 시 사점을 주는 사례는 독일-폴란드 교과서 협의라고 할 수 있다. 가해-피 해의 상처가 깊어 역사인식의 공유를 향한 길이 매우 험난하다는 점에 서 그렇다.

이러한 유럽의 사례에서 몇 가지 고려해야 할 점을 확인할 수 있다. 첫째, 공동의 역사인식이 어렵기는 하지만, 적당한 타협이나 상이한 견 해를 절충하는 방식이어서는 안 된다는 점이다. 각 민족·국가의 인식과 입장의 차이를 분명하게 파악하면서 동시에 관련 국가·민족의 관점을 보다 높은 차원의 역사인식으로 끌어올릴 수 있어야 한다. 물론 그 과정 은 끈기와 인내를 요구하는 지난한 작업이다.

둘째, 역사인식의 공유는 국가 혹은 정권으로부터 독립된 조건에서 자유롭게 진행되어야 한다는 점이다. 역사인식의 공유와 역사교과서 개 선 활동의 주체는 민간 혹은 시민단체, 역사교육자들이어야 한다는 것 이다. 우리는 부지불식간에 국가 차원에서 문제를 해결하려는 경향이 있다. 그러나 역사인식과 관련한 국가 간 논의는 종종 외교문제로 번지 기도 하여 구체적이고 실질적인 성과를 이루는 데 부정적으로 작용하기 도 한다.

셋째, 실질적인 개선이 이루어질 수 있는 구체적인 '실천'이 필요하다는 점이다. 유럽은 교과서 개선 작업을 바탕으로, 교과서 개선 기구를 만들고, 더 좋은 교과서 제작에까지 일을 진행시키고 있다. 한일역사교육 교류모임은 애초 '공동부교재' 개발을 목표로 출발했다. 그 결과는 대중용 출판물의 형태로 마무리되었다. 역사교육자에게는 수업 실천이 핵심으로서, 이번 성과물이 교과서 개선에 반영될 수 있는 방안, 그리고 실제 수업에서 실질적으로 사용될 수 있는 방안의 모색이 필요하다.

《마주 보는 한일사》 작업은 먼저 전근대 시대를 중심으로 하여 '다름과 닮음, 그리고 교류'라는 측면에 초점을 두고 진행되었다. 근현대사 편에서는 문호개방 이후 현대까지 양국의 발전과정을 균형감 있게 다루고자 했다. 이 작업을 진행하면서도 수업 실천 교류 활동을 지속적으로 이어갔다. 핵심적인 주제를 연차별로 설정하여 수업 실천을 매개로 한 한일 교류를 진행했다.

지금까지 전국역사교사모임의 대외 교류는 주로 일본과의 교류에 한정되었다. 2000년대 중반 '평화'를 주제로 베트남 답사 프로그램이 진행되었는데, 1회로 그쳤다. 이제 한일 양국에 그치지 않고 교류의 지평을 좀 더 확대할 필요가 있다. 관심과 교류의 공간이 확장될 필요성은 몇 가지 점에서 당위이자 시대과제로 다가오고 있다.

우선 한국의 역사교사들은 지금까지 자국사의 틀 안에서 역사교육을 논의해왔던 측면이 있다. 상대적으로 세계사에 대한 관심은 약했다. 물론 이것은 한국의 역사 현실, 역사인식과 역사교육이 처했던 시대적 양상에 기인한 측면이기도 했고, 또 그대로 교육과정 편제에 반영되어 따라야만 하기도 했다.

이제 21세기는 '지구세계'로 인식의 지평을 확대할 것을 요구하고 있

| 마주 보는 역사수업 |

다. 역사교사가 국민국가 영역으로 인식을 한정시켜서는 새로운 전망을 획득할 수 없다. 세계사적 인식을 획득하게 되면 자국사를 상대화 객관화하며 새롭게 재인식할 수 있는 여지를 마련할 수 있을 것이다. 즉 세계사적 시야에서 자국사를 새로 보게 되는 것이다. 또한 '지구세계'로의 인식 지평의 확대는 역사 일반에 대해 폭넓고 풍요로운 접근을 가능하게 해줄 것이다.

이러한 인식 지평의 확대는 곧 새로운 교육과정에 대한 적극적인 준비이기도 하다. 곧 바뀌는 교육과정에서는 중학교에 국사와 함께 세계사가 별도 과목으로 편성된다. 그리고 고등학교 1학년에 근현대 중심으로 국사와 세계사를 통합한《역사》과목이 편성된다. 세계사 교육이 이제 조금씩 자국사와 더불어 역사교육 안에서 제자리를 찾아가고 있다고할 수 있다. 이것은 곧 역사교육의 정상화이기도 하다. 역사교사에게 세계사적 시야와 세계사 지식이 실질적으로 필요한 이유이다.

지구적 차원의 시야 확보, 세계사 교육의 독자적 관점을 얻기 위한 새로운 움직임은 어디서부터 출발할 수 있을까? 세계 각 지역이나 세계사의 각 분야 주제 등의 연구 '소모임'을 활성화하는 방안이 있을 수 있다. 역사교사들은 외국에 관심도 많고 해외여행도 자주 한다. 만일 특정 주제나 특정 국가, 특정 지역에 대해서 관심 있는 사람들이 4~5명 정도라도 모여 소모임을 만들어 공부하고, 자료도 수집하고, 현지 답사를 하면서, 답사 일정에서 현지 역사교육자와의 교류의 통로를 열어가는 정도라면, 지금 당장이라도 시작할 수 있을 것이다.

당위로 해야 하는 '일'로서가 아니라, 내가 좋아하고 관심 있기 때문에 재미있게 적극적으로 참여하는 '놀이'로서 부담 없이 출발하는 것이다. '일'보다는 '놀이'가 오래간다. 물론 '놀이'에서 출발한다고 하더라도, 어느 정도 연륜이 쌓이고 내공이 깊어지면 어느새 그 분야의 프로페셔널이 되어 있을 것이다. '공부하는 교사상'이 그리 멀리 있지 않다.

교실 실천은 곧 뒤따르는 세대와의 역사인식 공유 혹은 소통의 과정이다. 이것은 우리 역사교육자의 출발점이며 종착점이다. 우리의 역사교육 실천이 세대 간, 국가의 경계를 넘어 소통의 통로를 확보할 수 있다면, 그것은 곧 우리의 희망과 꿈이 뿌리를 내리게 된다는 것을 의미한다. 그 통로는 세대를 이어가면서 종착점 없이 앞을 향해 나아가는 여정이 될 것이다. 우리는 미래를 향한 이 끝없는 여정의 첫 정류장에 서 있다.

양정현(부산대학교)

| 마주 보는 역사수업 |

일본과 한국의 교류

코로나 이전과 코로나 이후

일본 역사교육자협의회의 한일교류위원회는 한국 전국역사교사모임과 20년에 걸쳐 교류해왔다. 그 사이 한일공동역사교재《마주 보는 한일사》전근대사 편 및 근현대사 편을 출판했고, 매년 양국에서 수업 실천 보고와 공개수업을 포함한 심포지엄 등을 가지며 오고 갔다. 또 전국역사교사모임 회원이 일본 역사교육자협의회 전국대회에 발표자로 참가하고 역교협에서 발간하는 회지《역사지리교육》에 기고하는 등 실로 폭넓은 교류를 해왔다.

한편 2018년 10월에 한국대법원이 신일철주금에 강제징용자에 대한 손해배상을 판결한 것을 계기로 일본에서 이상한 혐한 분위기가 높아져, 한일관계는 최악의 상태를 맞고 있다. 이와 같은 상황에서야말로 우리 한일 교사들이 쌓아온 신뢰관계를 활용하여 교육 차원에서라도 양국 관계 개선을 위해 노력해야 했으나, 2020년 3월 이후에는 코로나19의 세계적 유행으로 교류가 단절되는 상황이 되었다.

2020년 11월, 나는 〈코로나시대, 대일 과거사교육과 한일 교사·학생 교류 어떻게 해야 할까〉라는 주제로 한국에서 준비한 화상회의 참가를 요청받고, 역교협 한일교류위원회를 대표하여 참가했다. 20여 년 한국과 일본의 교사와 학생이 교류한 경험과 성과를 공유하고 대일 과거사 교육의 비판적 검토를 통해 나아갈 방향을 모색하며, 교류가 단절된 코로나19 펜데믹 상황에서 한일 역사 대화의 새로운 가능성을 모색한다는 취지였다. 어떻게든 교류를 이어가려는 한국 측의 의지가 강하게 느껴졌다. 화상회의를 마치고 나서 온라인 교류와 실제 교류를 병용한다면 한국과 일본의 보다 많은 교사와 학생, 시민이 만날 수 있고 함께 배울 수 있게 되어 양국 간에 보다 좋은 관계를 구축할 수 있다는 확신도 들었다.

역교협 한일교류위원회는 코로나19 펜데믹 전까지는 월 1회, 도쿄도 도시마구 오쓰카에 있는 역교협 본부에서 회의를 해왔지만, 2020년 2월 27일 당시 아베 수상의 휴교 요청으로 전국 학교가 모두 휴교에 들어가면서 한동안 대면회의를 할 수 없는 상황이 계속되었다. 그래서 2021년 3월부터 내가 호스트가 되어 온라인으로 회의를 개시하면서 비로소 한일교류위원회 활동을 재개할 수 있었다. 한국 측의 교류를 이어가려는 의지가 우리를 자극하고 뒷받침했음은 물론이다. 화상회의에는 일본어가 능숙한 박성기 선생이 참여해 이전보다 쌍방의 의사소통이 신속하고 원활해졌다. 또 한일 양국 사이에 시차가 없다는 것도 새롭게

| 마주 보는 역사수업 |

실감했다.

　2020년 역교협 전국대회는 개최하지 못했고, 다음 해 7월에야 온라인으로 개최하면서 한국 측이 초등6학년분과회, 중학교역사분과회, '지역에서 배우는 모임'에 참여했다. 그리고 9월에 온라인상에서 다음 심포지엄을 어떻게 할 것인지에 대한 논의가 활발하게 이어졌고, 2021년 10월 16일 온라인으로 제19회 한일역사교육실천심포지엄을 열어 실시간으로 한일 쌍방의 공개수업 및 종합토론을 진행했다. 한국과 일본의 고교생이 함께 일본과 한국 교사의 수업에 참가하는, 코로나 이전에는 생각할 수도 없었던 것이 실현된 것이다. 또 에이지마 선생이 '한 장의 티셔츠로 보는 역사인식'을 수업 주제로 한 것은 젊은 교사에게서나 가능한 발상이었다고 생각했다.

　나는 해마다 대학입학시험 면접을 담당하고 있고, 소속 대학에 한국어학과도 있어서 해당 학과 입학을 희망하는 고교생과 이야기할 기회가 있었는데, 특히 최근에는 이른바 K팝을 동경해 한국어를 배우고 싶다는 여고생이 많았다. 그래서 한국의 아이돌그룹 BTS 멤버 지민이 원폭 티셔츠를 입고 있는 사진이 SNS에 올라와 악플이 쇄도하고, 일본 음악프로그램 〈뮤직스테이션〉의 출연이 중지되는 등의 일을 어떻게 생각하는지 학생들에게 묻고 의견을 나눈 수업 실천이 현장감 있게 사회적 이슈를 맞닥뜨렸다는 차원에서 큰 의미가 있었다. 또《마주 보는 한일사》근현대사 편에서 소주제 '아시아 사람들이 고통받다'로 다루고 있는 원폭 투하에 대해 현대의 고교생이 다면적이고 다각적으로 고찰한 사례로서 잘 어울렸다고 생각했다. 이어서 우주연 선생은 '야마모토 센지는 우리들에게 무엇을 남겼을까?'라는 주제로 수업을 했다. 우주연 선생이 교토에서 열린 역사교육자협의회에 참가했을 때 답사 일정으로 야마모토 센지의 옛집을 방문하고 감동받은 체험에 영향을 받았기 때문에, 한국과 일본의 교류의 성과가 반영된 수업 실천이었음에 새삼 뿌듯했다.

30주년을 향한 이후 활동에 대하여

나는 2022년부터 고교 현장에서 사용되는 문부과학성 검정교과서《공공(公共)》교과서와 교사용 지도서 집필에 참여했다. 교재를 현장에서 활용하게 하기 위해서는 학습지도안과 학습지, 영상자료 등의 학습자료가 필수적임을 절실히 느꼈다. 일본에서는 2020년부터 '신학습지도요령'이 본격적으로 시행되었고, 대화적·주체적으로 깊이 공부하기(액티브 러닝Active Learning)과 ICT교육에 의한 개별 최적 학습을 중시하고 있다. 지금까지 지식주입학습의 대표 사례로 언급된 역사수업은 특히 고등학교 과정에《역사종합》과《일본사 탐구》,《세계사 탐구》등이 신설되면서 탐구학습이 더욱 요구되고 있다. 그래서 우리가 집필한《마주 보는 한일사》근현대사 편을 부교재로서 현장에서 활용하게 하기 위해서라도, 지금까지의 실천사례와 이후의 것도 포함하여《마주 보는 한일사》실천 편의 한일 동시 간행을 목표로 해야 한다고 생각한다.

또한 한일관계뿐만 아니라 중일관계도 냉랭해져 있는 상황에서, 중국을 포함한 한중일 3국 교사의 교류도 활발해져야 한다. 3·1운동과 5·4운동 100주년을 맞이하는 2019년에 역사교육자협의회의 한일·중일교류위원회의 합동회의에서 가스야 선생이 한중일 3개국의 역사교육 심포지엄을 실시해야 하지 않겠냐고 제안해, 2019년 11월 30일 동아시아 역사교육 심포지엄이 개최되었다. 아직 코로나19의 유행과 각국 간

관계의 문제가 남아 있지만, 한일·중일교류위원회의 활동 내용을 공유하며 이후에도 '지속가능한' 활동을 계획해나가야 할 것이다.

우오야마 슈스케(魚山秀介, 데이쿄대학)

개인의 경험에서 한일의 미래로

한국 국립중앙박물관에는 현재 많이 남아 있지 않은 갑주(갑옷과 투구)가 소장되어 있다. 이 갑옷과 투구는 18세기에 제작된 것으로 추정되는데 2002년 일본 도쿄 혼고고등학교 사카이 도시아키 선생이 한국의 역사교사를 통해 기증한 것이다. 이 갑주는 한국 식민지시대 조선총독부 관리로 근무했던 일본인이 귀국하면서 가지고 간 것으로, 물려받은 후손이 혼고고등학교에 근무했는데, 같은 학교 역사교사였던 사카이 도시아키 선생이 보관하면서 활용하다가 마침 일본에 있던 한국 역사교사가 기증을 제안해 한국 박물관에 소장하게 되었다.

사카이 선생과 한국 교사의 인연은 1982년으로 거슬러 올라간다. 혼고고등학교 2학년 학년주임이었던 사카이 선생은 학생들과 함께 한국으로 수학여행을 왔고, 서울에 있는 중앙고등학교와 자매결연을 하고

한국 국립중앙박물관에 보관 중인 갑옷과 투구

방문했다. 일본 학생들과 한국 학생들은 중앙고등학교 운동장에서 축구를 했고, 교정에서 손짓 발짓으로 대화하면서 작은 인연과 추억을 만들었다. 그때 중앙고등학교 재학 중이었던 한 학생이 역사교사가 되어 한일 역사교사 교류와 학생 교류를 진행하면서 사카이 선생과 인연을 계속했다. 혼고학원은 메이지시대 유력 귀족이었던 마쓰다이라 요리나가에 의해 설립되었다. 일제강점기 상하이파견군 사령관이었던 시라카와 요시노리가 방문한 적도 있다. 중앙고등학교는 3·1운동과 6·10만세운동 등 많은 학생이 항일운동에 참여한 학교였다. 한국사회가 이른바 '일본 역사교과서 왜곡'으로 한창 분위기가 안 좋을 때인 1980년대 초반에 일본 메이지시대 귀족이 세운 학교와 한국 항일운동의 중심지였던 두 학교의 학생들이 그렇게 만났다.

고등학교 때 학교에서 만났던 일본 학생들을 당시 경복궁에 있던 국립중앙박물관에서 또 우연히 만난 기억이 있다. 인연이었을까? 교사로 일하면서 학창 시절 아련하고 소중한 추억들을 학생들에게 되갚아주고 싶었고, 그렇게 실천으로 이어졌다. 1996년부터 고등학교에서 근무하면서 2020년까지 일본 사이타마 지유노모리학원중고등학교 학생들과 교류하고 있다. 매년 여름과 겨울, 나는 한국 학생들과 함께 한일의 바다를 건넜다.

교사로서 일본 교사들과의 교류를 통해 배운 것은 무엇일까? 19세기 이후 새로이 개척된 홋카이도 역사, 그리고 개척 역사 이전부터 있었던 아이누의 존재를 만날 수 있었다. 에도시대 중앙 정부에 반기를 든 아이누인의 수장 샤쿠샤인을 만날 수 있었는데, 현지의 시각으로 과거와 현재 아이누를 만난 한국인들이 얼마나 있을까 하는 생각이 들었다. 지역사회에서 한국인 강제징용을 설명하시던 일본 선생님을 통해 연대의 모습을 볼 수 있었다. 천황의 별장이었던 류운카쿠에서 만난 이토 히로부미와 대한제국의 흔적은 잊혀지지 않는다. 닛코에서는 도쿠가와 이에야스와 조선통신사의 역사를 확인할 수 있었다.

우라가에서 19세기 페리와 일본을 볼 수 있었고, 21세기 일본의 도시라는 오다이바도 보았다. 메이지시대 해군 제독 도고 헤이하치로도 만났다. 야스쿠니신사에 있는 큰 동상이 일본 근대 군대를 만든 오무라 마스지로라는 사실을 아는 한국 교사들은 몇이나 될까? 오카야마 기노성(鬼城)에 가서는 조선식 산성을 보았고, 고대 한일관계에 대해 일본 선생님들과 함께 논의했다. 사카이에서는 일본 최대 고분인 다이센고분을 보러 가서 근처 아파트에 올라 고분 전경을 확인할 수 있었다.

시모노세키에서는 조선통신사 상륙지점과 청일전쟁 강화조약 체결지를 일본의 시각에서 답사하기도 했다. 한국에서도 유명한 관광지가 된 오키나와에 가서는 현지 선생님들의 안내로 오키나와 지역의 천연 동굴인 가마에 들어가는 경험을 했다. 일본 안의 이국(異國)으로서 일본 본토와 구분 짓는 오키나와의 모습을 보기도 했지만, 한국인 강제징병과 징용 현장도 가볼 수 있었다. 또 오키나와 미군 문제를 통해 주한미군 문제를 다시금 생각해보기도 했다.

한국 선생님들이 일본을 방문한 만큼 일본 선생님들도 의정부, 울산, 경주, 부산, 제주 등등 한국의 여러 곳을 다녔다. 한국과 일본 교사들의 활발한 발걸음은 서로를 알기 시작하는 경험이었다. 그 경험은 서로의 지역에 존재하는 '우리의 모습'을 탐구하는 시간이기도 했다. 개인의 경험보다 교사라는 공인(公人)의 입장에서 서로에 대해 알고 이해하기 위한 소소한 실천들이었다. 작지만 소소한 실천들은 작은 움직임이지만, 그 파장은 작지 않을 것이라고 기대하고 있다. 무엇보다 교사의 강력한 무기는 학생이다. 교사가 학교 현장에서 대하는 무수히 많은 학생은 지금까지와는 다른 인식으로 세상에 나갈 것이다.

2021년 10월 한일역사교육실천심포지엄은 역사교사만의 만남이 아니었다. 일본 고등학생들과 한국 고등학생들을 대상으로 한일 역사교사들이 2개의 수업을 진행했다.

'원폭 관련 티셔츠에 대한 수업'이나 '야마모토 센지에 대한 보편적 인권, 평화 수업'보다 더 의미를 부여하고 싶은 것은 함께 수업에 참가했던 한일 학생들이 한국과 일본의 노래, 유행 등 서로의 삶과 일상에 관심을 가졌다는 것이다. 수업시간보다 훨씬 더 밝은 분위기에서 웃고 관심을 보이며 공감했다. 수업을 통해 보편적 평화와 인권을 전달하려는 교사의 의도가 무색하게 학생들은 같은 세대 자신들의 관심을 바탕으로 더 큰 웃음과 공감으로 친구가 되어 평화를 만들었다. 인터넷이라는 공간에서 서로 웃고 즐기며 친구가 되었다. 그러면 어떠랴! 어차피 우리 수업의 목적은 서로를 이해하는 '친구'가 되는 것인데. 굳이 역사가 아니더라도 서로 깔깔거리며 웃는 친구가 된다면 그 어떤 방법이면 어떠랴! 젊은 학생들은 그들 나름의 방식으로 교류하며 '친구'가 되고 있었다. 우리는 코로나가 가져다준 새로운 변화에 적응하고 있다. 코로나는 일상적인 얼굴을 맞대는 만남을 가로막았지만, 새로운 형태의 만남을 창출하고 '청춘, 그들만의 아름다운 시대'를 만들고 있다.

학생 교류에 참가했던 일본 학생 1명이 한국어에 아주 능했다. 한국 학생들이 그 학생에게 "어떻게 그렇게 한국어를 잘해요?"라고 물어본 것이 질문 1호였다. "재일한국인 4세예요"라는 그 한마디. 한국 학생들은 "아~" 하는 반응이었다. 이후 그 학생은 학생들의 만남 시간에 중심이 되었다. 한일 교류에 큰 장애가 되었던 언어의 힘을 발휘하는 시간이었다. 일본사회에서 존재감을 발휘하기 힘든 재일한국인의 존재감이 부각되는 시간이었다. 일본사회에서 자유롭게 한국어를 구사하게 되기까지 고뇌했던 시간의 무게가 한껏 가벼워졌으리라.

1982년 한국 고등학생이 경험한 일본 학생과의 만남은 현실 공간에서 일본 교사·학생들과의 만남으로 발전했다. 그리고 2021년 한일 고등학생들은 인터넷을 통해 공간의 한계를 극복한 만남을 경험했다. 지금이 있기까지 이른바 아날로그시대에 묵묵히 자기 길을 걸었던 선배들이 있었다. 그 선배들의 작은 걸음이라는 '점'들이 있었기에 한일 교사들의 모임이라는 '선'이 가능했다. 양국을 잇는 '선'은 21세기 새로운 세대

| 마주 보는 역사수업 |

를 만나 어떤 '면'과 '공간'으로 확대될까? 새로운 세대들의 만남은 다시 20년이 지난 후 어떤 '만남'과 '관계'를 만들어나갈까? 가슴이 벅차다.

박성기(경기 하남고등학교)

《마주 보는 한일사》 출판에 대하여

《마주 보는 한일사 Ⅰ·Ⅱ》 전근대사 편(2006), 《마주 보는 한일사 Ⅲ》 근현대사 편(2014, 일본에서는 2015)이 출판되었다. 이 책은 한국 전국역사교사모임의 한일역사교육교류모임과 일본 역사교육자협의회 한일교류위원회가 공동으로 집필·편찬했다.

2001년 일본 역사교과서 문제에 대응하면서 한국과 일본이 공동으로 교재를 만들고 서로의 역사교육에 대해 이해하자는 한국 측 제안을 받아 작업을 시작했다. 일본의 한일교류위원회가 한국의 제안을 받아들인 이유는 한국 교사들과 공동 작업을 통해 서로의 이해를 심화시키는 일이 국제적 시야에서 자국사를 바로잡고 배타적인 민족주의를 극복하는데 도움이 될 것이라고 생각했기 때문이다.

공동교재에 어떤 내용을 담을지를 두고 양국 간에 토론을 했는데, 한일관계사뿐만 아니라 일본과 한국의 역사와 문화를 서로 이해하는 데 유효한 주제를 선정하여 기술한다는 총론에서는 합의를 보았지만, 구체적으로 어떤 주제를 설정할 것인가에 대해서는 그렇게 간단하게 정리되지 않았다. 공동교재에 대한 서로의 문제의식에 차이가 있었고, 또 서로의 역사에 대해 잘 알지 못하면서 역사교육에 대해 이야기해왔다는 입증이기도 했다.

2001년부터 2006년 4월까지 13회에 걸쳐 한국과 일본 교사들이 합동으로 편집회의를 했다. 때로는 한국과 일본 교사들이 함께 합숙하면서 밤늦게까지 토론을 했다. 이러한 과정을 거치면서 인간적인 신뢰가 깊어졌고, 보다 깊이 있고 완성도 높은 서술을 할 수 있었다. 이렇게 밀도 높은 교류가 없었다면 이 책도 빛을 보지 못했을 것이다.

전근대사 편이 출간된 후 2006년 8월, 한국의 강원도에서 합동으로 연수를 하며 근현대사 편 출판에 양국이 전력을 다하기로 다짐했고, 다음 해부터 한일합동편집위원회를 1년에 2번 정도 열면서 서로의 원고를 검토했다. 그런데 원고 검토 진행이 순조롭지 않았다. 합숙하면서 진행해도 겨우 10개 정도를 검토할 뿐이었다. 통역을 거쳐야 했기 때문에 2배의 시간이 걸렸다. 또한 무엇보다 중요한 문제는 근현대사가 한일 간의 갈등과 민감하게 맞물려 있었기 때문에 양국의 관점 차이로 치열한 토론을 거쳐야 했다. 이렇게 토론을 통해 나온 다양한 제안을 또다시 여럿이 함께 검토하는 것은 생각한 것 이상으로 시간이 걸리는 일이었다.

편집회의를 시작하고 2년이 지나서야 겨우 '흐름'에 대해 합의가 이루어졌다. 30개의 원고를 분담하기로 했다.(2008년 10월) 그렇게 원고가 작성되고 원고 검토가 반 정도 진행된 단계에서 한국 측이 주제 구성을 포함한 내용 전체의 재검토를 요청했다. 처음 구상에서 잘 드러나지 않았던 서로의 차이점이 글로 완성된 내용을 확인하면서 명확하게 드러났기 때문이었다.

또 일본 측에서는 한국에서 작성한 원고로 일본 학생들에게 한국 또는 조선에 대한 인식이 매력적으로 전해지기를 기대했다. 이것은 반대로 일본 측 원고를 통해 한국 학생들에게 일본에 대해 부정적인 면에만 머무르지 않고 보다 폭넓게 인식하기를 바란다는 의사였다. 2010년에 있었던 제5회 합동편집회의까지 14편에 대한 1차 원고 검토 후 일본 원고에 대한 한국 의견은 다음과 같은 내용이었다.

① 식민지 지배하에서 고통받는 사람들의 모습이 보이지 않는다.
② 식민지 시기 주제가 적고, 전후 주제가 너무 많다.
③ 천황제와 전후 처리 문제에 대한 주제가 적다.
④ 원폭투하와 반핵운동 분량이 너무 많다.

또한 독도·다케시마 문제는 다루지 않았다는 사실도 확인되었다. 이후 10회에 걸쳐 합동편집회의가 서울과 도쿄에서 진행되었다.

주제를 정하고 서로 집필자를 선정했지만, 그때부터가 큰일이었다. 하나의 주제를 둘러싸고 한국과 일본은 물론, 한국에서도 일본에서도 의견 대립이 있는 경우가 많았다. 이러한 의견 대립은 의미 있고 좋은 경험이었다. 양국 간에 의견이 엇갈리는 경우 "일본에서는, 혹은 한국에서는……"이라며 국가의 입장에서 의견을 정리하려고 했지만, 사실은 개개인의 생각도 서로 다르다는 사실을 확인할 수 있었던 것이다.

이런 과정을 거쳐, 전근대사 편의 29장 〈선린우호 사절단 통신사〉에 서는 세세한 부분에서 서로의 동의를 얻으면서 하나의 원고로 정리할 수 있었다. 왜일까? 물론 한일관계사에서 우호를 추구했던 조선통신사 라는 주제 자체가 하나로 정리할 수 있었던 큰 요소였음은 물론이다. 이 장에서 선린(善隣)만을 강조한 것은 아니었다. 전형적인 봉건제였던 에 도막부나 조선왕조가 통신사를 어떻게 보았을지, 그리고 일본 민중들이 가지고 있던 왜곡된 조선 인식, 조선과 일본 민중들이 통신사를 어떻게 바라보았는지 등 선린우호만으로는 설명할 수 없는 부분에 대해서도 다 루었다.

또 29장에서 공동집필이 가능했던 것은 수업 실천의 교류 덕분이었 다. 제1회 한일역사교육실천심포지엄에서 '통신사'를 주제로 하며 서로 의 수업 실천을 나누고 배웠기 때문이다.

이전에 한국 역사교과서 등에서는 "문화는 높은 곳에서 낮은 곳으로 흐른다"라는 식으로 수용받는 쪽의 주체성을 무시한 문화시혜론을 기초 로 기술되어 있었는데, 이 책의 집필자들은 이러한 시각에서 벗어나고 자 했다.

그러나 의견이 대립한 부분도 많았다. 예를 들어, 고대 고구려·백제· 신라 삼국과 가야의 대립을 어떻게 생각할 것인가에 대해 의견이 일치 되지 않았다. 특히 《삼국사기》에 의하면 고구려가 기원전 1세기경 성립 되었다는 의견이 있었지만, 《삼국사기》 기술의 신빙성에 대해 찬반양론 이 있었다. 가야 영역에 대한 야마토 정권의 영향력에 대해서도 같은 상 황이었다.

중세시대에서도 왜구에 대해 의견을 일치시킬 수 없었다. 15장 〈고려를 침략한 왜구)에서 한국의 입장은 한국에서의 연구결과를 바탕으로 왜구 활동을 규슈 지방정권이 침략을 목적으로 행한 군사행동이라고 여기고, 왜구 구성원으로 고려 민중의 존재를 인정하지 않았다. 왜구 침략으로 인한 고려왕조의 징발과 규제가 강했기 때문에 고려 민중이 왜구의 스파이가 되거나, 왜구라고 자칭하며 약탈을 하기도 했는데, 이들은 천민들이었으며 매우 예외적인 존재라는 것이었다. 이 주장에는 두 가지 문제가 있다. 왜구의 침략이라는 이른바 위기 상황에서 민중이 행하는 행동을 '민족'이라는 틀로만 판단하는 것, 예외적으로 천민이 그런 행동을 했다는 사실에 의해 천민에 대한 편견을 조장한다는 것이다.

이러한 점에서 16장 〈왜구와 동아시아〉에서는 왜구의 우두머리 중 1명이었던 소다에 대해 "해적임과 동시에 쓰시마의 실력자, 교역상인, 조선국왕의 신하라는 복잡하고 다면성을 가진 존재"로 서술했다.

이러한 의견 대립은 역사교육의 과제와도 관련되었는데, 중세시대를 현대 국민국가의 틀로 생각하려는 방식에 무리가 있다는 사실을 알 수 있다.

도요토미 히데요시의 조선 침략을 다룰 때에도 히데요시 정권에 대해 의견이 엇갈렸다. 다만 히데요시의 침략전쟁을 일본과 조선이라는 양국의 문제만이 아니라, 명나라가 전쟁의 주요 행위자였음에 합의를 보아 동아시아 국제전쟁이라고 하는 관점을 이끌어낸 것은 좋은 성과였다고 생각한다.

전근대사 편에 다루지 못한 내용도 있었다. 도요토미 히데요시에 의한 침략전쟁이 일어났을 때 조선에서는 천민을 중심으로 관아를 습격하여 문서를 태워 천민 신분에서 해방하려 했다는 움직임도 있었다. 이 사실을 어떻게 볼 것인가에 대한 문제였다. 일본이 침략했을 때, 민족이라는 이름으로 싸우지 않으면 안 될 때의 이적행위라고 할 것인가, 아니면 이렇듯 권력의 위기상황에서 신분제로부터 해방하려는 인간의 자연스러운 행동이라고 할 것인가라는 사실에 대해 논의하고 싶었다.

여기에서 일본과 한국의 의견 차이는 무엇에서 기인한 것일까? 그것은 국가와 민중의 관계를 대립관계로 볼 것인가, 아니면 국가와 민중이 하나의 공동체로 공존한다고 볼 것인가의 관점 차이라고 할 수 있다. 일본의 경우 제2차 세계대전 이후 국가와 민중은 한 덩어리가 아니라 서로 대립한다고 보았다. 한국에서는 해방 이후 국가와 민중이 하나의 공동체로서 공존한다고 보았고, 공존의 핵심은 민족 개념에 있었다.

어느 쪽이든 "각각의 견해가 다르다는 것은 그 주제 자체의 역사적 해석이 옳은가 아닌가 하는 문제가 아니었다. 현재 그것을 해석하는 우리들이 추구하는 바가 다르기 때문에 생기는 것이었다. 그 사회가 무엇을 추구하느냐에 따라 역사인식·사회인식을 달리한다는 것이다"라고 후기에 쓴 것은 이 책 집필자들이 합의한 부분이다.

일본의 학생, 젊은이들에게 바라는 바는 가해의 사실을 직시하고, 식민지 지배로 민족 자긍심에 상처를 입은 한국인의 고통을 이해하는 것이다. 한국의 학생, 젊은이들에게 바라는 바는 일본의 과거와 현재를 다양한 측면에서 볼 수 있고 일본과 우호의 중요성을 이해하는 것이다. 이것은 또 두 나라 역사교육에 주어진 과제이기도 하다.

근현대사 편은 전근대사 편과 같이 "같은 시대, 혹은 같은 분야에 대해 비교하면서 쌍방의 공통점, 다른 점을 알 수 있게" 한다는 원칙이 유지되었다.

먼저, 2장 〈민중이 있고 국가가 있는가, 국가가 있고 민중이 있는가〉와 3장 〈조선이 나아가야 할 길은〉이라는 원고를 보자. 전자는 일본 근대화를 둘러싸고 후쿠자와 유키치와 우에키 에모리를 대비시키면서 논하고 있다. 실제 일본에서 진행된 근대화와 달랐던 또 하나의 근대화를 생각해보게 한다. 후자는 갑신정변으로 조선의 개혁을 추구했던 서광범과 동학농민전쟁의 지도적 위치에서 조선 정부와 일본군과 싸웠던 전봉준을 대비하여 조선의 근대화에 대해 생각하게 하려고 했다.

6장 〈러일전쟁과 일본의 한국 식민지화〉와 7장 〈일본, 무력으로 조선을 지배하다〉라는 2개의 주제를 읽으면 러일전쟁에서부터 한일협약, 한국합병을 거쳐 조선이 일본의 식민지가 되는 과정을 잘 이해할 수 있다.

23장 〈고도성장으로 생활이 변하다〉와 24장 〈'산업 전사'의 땀과 눈물이 한국 경제를 일으키다〉는 한일 양국이 고도경제성장을 거쳐 어떻게 변모했는가에 대해 공통점과 차이점을 드러내게 했다. 27장 〈'생명이야말로 보물'이라는 오키나와의 절규〉와 28장 〈주한 미군과 평화를 바라는 사람들〉은 동아시아에서 미군의 존재를 어떻게 받아들일 것인가에 대해 생각거리를 제공하고 있다. 도쿄와 서울에서가 아닌 오키나와와 평택에서 문제를 파고들었다고 할 수 있다.

이렇게 한일 역사에 대해 각각의 역사적 특질이 드러날 수 있도록 했는데, 독자들은 어떻게 받아들일 것인가?

마지막으로 근현대사 편 마지막 장인 〈독도와 다케시마〉 부분을 언급하고자 한다. 이 부분은 이미 여러 차례 출판된 한일공동역사교재에서 다루지 않았던 것을 다루었다는 점에서 스스로 큰 의미가 있다고 생각한다.

한국 측에서는 '독도 문제'를 일본에 의한 식민지 지배를 상징하는 핵심으로 다루고 있다. 즉 1905년 '독도-다케시마'에 대해, 시마네현으로 편입된 사실에서부터 일본에 의한 식민지 지배의 역사가 시작되었다고 생각하는 것이다. 따라서 이 문제는 "영토문제가 아니라 역사인식의 문제"라고 표현했다. 처음 일본 측에서는 "우리 고유의 영토라고 말하기 전에"라는 제목을 제안했지만, 우여곡절을 거쳐 〈독도와 다케시마〉로 결론지었다.

이 원고는 공동 원고라는 점에 의미가 있다. 어느 한쪽 입장에서만 집필한다면 상대편에서 납득하지 못해 실제 교실에서 사용되기 어렵다. 수많은 과정을 거쳐 원고를 수정했지만, 합의에 이르지 못하고 시간이 흘러갔다. 그러나 의견을 모을 때까지 토론을 계속한다는 한일의 공통된 인식으로 마침내 함께 원고를 완성했다. 그 결과, "우리 고유의 영토라고 말하기 전에" 무엇을 생각해야 할 것인가라는 문제제기가 가능하게 되었다고 자부한다.

《마주 보는 한일사》는 개설서가 아니라 개별 주제를 선정하여 구체적으로 알기 쉽게 기술한 것이다. 실제 수업을 염두에 두면서 중고등학생들이 가질 수 있는 관심에 맞추고자 했기 때문이다. 같은 시대 혹은 같은 분야에 대해 비교하면서 공통점과 다른 점을 알 수 있도록 하고자 했다. 그래서 서술 내용에 대한 의견이 일치하지 않을 경우에는 무리하게 하나의 내용으로 정리하려고 하지 않았다. 인식의 차이를 명확하게 하는 것이 이 책의 역할이라고 생각했기 때문이다.

한편 남은 과제도 있다. '동아시아적 시점'을 의식했다고는 하지만, 일본과 한국이라는 작은 틀―일본이나 한국이라고 하는 국가의 틀―에서 얼마만큼 벗어날 수 있는지의 차원에서는 더욱 검토가 필요하다고 하겠다. 그러한 맥락에서 자료의 제약 문제로 북한 민중의 역사를 쓰지 못하여 다음을 기약해본다.

또 "학생들에게 가까운 생활과 문화를 중시한다"라고는 했지만, 굳이 이야기하면 정치사에 편향되어 안타까운 마음이다. 개념이 아니고 인물 등을 통하여 역사를 이야기로 접근했다는 점에서는 알기 쉽게 서술했다고 생각하지만, 정말 그런한지 의문과 반성을 갖고 있다.

마지막으로 '학생들이 생각하게 하는 교재'를 지향하고자 했는데, 과연 학생들로 하여금 생각하게 할 수 있는 서술이 되었을지는 수업 실천을 통해 검증되어야 할 것이다. 따라서 《마주 보는 한일사》를 활용하여 수업하고, 교재로서 유용한 것인지 계속 검증해가야 할 것이다.

미쓰하시 히로오

부록

■ 한일역사교육실천심포지엄 연표

회차	개최 일시 및 장소	내용
1	2002. 3. 23. ~ 3. 24. 한국 서울	○ 발표 ·미야하라 다케오(대) / '새로운 역사교과서를 만드는 모임' 교과서 비판운동 개요 ·가스야 마사카즈(대) / 한일역사교육교류사 ·남한호 / 독일·프랑스 역사교과서 협의 ○ 수업 실천 발표 ·기무라 마코토(초) / 역사를 보는 눈과 이웃나라를 향해 따뜻한 시선을 키우는 역사학습 ·최종순(초) / 한국과 일본의 보다 좋은 미래를 위하여 ·미쓰하시 히로오(중) / 왜 조선은 일본에 통신사를 보냈는가? ·안병갑(중) / 통신사 호칭 변화를 통해 생각하는 한일관계 ·박외숙(고) / '통신사'에 대한 고등학생의 역사인식
2	2003. 1. 12. 일본 도쿄	○ 수업 실천 발표 ·무라마쓰 구니다카(초) / 전쟁 중 초등학교 교육을 생각한다 ·곽민정(초) / 이토 히로부미는 누구일까요? ·고보리 도시오(중) / 일본군 '위안부'와 일본 중학생 ·송영심(중) / ICT를 활용한 일본군 '위안부' 역사수업 ·호리구치 히로시 / 일본 고등학생은 '한국병합'을 어떻게 생각하고 있는가 ·최현삼(고) / 일본과 남북한 국교 정상화를 어떻게 생각할까
3	2004. 3. 27. 한국 대구	○ 공개수업 ·이은홍(초) / 임진왜란의 고통을 맛본 사야카의 인생 ○ 수업 실천 발표 ·미쓰하시 히로오(중) / 한국 중학생과 배우는 '히데요시의 조선 침략' 수업 ·빈수민(중) / 중학생이 생각하는 '임진왜란' ·다나카 히토시(고) / 지역 교재로 배우는 조선인 강제연행 ·구창훈(고) / 학생들이 생각하는 양반
4	2005. 1. 8. 일본 오키나와	○ 수업 실천 발표 ·미쓰하시 히사코(초) / 초등 6학년 종합학습, 오키나와 언어에 대해 생각하다 ·최종순(초) / 동아시아 평화를 위한 하나의 제언 ·다마키 요시하루(중) / 현대의 일본과 세계—미군기지에서 세계와 오키나와를 생각하다 ·심우근, 우현주(고) / 미군기지

5	2006. 8. 10. 한국 서울	○ 공개수업 ·최현삼(고) / 민화는 어떤 사람들에게 왜 인기가 있었을까 ·히라노 노보루(초) / 우키요에는 어떤 사람들에게 인기가 있었을까 ○ 발표 ·도리야마 다케오(고), 박중현(고) / 《마주 보는 한일사 III》 근현대사 편 발간 경위
6	2008. 1. 13. 일본 오카야마	○ 수업 실천 발표 ·무라타 히데이시(고) / 고대 기비와 조선 – 기노성에서 도래인을 탐구하다 ·박성기(고) / 도래인과 오카야마 ·우오야마 슈스케(고) / 일본의 개국·조선의 개항 ·이경훈(고) / 러일전쟁 수업
7	2008. 10. 12. 한국 강화도	○ 공개수업 ·오타니 다케오(중) / 일본의 개국 ·최보길(고) / 한국의 개항 ○ 수업 실천 발표 ·호리구치 히로시(고) / 일본국 헌법 탄생 ·이경주 / 5·18민주화운동 호외신문 만들기
8	2009. 8. 2. 일본 삿포로	○ 수업 실천 발표 ·니시무라 미치코(초) / 홀로코스트 수업에서 아시아를 바라본다 ·김지영(중) / 조선의용군 최후의 분대장 김학철 ·우바타니 히로아키(고) / 동아시아 시점에서 선주민족 아이누의 역사를 어떻게 생각할 것인가 ·요네자와 히로시(고) / 조사·발표학습으로 배운 3·1운동 수업 ·우주연(고) / 일제강점기 경성 사람들의 생활
9	2010. 8. 12. 한국 아산	○ 수업 실천 발표 ·히라노 노보루(초) / 우키요에로 배우는 에도시대 서민의 생활 ·이미자(초) / 지혜가 담긴 생활도구 ·야마모토 시게루(고) / 고등학교 1학년 《현대사회》 '전쟁범죄와 전후 보상' 수업 실천 ·박중현, 김혜선(고) / 갈등을 넘어 화해로
10	2011. 7. 31. 일본 후쿠오카	○ 수업 실천 발표 ·문재경(초) / 역사의 전쟁이 어린이들에게 미친 영향 ·이노우에 노리히사(중) / 유관순 수업 – 조선을 어떻게 배울 것인가 ·이경주(고) / 해방정국의 모의선거 수업 ·이와네 겐이치(고) / 일본사 수업 열기 – 후세 다쓰지와 조선

11	2012. 8. 4. 일본 지바	○ 수업 실천 발표 ·이시가미 도쿠치요(중) / '전몰자위령비'를 조사하면서 시작하는 아 시아·태평양전쟁 ·석병배(초) / 초등학생의 한일 역사인식 ·나카조 가쓰토시(중) / 가네코 후미코 "나는 나 자신으로 살아간다" ·이성훈(중) / 전장에 내몰린 한국과 일본의 민중 - 황민화정책과 태평 양전쟁 희생자
12	2013. 10. 13. 한국 서울	○ 공개수업 ·사쿠라이 치헤미(중) / 한국 고등학생과 원폭을 생각하다 ·박범희(고) / 한국 원폭피해자 ○ 발표 ·오즈 겐고(퇴직) / 《마주 보는 한일사》 편집과정과 과제 ·이성훈(고) / 《마주 보는 한일사》 근현대사 편 수업 활용 방안
13	2015. 1. 8. 일본 지바 (후나바시)	○ 공개수업 ·오타니 다케오(대) / 일본군 '위안부'를 생각한다 ·우주연(고) / 일본군 '위안부'를 생각한다 ○ 수업 실천 발표 ·야마다 고타(고) / 일본 고등학생은 식민지시대를 어떻게 생각하는가 ·지바대학 학생 / 'NGO 남북코리아와 일본 친구들 전시회' 활동을 통하여 ·박범희(고) / 영화 〈우리학교〉를 통해 재일조선인을 생각하다
14	2015. 10. 11. 한국 파주	○ 공개수업 ·이와네 겐이치(고) / 일본에서 일한 조선인 방적여공의 노동과 생활 ·박소라(고) / 한국과 통한 일본인 ○ 수업 실천 발표 ·이연희(중) / 연극으로 기억하는 일본군 '위안부'의 역사 ·우오야마 슈스케(대) / '다케시마와 독도' 교재를 활용한 데이쿄고교· 도쿄조선고급학교 합동수업
15	2016. 8. 6. 일본 오키나와	○ 수업 실천 발표 ·미쓰하시 쇼헤이(초) / 오키나와와 함께하는 어린이들 ·석병배(초) / 영토교육과 독도로 보는 초등학교 학생의 일본 인식 ·신대광(고) / 지역 인물 탐구 - 일본인 오야마 쓰나다카를 중심으로 ·박성기(고) / 한국 고등학생이 생각하는 오키나와

16	2017. 11. 4. 한국 제주	○ 공개수업 ·우메자와 가즈오(고) / 오키나와 역사를 알고, 미군기지 문제를 생각한다 ·박진수(고) / 평화의 가치(오키나와 그리고 강정 군사기지를 중심으로) ○ 수업 실천 발표 ·와타나베 데쓰로(고) / 제2차 동학농민전쟁을 수업하다 – 청일전쟁은 일본과 청의 전쟁이었는가 ·박중현(고) / 대한민국 정부 수립에 관한 '전문가 활동' 수업 실천
17	2018. 8. 5. 일본 교토	○ 공개수업 ·우오야마 슈스케(대) / 다케시마와 독도 ·이경훈(고) / 말이 칼이 되는 역사를 되풀이하지 않기 위해 ○ 수업 실천 발표 ·다카하시 다마즈히코(고) / 아사카와 다쿠미를 통해 생각하는 동아시아의 근대 ·차민선(초) / 평화의 소녀상에서 역사를 생각한다
18	2019. 10. 13. 한국 울산	○ 공개수업 ·곽노승(고) / 3·1운동과 여학생들 ·고바야시 유카(중·고) / 일본 중학생의 3·1운동 인식 ○ 수업 실천 발표 ·이경주(고) / 동아시아 갈등의 원인과 화해의 길을 찾아서 ·후지타 고로(초) / 한국 어린이들과 오키나와에 대해 생각한 것
19	2021. 10. 16. 온라인(서울·도쿄)	○ 공개수업 ·에이지마 아즈사(고) / 티셔츠 한 장으로 본 역사인식 ·우주연(고) / 야마모토 센지는 우리에게 무엇을 남겼는가

■ 일본 역사교육자협의회 전국대회 참가·발표 현황

* 일본 역사교육자협의회 전국대회는 본대회 개막식, 20개 이상의 분과회, '지역에서 배우는 모임'이라는 자유 패널 발표회로 진행된다. 한국의 전국역사교사모임은 매년 이 대회에 참가하여 수업실천 및 한일 역사교육 교류 경험을 발표해왔다. 그 현황을 아래의 표와 같이 정리해둔다.
* 표 중 발표 분과 표시가 없는 경우는 한일 역사교육 교류에 관심 있는 참가자들을 대상으로 한 자유 발표였다.
* 발표자 이름 옆의 (초) (중) (고) (대) 표시는 소속한 학과를 나타낸다.

회차	개최 일시 및 장소	내용
1	2001. 7. 31. ~ 8. 2. 제53회 가나가와	· 대회에 참가한 전역모 회원 3명과 역교협 한일교류위원회가 협의. · 한일 역사교사가 서로 제휴 협력하고, 공동으로 일을 도모하기로 결정
2	2002. 8. 1. ~ 8. 3. 제54회 미에	· 전국역사교사모임 소속 교사 5명, 일본 근현대사분과회와 지역에서 배우는 모임(교과서문제)에 참가
3	2003. 7. 31. ~ 8. 2. 제55회 고치	· 고등 분과: 최현삼(고) / 한국전쟁에서 무엇을 가르칠 것인가 · 토론: 최종순(초), 최현삼(고), 히나로 노보루(초), 미쓰하시 히로오(중), 호리구치 히로시(고) / 일본 학교와 한국 학교의 공통점과 차이점
4	2004. 7. 31. ~ 8. 2. 제56회 야마가타	· 고등 분과: 박중현(고) / 동아리 활동을 통한 생활 속의 역사 실천 · 도리야마 다케오(대) / 일본의 민족주의 · 양정현(대) / 한국에서의 민족주의 이론과 역사교육
5	2005. 7. 30. ~ 8. 1. 제57회 히로시마	· 세계사 분과: 박중현(고) / 한국의 역사교육과 미래 – 한일 부교재 작업을 중심으로 · 초등6학년 분과: 최종순(초) / 미안해요, 베트남 · 대학 분과: 양정현(대) / '자학', '가해'를 넘어선 상호 주체적 역사 인식
6	2006. 7. 29. ~ 7. 31. 제58회 사이타마	· 고등 분과: 최현삼(고) / 한일공동부교재를 이용한 조선시대 농민 수업 사례 · 도리야마 다케오(대) / 한일 공동편집 역사부교재의 성과와 과제 · 양정현(대) / 21세기 상호 이해와 공존을 지향하는 역사의 초석
7	2007. 8. 4. ~ 8. 6. 제59회 요코하마	· 수업방법 분과: 박범희(고) / 남북시대, 한반도를 둘러싼 동아시아 · 고등 분과: 박중현(고) / 난방방법을 둘러싼 문화사 수업 · 방지원(고) / 제7차 교육과정과 역사교육

8	2008. 8. 2. ~ 8. 4. 제60회 도쿄	·고등 분과: 최현삼(고) / 사료(일기)로 보는 1970년대 노동운동 ·한국에서 역교협 활동의 의미를 생각한다.
9	2009. 8. 1. ~ 8. 3. 제61회 홋카이도	·유·초등 분과: 최종순(초) / 다 같이 돌아보자, 동네 한 바퀴-우리들의 이웃 ·박중현(고) / 유학을 통해 본 일본 교육현장과 역사교육
10	2010. 7. 31. ~ 8. 2. 제62회 아이치	·중등지리 분과: 이경훈(고) / 재일한국계 학교의 독도(다케시마) 수업 ·이경훈(고) / 내가 본 일본 역사교육
11	2011. 7. 30. ~ 8. 1. 제63회 후쿠오카	·박중현(고) / 한국의 교육사정
12	2012. 8. 3. ~ 8. 5. 제64회 지바	·공개수업: 박중현(고) / 한국 교사와 고등학생이 함께 배우는 '재일' 문제
13	2013. 8. 2. ~ 8. 4. 제65회 오사카	·세계사 분과: 이동욱(고) / '민주공화국' 관점에서 식민지시대를 생각하다 　　　　　　 이영화(고) / '강화도조약'을 통해 본 동아시아사 ·평화 분과: 박중현(고) / 한국 역사교육과정과 교과서 검정 ·우오야마 슈스케(대), 이경훈(고) / 독도와 다케시마
14	2014. 8. 1. ~ 8. 3. 제66회 도쿄	·일본근현대 분과: 박중현(고) / 한일조약과 전후 보상 문제 ·고등 분과: 이경훈(고) / 휴전선을 넘어 기차는 달리고 싶다 　　　　　　 임소민(고) / 유관순 누나와 역사의 많은 여성들 ·공개수업: 이경주(고) / 한일공동교재 《마주 보는 한일사》 근현대사 편을 사용하여
15	2015. 8. 9. ~ 8. 11. 제67회 미야기	·초등6학년 분과: 이난영(초) / 우리들이 꿈에서 보는 세계 평화와 인권이 존중되는 사회 ·사회과 학력과 교육과정 분과: 권오청(중) / 6·25전쟁을 주제로 한 도서관 활용 탐구학습
16	2016. 8. 5. ~ 8. 7. 제68회 오키나와	·초등6학년 분과: 최종순(초) / 세월호 참사 2주기 기념 수업 ·박중현(고) / 신설 과목 《동아시아사》를 어떻게 가르칠 것인가
17	2017. 8. 4. ~ 8. 6. 제69회 가나가와	·세계사 분과: 이경수(고) / 동아시아 3국의 개항-'단발'이 이야기하는 새로운 세계 ·중등역사 분과: 김지영(중) / 재일조선인 수업을 통한, 함께 살아가는 사회 만들기 ·박범희(고) / 국정교과서 문제의 전개와 그 의미
18	2018. 8. 4. ~ 8. 6. 제70회 교토	·유·초등 분과: 최종순 외(초) / 한국 어린이들의 놀이 소개-함께 즐기는 실기강좌 ·박성기(고) / 한국 '세계시민교육'에 대해

19	2019. 8. 3. ~ 8. 5. 제71회 사이타마	·세계사 분과: 우주연(고) / 1919년, 동아시아가 하나가 된 반제국 주의 운동 ·평화 분과: 이준하(중) / 기억을 기억하다 ·초등6학년 분과: 이정은(초) / 지도로 보는 3·1운동 ·박중현(고) / 전국역사교사모임 30년사
20	2021. 7. 31. ~ 8. 1. 제72회 전국대회 (온라인)	·초등6학년 분과: 석병배(초) / 초등학교 어린이들이 역사수업에 서 배우는 민주주의 ·중등역사 분과: 이자영(중) / 다문화학생들을 위한 역사수업에서 추구하는 것은? ·이난영(초) / 코로나 상황에서의 한국교육사정

     | 마주 보는 역사수업 |

■ 집필진 소개

집필(한국, 가나다순)

곽노승(울산 호계고등학교), 권오청(서울 가재울고등학교), 김지영(경기 장곡중학교), 박범희(서울 중앙고등학교), 박성기(경기 하남고등학교), 박중현(베트남 페니카대학교), 박진수(제주대학교 사범대학 부속 고등학교), 빈수민(대구 경북여자고등학교), 석병배(경기 진건초등학교), 양정현(부산대학교), 우주연(서울 여의도여자고등학교), 이경주(경기 덕풍중학교), 이경훈(경기 보라고등학교), 이동욱(경기 상록고등학교), 이성훈(경기 광문고등학교), 차민선(서울 난우초등학교), 최종순(전 서울 도봉초등학교)

집필 및 참여(일본, 가나다순)

가스야 마사카즈(糟谷政和, 전 이바라키대학). 고바야시 유카(小林優香, 호세이대학중·고등학교), 기무라 마코토(木村 誠, 전 치바현 초등학교), 다마키 요시하루(玉寄義治, 전 오키나와현 중학교), 도리야마 다케오(鳥山孟郎, 전 도쿄도 고등학교), 미쓰하시 히로오(三橋広夫, 슈쿠토쿠대학), 미쓰하시 히사코(三橋ひさ子, 전 치바현 초등학교), 미야하라 다케오(宮原武夫, 전 치바대학), 사쿠라이 지에미(桜井千恵美, 전 역사교육자협의회), 야마다 고타(山田耕太, 쓰쿠바대학 부속 중·고등학교), 에이지마 아즈사(永島梓, 호세이대학제2중·고등학교), 오오즈 겐고(大図健吾, 전 가나가와현 고등학교), 오타니 다케오(大谷猛夫, 전 도쿄도 중학교), 와타나베 데쓰로(渡辺哲郎, 니혼대학 나라시노고등학교), 요네야마 히로후미(米山宏史, 호세이대학중·고등학교), 우메자와 가즈오(楳澤和夫, 게이오학원고등학교), 우바타니 히로아키(姥谷広昭, 삿포로 소세이고등학교), 우오야마 슈스케(魚山秀介, 데이쿄대학), 이노우에 노리히사(井上法久, 전 후쿠오카현 중학교), 이시가미 도쿠치요(石上德千代, 우시쿠 시립 가미야초등학교), 히라노 노보루(平野昇, 전 지바현 초등학교)

편집

박중현, 권오청, 김지영, 우주연, 이경주, 차보은

번역

박범희, 박성기, 박용준, 박중현, 차보은

마주 보는 역사수업

한일 교사들의 연대와 교류의 기록

1판 1쇄 발행일 2023년 1월 16일
1판 2쇄 발행일 2023년 1월 30일

지은이 전국역사교사모임·한국 | 역사교육자협의회·일본

발행인 김학원
발행처 (주)휴머니스트출판그룹
출판등록 제313-2007-000007호(2007년 1월 5일)
주소 (03991) 서울시 마포구 동교로23길 76(연남동)
전화 02-335-4422 **팩스** 02-334-3427
저자·독자 서비스 humanisthumanistbooks.com
홈페이지 www.humanistbooks.com
유튜브 youtube.com/user/humanistma **포스트** post.naver.com/hmcv
페이스북 facebook.com/hmcv2001 **인스타그램** humanist_insta

편집주간 황서현 **편집** 최인영 조건형 **디자인** 이수빈
조판 이희수com. **용지** 화인페이퍼 **인쇄** 청아디앤피 **제본** 민성사

ISBN 979-11-6080-957-2 03370